APRENDENDO A PENSAR
COM A SOCIOLOGIA

Obras de Zygmunt Bauman:

- 44 cartas do mundo líquido moderno
- Amor líquido
- Aprendendo a pensar com a sociologia
- A arte da vida
- Babel
- Bauman sobre Bauman
- Capitalismo parasitário
- Cegueira moral
- Comunidade
- Confiança e medo na cidade
- A cultura no mundo líquido moderno
- Danos colaterais
- O elogio da literatura
- Em busca da política
- Ensaios sobre o conceito de cultura
- Esboços de uma teoria da cultura
- Estado de crise
- Estranho familiar
- Estranhos à nossa porta
- A ética é possível num mundo de consumidores?
- Europa
- Globalização: as consequências humanas

- Identidade
- A individualidade numa época de incertezas
- Isto não é um diário
- Legisladores e intérpretes
- Mal líquido
- O mal-estar da pós-modernidade
- Medo líquido
- Modernidade e ambivalência
- Modernidade e Holocausto
- Modernidade líquida
- Nascidos em tempos líquidos
- Para que serve a sociologia?
- O retorno do pêndulo
- Retrotopia
- A riqueza de poucos beneficia todos nós?
- Sobre educação e juventude
- A sociedade individualizada
- Tempos líquidos
- Vida a crédito
- Vida em fragmentos
- Vida líquida
- Vida para consumo
- Vidas desperdiçadas
- Vigilância líquida

Zygmunt Bauman e Tim May

APRENDENDO A PENSAR COM A SOCIOLOGIA

Tradução:
Alexandre Werneck

Copyright © 1990, 2002 by Zygmunt Bauman e Tim May

Tradução autorizada da segunda edição inglesa publicada em 2001
por Blackwell Publishing, de Oxford, Inglaterra

*Grafia atualizada segundo o Acordo Ortográfico da Língua Portuguesa de 1990,
que entrou em vigor no Brasil em 2009.*

Título original
Thinking Sociologically

Capa e imagem
Bruno Oliveira

Dados Internacionais de Catalogação na Publicação (CIP)
(Câmara Brasileira do Livro, SP, Brasil)

Bauman, Zygmunt, 1925-2017
  Aprendendo a pensar com a sociologia / Zygmunt Bauman e Tim May ; tradução Alexandre Werneck. – 1ª ed. – Rio de Janeiro: Zahar, 2022.

  Título original: Thinking Sociologically.
  ISBN 978-65-5979-074-6

  1. Sociologia I. May, Tim. II. Título.

22-109424   CDD: 301

Índice para catálogo sistemático:
1. Sociologia   301

Cibele Maria Dias – Bibliotecária – CRB-8/9427

[2022]
Todos os direitos desta edição reservados à
EDITORA SCHWARCZ S.A.
Praça Floriano, 19, sala 3001 – Cinelândia
20031-050 – Rio de Janeiro – RJ
Telefone: (21) 3993-7510
www.companhiadasletras.com.br
www.blogdacompanhia.com.br
facebook.com/editorazahar
instagram.com/editorazahar
twitter.com/editorazahar

. Sumário .

Prefácio à segunda edição, 7

Introdução: A sociologia como disciplina, 11
Em busca de distinção, 11 | Sociologia e senso comum, 17 | O conteúdo deste livro, 28 | Questões para refletir, 29 | Sugestões de leitura, 29

Parte I **Ação, identidade e entendimento na vida cotidiana**

1. **Alguém com os outros**, 33
Escolha, liberdade e convivência com os outros, 34 | Alguém com o outro: perspectivas sociológicas, 40 | Socialização, importância e ação, 44 | Síntese, 47 | Questões para refletir, 49 | Sugestões de leitura, 49

2. **Observação e sustentação de nossas vidas**, 51
Fundamentando nossas vidas: interação, entendimento e distância social, 51 | Observando e vivendo a vida: fronteiras e outsiders, 61 | Síntese, 72 | Questões para refletir, 72 | Sugestões de leitura, 73

3. **Laços: para falar em "nós"**, 75
Comunidades: forjar o consenso e lidar com o conflito, 75 | Cálculo, racionalização e vida grupal, 80 | Síntese, 93 | Questões para refletir, 94 | Sugestões de leitura, 94

Parte II **Viver nossas vidas: desafios, escolhas e coerções**

4. **Decisões e ações: poder, escolha e dever moral**, 97
Tomadas de decisão, 97 | Valores, poder e ação, 101 | A motivação para agir, 109 | Síntese, 123 | Questões para refletir, 124 | Sugestões de leitura, 124

5. **Fazer acontecer: dádivas, trocas e intimidade nas relações,** 127

Pessoal e impessoal: a dádiva e a troca, 127 | À procura de nós mesmos: amor, intimidade, carinho e mercadorias, 136 | A mercantilização da identidade, 142 | Síntese, 146 | Questões para refletir, 148 | Sugestões de leitura, 149

6. **O cuidado de nós: corpo, saúde e sexualidade,** 151

Em busca de segurança, 151 | Self corporificado: perfeição e satisfação, 157 | A busca de saúde e boa forma, 162 | Corpo e desejo, 166 | Corpo, sexualidade e gênero, 169 | Síntese, 173 | Questões para refletir, 173 | Sugestões de leitura, 174

7. **Tempo, espaço e (des)ordem,** 175

A experiência do espaço e do tempo, 176 | Sociedade de risco, 181 | Autonomia, ordem e caos, 186 | Síntese, 196 | Questões para refletir, 199 | Sugestões de leitura, 199

8. **Traçar fronteiras: cultura, natureza, Estado e território,** 201

Natureza e cultura, 201 | Estado, nações e nacionalismo, 213 | Síntese, 231 | Questões para refletir, 232 | Sugestões de leitura, 233

9. **Os negócios na vida cotidiana: consumo, tecnologia e estilos de vida,** 235

Tecnologia, expertise e habilidades, 236 | Consumo e publicidade, 240 | Estilos de vida, produtos e mercado, 246 | Síntese, 257 | Questões para refletir, 258 | Sugestões de leitura, 258

Parte III Olhar para o passado, ansiar pelo futuro

10. **Aprendendo a pensar com a sociologia,** 263

O olhar sociológico, 263 | Expectativas e pensamento sociológicos, 266 | Sociologia: três estratégias emergem das sombras, 270 | Tensões sociais, formas de viver e objetivos sociológicos, 278 | Sociologia e liberdade, 284 | Questões para refletir, 286 | Sugestões de leitura, 286

Agradecimentos, 289

Índice remissivo, 291

Prefácio
à segunda edição

Prefaciar a segunda edição de um livro originalmente escrito por Zygmunt Bauman foi tarefa da qual me aproximei com algum temor. Afinal, o texto foi escrito em estilo próprio, atraente para inúmeros leitores, em muitas línguas. Por outro lado, Bauman percebia que uma reedição atualizada ganharia algo com minha contribuição. Diante disso, minha disposição de preservar a originalidade ao mesmo tempo que acrescentava minha produção própria obrigou-me a ser cuidadoso.

O resultado final é uma edição totalmente revista e ampliada. Capítulos foram alterados, outros foram introduzidos; paralelamente acrescentou-se material ao longo do texto, por exemplo, sobre saúde e *fitness*, intimidade, tempo, espaço e desordem, risco, globalização, organizações e novas tecnologias. No final, ambos acreditamos ter produzido um livro que mantém os melhores elementos da primeira edição (de 1990), mas com acréscimos que realmente melhoram seu apelo universal.

Nós dois nos impusemos a tarefa de pontilhar *Aprendendo a pensar com a sociologia* de atrativos para um amplo espectro de leitores. Para quem está estudando sociologia, procuramos antecipar os diferentes tópicos do currículo; esperamos também que nosso modo de escrever seja instigante para cientistas sociais em plena carreira. Torcemos naturalmente para que o livro desperte o interesse de vasta gama de leitores cuja curiosidade se volta para essa disciplina – que tem recebido cada vez mais atenção, pelos insights que fornece sobre a sociedade e as relações sociais. Temos total clareza quanto à razão disso: a sociologia oferece uma valorosa e às vezes negligenciada perspectiva sobre as questões com que todos nós deparamos neste século XXI. Embora separados por duas gerações, somos ambos sociólogos devotados a nosso tema, no sentido do entendimento que ele oferece para dar sentido às experiências dos ambientes sociais em que vivemos. Desenvolver um pensamento sociológico não só facilita nossa compreensão uns dos outros e de nós mesmos, mas também propicia explicações importantes para a dinâmica das sociedades e das relações sociais como um todo. Esperamos, portanto, que, depois de ler este livro, você concorde conosco quanto ao fato de a sociologia ser assunto esclarecedor, estimulante, prático e desafiador.

Tim May

Questões para refletir e sugestões de leitura

Um de nossos objetivos, neste livro, é fornecer uma estrutura para seminários de discussão e grupos de estudos, ou para quem leu o livro e deseja explorar mais as questões que nele levantamos. Com essa finalidade, sugerimos uma série de perguntas relativas a cada capítulo e acrescentamos indicações de leituras adicionais. Elas têm a intenção de ser seletivas no que diz respeito a áreas de interesse que costumam gerar considerável quantidade de escritos. Afinal, a sociologia é uma disciplina dinâmica e progressiva, produzindo permanentemente novos estudos – o que, aliás, não surpreende, considerando que nossa vida muda de várias maneiras e em diferentes momentos. Selecionamos esses livros pelos tópicos que abordam e pelas questões que aqui analisamos. Por conseguinte, nem sempre são os livros mais fáceis, mas esperamos que eles se comprovem de interesse suficiente para despertar novas reflexões a respeito das questões sociais básicas.

Ao avaliar esses textos e ao lê-los, não se sinta deprimido nem se renda à tentação de deixá-los de lado. O conhecimento sociológico pode parecer opressivo, mas o esforço é ricamente recompensador e em nada soará além de suas capacidades. Além disso, existem publicações sociológicas produzidas especificamente para ajudá-lo e aos outros a andar pelo eixo principal do conhecimento na área. Repare que a leitura pode ser um exercício passivo, no qual o leitor atua como receptor do texto, e dela não se aproxima para criticar, analisar, fazer cruzamentos de referências e trazer aprendizagem prévia e experiências próprias para o texto. É exatamente por isso que você deve ler usando um "estilo interrogativo", pelo qual "se aproxime" do texto e constantemente lhe faça perguntas, tendo em mente os objetivos de sua leitura.

Produzimos as perguntas ao final dos capítulos para ajudá-lo nesse processo, mas com certeza suas habilidades interrogativas se desenvolverão, à medida que você estabeleça um processo de constante aprofundamento e aumente a amplitude do conhecimento. Resta-nos apenas esperar que você aprecie essa jornada contínua pela sociologia.

. Introdução .

A sociologia como disciplina

Neste capítulo analisaremos a ideia de aprender a pensar sociologicamente e sua importância no entendimento de nós mesmos, uns dos outros e dos ambientes sociais em que vivemos. Para isso, iremos considerar a sociologia uma prática disciplinada, dotada de um conjunto próprio de questões com as quais aborda o estudo da sociedade e das relações sociais.

Em busca de distinção

A sociologia engloba um conjunto disciplinado de práticas, mas também representa considerável corpo de conhecimento acumulado ao longo da história. Percorrer com o olhar a seção de sociologia das bibliotecas revela um conjunto de livros que representa essa área de conhecimento como uma tradição de publicação. Essas obras fornecem considerável volume de informação para novatos na área, queiram eles se tornar sociólogos ou apenas ampliar seu conhecimento a respeito do mundo em que vivem. São espaços em que os leitores podem se servir de tudo aquilo que a sociologia é capaz de oferecer e, com isso, consumir, digerir, dela se apropriar e nela se expandir. Essa ciência configura-se, assim, uma via de constante fluxo, e os novatos acrescentam ideias e estudos da vida social às estantes originais.

A sociologia, nesse sentido, é um espaço de atividade contínua que compara o aprendizado com novas experiências e amplia o conhecimento, mudando, nesse processo, a forma e o conteúdo da própria disciplina.

Isso parece fazer sentido. Afinal, quando nos perguntamos "o que é a sociologia?", podemos nos referir a uma coleção de livros em uma biblioteca, que dão conta do conteúdo da disciplina – esse é um modo aparentemente óbvio de pensar sobre a matéria, posto que, se alguém nos perguntar "o que é um leão?", podemos pegar um livro sobre animais e indicar uma imagem específica. Nesse sentido, estamos apontando para a ligação entre palavras e objetos. Assim, portanto, palavras referem-se a objetos, que se tornam referentes para essas palavras, e, então, estabelecemos conexões entre uns e outras em condições específicas. Sem essa capacidade comum de compreensão, seria impossível a comunicação mais banal, aquela que não costumamos sequer questionar. Isso, entretanto, não é suficiente para um entendimento de maior profundidade, mais sociológico, dessas conexões.

Esse processo, contudo, não nos possibilita conhecer o objeto em si. Temos então de acrescentar algumas perguntas, por exemplo: de que maneira esse objeto é peculiar? De que forma ele se diferencia de outros, para que se justifique o fato de podermos a ele nos referir por um nome diferente? Se chamar um animal de leão é correto mas chamá-lo de tigre não, deve haver algo que leões tenham e tigres não, deve haver distinções entre eles. Só descobrindo essas diferenças podemos saber o que caracteriza um leão – o que é bem diferente de apenas saber a que objeto corresponde a palavra "leão". É o que acontece com a tentativa de caracterizar a maneira de pensar que podemos chamar de sociológica.

Satisfaz-nos o fato de a palavra "sociologia" representar certo corpo de conhecimentos e certas práticas que utilizam esse conhecimento acumulado. Entretanto, o que faz esses conteúdos e essas práticas serem exatamente "sociológicos"? O que os torna diferentes de outros corpos de conhecimento e de outras disciplinas que têm seus próprios procedimentos?

Para responder a essa pergunta, poderíamos, voltando a nosso exemplo do leão, buscar distinguir a sociologia de outras disciplinas. Em muitas bibliotecas, as estantes mais próximas às de sociologia têm etiquetas como "história", "antropologia", "ciência política", "direito", "políticas públicas", "ciências contábeis", "psicologia", "ciências da administração", "economia", "criminologia", "filosofia", "serviço social", "linguística", "literatura" e "geografia humana". Os bibliotecários que as organizam talvez suponham que os leitores que pesquisam a seção de sociologia podem eventualmente chegar a um livro desses outros assuntos. Em outras palavras, considera-se que o tema central da sociologia deve estar mais próximo desses corpos de conhecimento que de outros. Talvez as diferenças entre os livros de sociologia e seus vizinhos imediatos sejam, então, menos pronunciadas do que as existentes entre sociologia e, digamos, química orgânica?

Faz sentido essa catalogação. Os corpos de conhecimento dessas matérias têm muito em comum, sendo preocupação de todas elas o *mundo feito pelos seres humanos*, aquele que só existe em decorrência de nossas ações. Todos esses sistemas de pensamento, cada um à sua maneira, se referem a ações humanas e suas consequências. Se, entretanto, exploram o mesmo território, o que os distingue? O que os faz tão diferentes um do outro que justifique cada qual ter um nome?

Somos tentados a oferecer uma resposta simples para essas questões: divisões entre corpos de conhecimento devem refletir as divisões em seu universo de investigação. São as ações humanas (ou os aspectos dessas ações) que diferem umas das outras, e as divisões entre os diferentes corpos de conhecimento simplesmente levam em conta esse fato. Assim, a história diz respeito às ações que têm lugar no passado, enquanto a sociologia se concentra nas ações atuais. De modo similar, a antropologia trata de sociedades humanas em estágios de desenvolvimento diferentes daquele em que se encontra a nossa (independentemente da maneira como isso seja definido).

No que diz respeito a outros parentes próximos da sociologia, a ciência política tende a discutir ações relativas ao poder e ao governo; a economia lida com aquelas relacionadas ao uso de recursos em termos de maximização de sua utilidade por indivíduos considerados "racionais", em um sentido particular do termo, assim como à produção e à distribuição de bens; o direito e a criminologia estão interessados na interpretação e aplicação de leis e normas que regulam o comportamento humano e na maneira como essas normas estão articuladas, como se tornam obrigatórias, são executadas e seus efeitos. Todavia, esse modo de justificar as fronteiras entre disciplinas torna-se problemático, pois assumimos que o mundo humano reflete divisões tão precisas que demandam ramos especializados de investigação. Chegamos então a um debate importante: como a maioria das crenças que parecem autoevidentes, essas divisões só se mantêm óbvias enquanto nos abstemos de examinar os *pressupostos* que as sustentam.

Então, de onde tiramos a ideia de que as ações humanas podem ser divididas em categorias? Seria do fato de que elas têm sido assim classificadas, e a cada uma tem se atribuído nome específico? Ou do fato de que há grupos de especialistas com credibilidade, considerados conhecedores e confiáveis, que clamam direitos exclusivos para estudar determinados aspectos da sociedade e nos suprir com opiniões fundamentadas? Do ponto de vista de nossas experiências, contudo, faz sentido repartir a sociedade entre economia, ciência política ou políticas públicas? Afinal, não vivemos um momento sob o domínio da ciência política e o seguinte sob o da economia; nem nos deslocamos da sociologia para a antropologia quando viajamos da Inglaterra para alguma região, digamos, da América do Sul; ou da história para a sociologia de um ano para outro!

Será que somos capazes de separar esses domínios de atividade em nossas experiências e, assim, categorizar nossas ações em políticas num momento e econômicas em outro porque antes de tudo fomos ensinados a fazer tal distinção? Então o que conhecemos não seria o mundo em si, mas o que nele estamos fazendo em termos de como nossas práticas são conformadas por uma imagem daquele mundo. Trata-se de um modelo cons-

Introdução 15

truído com os blocos derivados das relações entre *linguagem* e *experiência*. Desse modo, não há divisão natural do mundo humano que se reflita em diferentes disciplinas acadêmicas. O que há, pelo contrário, é uma divisão de trabalho entre os estudiosos que se debruçam sobre as ações humanas, e isso é reforçado pela mútua distinção dos respectivos especialistas, com os direitos exclusivos de cada grupo quanto à decisão do que pertence e do que não pertence a suas áreas específicas.

Em busca da "diferença que faz a diferença", deparamos com a questão: em que as práticas desses ramos de estudo diferem umas das outras? Existe similaridade nas atitudes de cada um deles em relação ao que escolheram como objeto de estudo. Afinal, todos exigem obediência às mesmas regras de conduta ao lidar com seus respectivos objetos. Todos buscam coletar fatos relevantes e garantir sua validade, e, então, testam e voltam a testar esses fatos no sentido de confirmar a confiabilidade das informações a respeito deles. Além disso, todos tentam colocar as proposições sobre esses fatos de tal maneira que elas sejam clara e inequivocamente compreendidas e confirmadas por evidências. Fazendo isso, procuram antecipar-se a contradições entre proposições ou mesmo eliminá-las, de modo que nunca duas afirmações opostas sejam consideradas verdadeiras ao mesmo tempo. Simplificando, todos eles tentam fazer jus à ideia de uma disciplina sistemática e apresentar seus achados de modo responsável.

Agora podemos afirmar que não há diferença na maneira como a tarefa dos especialistas, bem como sua marca registrada – a responsabilidade acadêmica –, é entendida e praticada. Quem reivindica a condição de especialista parece empregar estratégias similares para coletar e processar seus fatos: observa aspectos das ações humanas ou emprega evidências históricas e busca interpretá-las segundo modos de análise coerentes com essas ações. Logo, parece que nossa última esperança de encontrar o traço distintivo está nos tipos de questão que motivam cada campo, ou seja, aquelas que determinam os pontos de vista (perspectivas cognitivas) pelos quais as ações humanas são

16   Aprendendo a pensar com a sociologia

observadas, pesquisadas, descritas e explicadas por estudiosos dessas diferentes disciplinas.

Vejamos o tipo de questão que motiva os economistas. Nessa abordagem, o que é levado em consideração se deslocaria para a relação entre custos e benefícios das ações humanas, avaliadas do ponto de vista do gerenciamento de recursos escassos e dos modos possíveis de maximizar seus benefícios. Além disso, as relações entre os atores seriam examinadas como aspectos da produção e das trocas de bens e serviços, todos eles considerados regulados por relações de mercado de oferta e procura e pelo desejo dos atores de conquistar suas preferências de acordo com um modelo de ação racional. Os achados seriam, então, arranjados em um modelo do processo pelo qual os recursos são criados, obtidos e distribuídos entre várias demandas.

A ciência política, por sua vez, mais provavelmente se interessará pelos aspectos das ações humanas que mudam – ou são mudados por – condutas vigentes ou prognósticas de outros atores em termos de seu poder e influência. Nesse sentido, as ações podem ser vistas em termos de assimetria entre essas duas grandezas, e, então, alguns atores emergem da interação com seus comportamentos mais significativamente modificados do que os de outros integrantes dessa interação. Também é possível organizar essas descobertas em torno de conceitos como poder, dominação, Estado, autoridade e outros.

As preocupações da economia e da ciência política não são de maneira alguma estranhas à sociologia, o que logo se evidencia em trabalhos sociológicos escritos por estudiosos que se podem identificar como historiadores, cientistas políticos, antropólogos ou geógrafos. A sociologia, aliás, como outros ramos das ciências sociais, possui sua própria perspectiva cognitiva que estabelece questões a lançar acerca das ações humanas, assim como seus próprios princípios de interpretação. Desse ponto de vista, podemos dizer que a sociologia se distingue por observar as ações humanas como elementos de figurações mais amplas; ou seja, de uma montagem não aleatória de atores reunidos em rede de dependência mútua (dependência considerada o estado

Introdução

no qual a probabilidade de que a ação seja empreendida e as chances de seu sucesso se alterem em função do que sejam os atores, do que façam ou possam fazer).

Os sociólogos perguntam que consequências isso tem para os atores humanos, as relações nas quais ingressamos e as sociedades das quais somos parte. Em resposta, formatam o objeto da investigação sociológica. Assim, figurações, redes de dependência mútua, condicionamentos recíprocos da ação e expansão ou confinamento da liberdade dos atores estão entre as mais preeminentes preocupações da sociologia.

Atores individuais tornam-se objeto das observações de estudos sociológicos à medida que são considerados participantes de uma rede de interdependência. Por isso, e porque, não importando o que façamos, somos dependentes dos outros, poderíamos dizer que a questão central da sociologia é: como os tipos de relações sociais e de sociedades em que vivemos têm a ver com as imagens que formamos uns dos outros, de nós mesmos e de nosso conhecimento, nossas ações e suas consequências? São questões desse tipo – partes das realidades práticas da vida cotidiana – que constituem a área própria da discussão sociológica e definem a sociologia como ramo relativamente autônomo das ciências humanas e sociais. Logo, podemos concluir que aprender a pensar com a sociologia é uma forma de compreender o mundo dos homens que também abre a possibilidade de pensá-lo de diferentes maneiras.

Sociologia e senso comum

Aprender a pensar sociologicamente é uma atividade que se distingue também por sua relação com o chamado "senso comum". Talvez mais ainda que em outras áreas de estudo, a relação com o senso comum é, na sociologia, conformada por questões importantes para sua permanência e sua prática. As ciências físicas e biológicas não se preocupam aparentemente em enunciar sua relação com o senso comum. A maioria das ciências se estabelece definindo-se em termos das fronteiras que as separam de outras disciplinas, e não se supõe partilhando terreno suficiente para se preocupar em traçar fronteiras ou pontes com esse conhecimento rico, ainda que desordenado e não sistemático, em geral desarticulado, inefável, que chamamos de senso comum. Essa indiferença deve ter alguma justificativa. O senso comum, afinal, parece nada ter a dizer sobre os problemas que preocupam físicos, químicos e astrônomos. Os assuntos com os quais eles lidam não se voltam para as experiências cotidianas nem passam pela mente de homens e mulheres comuns. Assim, não especialistas em geral não se consideram aptos a emitir opiniões a respeito desses temas, a menos que sejam auxiliados por cientistas. Afinal, os objetos explorados pelas ciências físicas só são acessíveis sob circunstâncias muito especiais – por exemplo, através das lentes de telescópios gigantescos, cujo uso para desenvolver experimentos em determinadas condições é exclusividade dos cientistas, que dessa forma reivindicam para si a posse monopolística de um dado ramo da ciência. Como únicos detentores da experiência que fornece a matéria-prima para seus estudos, o processo, as análises e a interpretação desses materiais estão sob seu controle. Os produtos dessa forma de posse devem, então, submeter-se e resistir ao escrutínio crítico de outros cientistas. Não precisam competir com o senso comum pela simples razão de que este não tem pontos de vista sobre as matérias a respeito das quais essas áreas se pronunciam.

Devemos agora lembrar algumas questões mais sociológicas. Afinal, a caracterização seria tão simples quanto sugere o que acabamos de dizer? A produção de conhecimento científico contém fatores sociais que informam e conformam suas práticas, enquanto as descobertas científicas podem ter implicações sociais, políticas e econômicas a respeito das quais, em qualquer sociedade democrática, a última palavra não será dos cientistas. Em outras palavras, não podemos separar tão facilmente o sentido da pesquisa científica dos fins a que ela pode ser aplicada, nem separar a razão prática da própria ciência. Afinal, a maneira

Introdução

como a pesquisa é financiada, e por quem, pode, em algumas instâncias, ser determinante para seus resultados.

Preocupações públicas recentes com a qualidade do alimento que consumimos, o ambiente em que vivemos, o papel da engenharia genética e o patenteamento de informação sobre os genes de populações por parte de grandes corporações representam apenas uma pequena parcela da gama de questões que a ciência não pode regular sozinha – uma vez que está diante da justificação do conhecimento, mas também de suas aplicações e implicações nas vidas que ele conduz. Esses assuntos dizem respeito a nossas experiências e suas relações com práticas cotidianas, ao controle que temos sobre nossa vida e à direção em que nossas sociedades se orientam.

Esses temas fornecem a matéria-prima para a investigação sociológica. Vivemos em companhia de outras pessoas e interagimos uns com os outros. Nesse processo, demonstramos extraordinária quantidade de *conhecimento tácito*, que nos permite lidar bem com os desafios do dia a dia. Cada um de nós é um ator habilidoso, mas o que conseguimos e o que somos depende do que fazem as outras pessoas. Afinal, a maioria de nós já viveu a angustiante experiência de ruptura da comunicação com amigos e desconhecidos. Segundo esse ponto de vista, o assunto da sociologia já está embutido em nosso cotidiano, sem o que, aliás, seríamos incapazes de conduzir nossa vida na companhia dos outros.

Embora profundamente imersos em nossas rotinas – conformadas por conhecimento prático orientado para os parâmetros sociais pelos quais interagimos –, não é frequente pararmos para pensar sobre o significado daquilo por que passamos; e menos ainda para comparar nossas experiências pessoais com o destino dos outros, a não ser, talvez, para obter respostas individuais para os problemas sociais ostensivamente exibidos para o consumo de todos em programas de entrevistas na TV. Nesse caso, entretanto, a privatização de questões sociais é reforçada, aliviando-nos, assim, do fardo de enxergar as dinâmicas das relações sociais no que é antes visto como reações individuais.

É exatamente isso que o pensamento sociológico pode fazer por nós. Como um modo de pensar, ele nos fará questões do tipo: "Como nossas biografias individuais se entrelaçam com a história que partilhamos com outros seres humanos?" Ao mesmo tempo, sociólogos são parte dessa experiência e, como tal, não importa quão arduamente tentem manter distância de seus objetos de estudo – tratando as experiências de vida como objetos "de fora" –, não conseguem desligar-se completamente do conhecimento que buscam compreender. Apesar disso, essa condição pode ser uma vantagem, posto que possuem uma visão interna e externa das experiências que tentam entender.

Há, entretanto, muito mais a ser dito sobre a relação entre a sociologia e o senso comum. Os objetos da astronomia precisam ser nomeados, alocados em um conjunto ordenado e comparados com outros fenômenos similares. Existem poucos equivalentes sociológicos desse tipo de fenômeno limpo e intocado, que nunca tenha sido preenchido com significados antes que os sociólogos aparecessem com seus questionários, fizessem anotações em seus cadernos de campo ou observassem documentos relevantes. As ações humanas e as interações que os sociólogos estudam já receberam nomes e já foram analisadas pelos próprios atores, e, dessa maneira, são objetos de conhecimento do senso comum. Famílias, organizações, redes de parentesco, vizinhanças, bairros, aldeias, cidades, nações, igrejas e qualquer outro agrupamento mantido coeso pelas interações humanas regulares já se apresentam com significados e significações conferidos pelos atores.

Por essas razões, a sociologia está intimamente relacionada ao senso comum. A segurança de cada uma dessas instâncias não pode ser garantida de antemão, em função de suas fronteiras permeáveis e fluidas. Assim como no caso das aplicações das descobertas dos geneticistas e suas implicações para a vida social, a soberania da sociologia sobre o conhecimento social provavelmente é contestável. Por isso, estabelecer uma fronteira entre conhecimento sociológico formal e senso comum é questão tão importante para a identidade da sociologia como manter um corpo de conhecimento coeso. Não surpreende, portanto, o fato de os sociólogos darem tanta atenção a esse tema, e podemos apontar quatro modelos segundo os quais essa diferença tem sido levada em consideração.

Em primeiro lugar, a sociologia, à diferença do senso comum, empenha-se em se subordinar às regras rigorosas do discurso responsável. Trata-se de atributo da ciência para se distinguir de outras formas de conhecimento, sabidamente mais flexíveis e menos vigilantes em termos de autocontrole. Espera-se dos sociólogos, em sua prática, um grande cuidado para distinguir – de maneira clara e visível – afirmações corroboradas por evidências verificáveis e aquelas que reivindicam seu status a partir de meras ideias provisórias e não testadas. As regras de responsabilidade discursiva exigem que a "oficina" – o conjunto de procedimentos que conduz às conclusões finais e que, afirma-se, garantiria sua credibilidade – esteja sempre aberta para fiscalização.

O discurso responsável tem também de se relacionar com outras afirmações a respeito do mesmo tópico e, desse modo, não pode dispensar ou passar em silêncio por outros pontos de vista que tenham sido verbalizados, por mais inconvenientes que eles possam ser para o argumento. Dessa maneira, a fidedignidade, a confiabilidade e, finalmente, também a utilidade prática das proposições que se seguirem a esse argumento serão bastante ampliadas. Afinal, nossa crença na credibilidade da ciência apoia-se na esperança de que os cientistas tenham seguido as regras do discurso responsável. Quanto aos cientistas, eles próprios apontam para as virtudes do discurso responsável como argumento para validar e conferir confiabilidade ao conhecimento que produzem.

Em segundo lugar, há o tamanho do campo do qual o material do pensamento sociológico é extraído. Para a maioria de nós, no dia a dia, esse campo se resume a nossos próprios *mundos da vida*, ou seja, ao que fazemos, às pessoas que encontramos, aos propósitos que estabelecemos para nossos empreendimentos e pressupomos que outras pessoas estabeleçam para os delas, assim como os tempos e os lugares em que interagimos. Poucas vezes consideramos necessário ultrapassar o nível de nossas preocupações cotidianas para ampliar o horizonte de nossas experiências, atitude que exigiria tempo e recursos de que muitos podem não ter ou com que não se dispõem a arcar. Dada, porém, a tremenda variedade de condições de vida e de experiências no mundo, cada uma é necessariamente parcial e talvez até unidimensional.

Essas questões só podem ser examinadas se as colocarmos juntas e compararmos experiências prospectadas a partir de uma multiplicidade de mundos. Só então as realidades delimitadas da experiência individual serão reveladas, assim como a complexa rede de dependência e interconexões na qual elas estão envolvidas – rede que vai muito além da esfera que pode ser acessada a partir do ponto de vista da biografia singular. O resultado global de tal ampliação de horizontes será a descoberta da íntima ligação entre biografia individual e amplos processos sociais. É por essa razão que a busca dessa perspectiva mais ampla efetivada pelos sociólogos faz uma enorme diferença – não só quantitativamente, mas também na qualidade e nos usos do conhecimento. Para gente como nós, o saber sociológico tem algo a oferecer que o senso comum, por mais rico que seja, sozinho não nos pode dar.

Em terceiro lugar, a sociologia e o senso comum diferem quanto ao sentido que cada um atribui à vida humana em termos de como entendem e explicam eventos e circunstâncias. Sabemos por nossas experiências que somos "o autor" de nossas ações, e que o que fazemos é efeito de nossas intenções, muito embora os resultados possam não corresponder ao que pretendíamos. Em geral agimos para alcançar um estado de coisas, seja visando possuir um objeto, receber elogios, impedir que aconteça algo que não nos agrada ou ajudar um amigo. Naturalmente, o modo como pensamos nossas ações é o modelo pelo qual damos sentido às ações dos outros. Nessa medida, a única maneira que temos para conferir sentido ao mundo humano à nossa volta é sacar nossas ferramentas explicativas estritamente no interior de nossos próprios *mundos da vida*.

Tendemos a perceber tudo que acontece no mundo em geral como resultado da ação intencional de alguém, que procuramos até encontrar, acreditando, então que nossas investigações tiveram êxito. Assumimos que a boa vontade está por trás dos eventos para os quais somos favoravelmente predispostos e que há más intenções por trás daqueles que nos desagradam. Em geral, as pessoas têm dificuldade em aceitar que uma situação não seja efeito de ações intencionais de alguém identificável.

Aqueles que falam em nome da realidade contida na esfera pública – políticos, jornalistas, pesquisadores de mercado, anunciantes, publicitários – mostram sintonia em relação a essas tendências e se referem a "necessidades do Estado" ou "demandas da economia". Isso é dito como se o Estado ou a economia fossem feitos na medida de indivíduos como nós, com necessidades e desejos específicos. De modo similar, lemos e ouvimos falar a respeito de problemas complexos de nações, Estados e sistemas econômicos, descritos como efeitos dos pensamentos e dos escritos de um grupo de indivíduos que podemos nomear, fotografar e entrevistar. Os governos muitas vezes também se desobrigam de responsabilidades, referindo-se a coisas fora de seu controle ou tratando das "demandas públicas" por meio de grupos focais e pesquisas de opinião.

A sociologia se opõe tanto ao modelo que se funda na particularidade das visões de mundo, como se elas pudessem, sem problema algum, dar conta de um estado geral de coisas, quanto ao que usa formas inquestionáveis de compreensão, como se elas constituíssem um modo natural de explicação de eventos, como se eles pudessem ser simplesmente separados da mudança histórica ou das localidades sociais de que emergiram. Quando, em vez de atores individuais em ações isoladas, toma figurações (redes de dependência) como ponto de partida de suas pesquisas, a sociologia demonstra que a metáfora comum do indivíduo dotado de motivação como chave da compreensão do mundo humano – incluindo nossos próprios pensamentos e ações, minuciosamente pessoais e privados – não é caminho apropriado para nos entender e aos outros. Pensar sociologicamente é *dar sentido* à condição humana por meio de uma análise das numerosas teias de interdependência humana – aquelas mais árduas realidades a que nos referimos para explicar nossos motivos e os efeitos de suas ativações.

Finalmente, em quarto lugar, o poder do senso comum depende da autoevidência de seu caráter, isto é, do não questionamento de seus preceitos e de sua autoconfirmação na prática. Esse caráter, por sua vez, repousa na rotina, personagem habitual da vida cotidiana, que conforma nosso senso comum e é ao mesmo tempo por ele conformado. Esse sistema é indispensável à continuidade de nossas vidas. Quando repetidos com suficiente frequência, os fatos tendem a tornar-se familiares, e o que é familiar costuma ser considerado autoexplicativo: não apresenta problemas e pode não despertar curiosidade. Não se pergunta às pessoas se elas estão satisfeitas com "as coisas como são" por razões não abertas ao escrutínio. O fatalismo, por sua vez, pode desempenhar seu papel, por meio da crença de que podemos fazer muito pouco para mudar as condições em que agimos.

De acordo com esse ponto de vista, é possível afirmar que a familiaridade estaria em tensão com seu caráter inquisitivo e que isso também pode potencializar o ímpeto de inovação e transformação. Em face do mundo considerado familiar, governado por rotinas capazes de reconfirmar crenças, a sociologia pode surgir como alguém estranho, irritante e intrometido. Por colocar em questão aquilo que é considerado inquestionável, tido como dado, ela tem o potencial de abalar as confortáveis certezas da vida, fazendo perguntas que ninguém quer se lembrar de fazer e cuja simples menção provoca ressentimentos naqueles que detêm interesses estabelecidos. Essas questões transformam o evidente em enigma e podem desfamiliarizar o familiar – com os padrões normais de vida e as condições sociais em que eles têm lugar em julgamento, elas emergem não como *a* única, mas como uma das possíveis formas de dar andamento a nossas vidas e organizar as relações entre nós.

Obviamente isso não é para agradar todo mundo, sobretudo aqueles cuja situação lhes confere grande vantagem. As rotinas têm também seu lugar. Cabe aqui recordar a centopeia de Kipling, que andava sem qualquer esforço sobre as cem patas até que um adulador da corte começou a elogiar sua extraordinária memória. Seria essa faculdade o que permitia que ela jamais pisasse a octogésima quinta perna antes da trigésima sétima ou a quinquagésima segunda antes da décima nona. Tornada consciente de si mesma, a pobre centopeia perdeu a capacidade de andar.

Há quem se sinta humilhado ou ressentido se algo que domina e de que se orgulha é desvalorizado porque foi questionado. Por mais compreensível, porém, que seja o ressentimento assim gerado, a *desfamiliarização* pode ter benefícios evidentes. Pode em especial abrir novas e insuspeitadas possibilidades de conviver com mais consciência de si, mais compreensão do que nos cerca em termos de um eu mais completo, de seu conhecimento social e talvez também com mais liberdade e controle.

Para todos aqueles que acham que viver a vida de maneira mais consciente vale a pena, a sociologia é um guia bem-vindo. Embora repouse em constante e íntima conversação com o senso comum, ela procura ultrapassar suas limitações abrindo possibilidades que poderiam facilmente ser ignoradas. Quando aborda e desafia nosso conhecimento partilhado, a sociologia nos incita e encoraja a reacessar nossas experiências, a descobrir novas possibilidades e a nos tornar, afinal, mais abertos e menos acomodados à ideia de que aprender sobre nós mesmos e os outros leva a um ponto final, em lugar de constituir um processo dinâmico e estimulante cujo objetivo é a maior compreensão.

Pensar sociologicamente pode nos tornar mais sensíveis e tolerantes em relação à diversidade, daí decorrendo sentidos afiados e olhos abertos para novos horizontes além das experiências imediatas, a fim de que possamos explorar condições humanas até então relativamente invisíveis. Tendo compreendido melhor o modo como surgiram os aspectos aparentemente naturais, inevitáveis, imutáveis e permanentes de nossas vidas – mediante exercício de poder e meios humanos –, nos parecerá muito mais difícil aceitar que eles sejam imunes e impenetráveis a ações subsequentes – incluindo aí as nossas próprias ações. O pensamento sociológico, como um poder antifixação, é, dessa maneira, um poder em seu próprio direito. Ele torna flexível aquilo que pode ter sido a fixidez opressiva das relações sociais e, ao fazer isso, abre um mundo de possibilidades. A arte de pensar sociologicamente consiste em ampliar o alcance e a efetividade prática da liberdade. Quanto mais disso aprender, mais o indivíduo será flexível diante da opressão e do controle, e portanto menos sujeito a manipulação. É provável que ele também se torne mais efetivo como ator social, uma vez que passa a ver conexões entre suas ações e as condições sociais, assim como a possibilidade de transformação daquelas coisas que, por sua fixidez, se dizem imutáveis, mas estão abertas à transformação.

Há também o que se encontra para além de nós como indivíduos. Dissemos que a sociologia pensa de forma relacional para nos situar em redes de relações sociais. Faz, assim, uma apologia do indivíduo, mas não do individualismo. Nesse sentido, pensar sociologicamente significa entender de um modo um pouco mais completo quem nos cerca, tanto em suas esperanças e desejos quanto em suas inquietações e preocupações. Podemos então apreciar melhor o indivíduo humano contido nesse coletivo e talvez aprender a respeitar aquilo que toda sociedade civilizada tem de garantir para se sustentar: o direito de cada membro do coletivo escolher e pôr em prática maneiras de viver de acordo com suas preferências.

Isso significa selecionar seus projetos de vida, definir-se e defender sua própria dignidade, assim como os demais defendem a deles, diante de obstáculos com que todos se deparam, em variados graus. Pensar sociologicamente, então, tem um potencial para promover a solidariedade entre nós, uma solidariedade fundada em compreensão e respeito mútuos, em resistência conjunta ao sofrimento e em partilhada condenação das crueldades que o causam. Finalmente, se for conquistada,

Introdução 27

a causa da liberdade será muito ampliada, posto que elevada ao patamar de causa comum.

De volta ao que estávamos falando, a respeito da fluidez daquilo que parece inflexível, o insight sociológico sobre a lógica interna e o sentido das formas de viver diferentes da nossa podem nos levar a pensar de novo sobre os limites estabelecidos entre nós e os outros. Uma nova compreensão gerada dessa maneira pode tornar nossa comunicação com "os outros" mais fácil e mais inclinada a conduzir ao mútuo entendimento. Medo e antagonismo podem ser substituídos por tolerância. Não há maior garantia de liberdade individual que a liberdade de todos.

Dar-se conta da conexão entre as liberdades individual e coletiva tem um efeito desestabilizador sobre as relações de poder existentes ou sobre o que muitas vezes chamamos de "ordens sociais". É por essa razão que acusações de "deslealdade política" são feitas contra a sociologia por parte de governos e outros detentores de poder que mantêm o controle da ordem social. Isso é bastante evidente naqueles governos que buscam moldar a realidade em seu nome, alegando-se representantes, sem problema algum com relação ao estado de coisas em vigor, como se ele fosse natural; ou que castigam as condições contemporâneas por meio de nostálgicos convites a uma era passada, mítica, na qual todos conheciam seus lugares na sociedade.

Quando testemunhamos mais uma campanha contra o "impacto subversivo" da sociologia, podemos presumir que aqueles que querem governar por decreto preparam outro ataque à capacidade dos sujeitos de resistir à coercitiva regulação da vida individual. Tais campanhas em geral coincidem com medidas agressivas que miram as formas sobreviventes de autogerência e autodefesa de direitos coletivos; visam, em outras palavras, às fundações coletivas da liberdade individual.

Diz-se às vezes que a sociologia é o poder dos sem poder. Isso nem sempre é o caso, em particular nos lugares onde os praticantes se encontram sob crescentes pressões para se adequar às expectativas governamentais. Não há garantia de que, tendo adquirido entendimento sociológico, alguém possa dissolver e destituir o poder das "árduas realidades" da vida. O poder da compreensão não é páreo para as pressões da coerção, aliadas ao senso comum resignado e submisso sob condições econômicas e políticas dominantes. Não fosse, porém, por esse entendimento, as chances de administração bem-sucedida da vida de alguém e da administração coletiva das condições partilhadas de vida seriam ainda menores. Trata-se de uma forma de pensar só valorizada positivamente por aqueles que não a podem considerar indiscutível; quando se trata daqueles que podem, é quase sempre subavaliada.

O conteúdo deste livro

Este livro foi escrito com o objetivo de ajudar as pessoas a entender suas experiências pessoais em si mesmas e com os outros. Ao fazer isso, mostra como os aspectos aparentemente familiares da vida podem ser interpretados de maneiras diferentes e inovadoras. Cada capítulo aborda questões que são parte de nossa vida cotidiana, mesmo que não se encontrem na linha de frente de nossa compreensão do dia a dia. Elas dizem respeito a maneiras de ver e aos dilemas e escolhas com que rotineiramente deparamos, mas sobre os quais temos pouco tempo ou oportunidade de refletir. Nosso objetivo é, assim, conduzir o pensamento nesses termos, e não segundo um "pensamento correto". Queremos ampliar os horizontes de compreensão, mas não para corrigir alguma noção de erro, com uma ideia de verdade inquestionável. No processo, esperamos encorajar uma atitude questionadora, na qual entender os outros nos permite melhor entender a nós mesmos *com* os outros.

Este livro é diferente de grande parte dos demais, porque é organizado de acordo com questões que conformam nosso cotidiano. Há temas que interessam a sociólogos profissionais no curso de suas práticas, mas que são brevemente mencionados ou mesmo inteiramente omitidos, como, por exemplo, a metodologia de pesquisa para o estudo da vida social. Trata-se de um comentário sociológico sobre temas que integram diretamente nossa experiência diária, cuja divisão em partes e capítulos pautou-se por esse conceito. Neste guia, nossa narrativa sociológica não será desenvolvida de maneira linear, porque retornamos a alguns tópicos ao longo do texto. Por exemplo, a identidade social aparecerá sob muitas formas nos diversos capítulos, pois é assim que o esforço de compreensão funciona na prática. Afinal, quando examinamos um novo tema, ele vai revelando novas questões e, assim, trazendo para a luz aquelas que ainda não havíamos considerado. Como assinalamos, isso é parte de um processo no qual adquirimos maior conhecimento – uma tarefa sem-fim.

Questões para refletir

1. Você acredita que haja uma ciência do senso comum e/ou uma visão de senso comum da ciência?

2. Se lhe pedissem para definir a disciplina da sociologia em apenas duas frases, o que você diria e por quê?

3. Quais são os benefícios e os perigos associados ao processo de "desfamiliarização"?

4. O senso é "comum"?

Sugestões de leitura

BERGER, Peter. L. e Hansfried Kellner. *Sociology Reinterpreted: An Essay on Method and Vocation*. Harmondsworth, Penguin, 1982.
Esse livro, seguindo o caminho aberto pela obra anterior de Berger, *Perspectivas sociológicas: uma visão humanista*, analisa temas como a liberdade e a "cientifização" da vida social.

GIDDENS, Anthony. *Sociologia*. Porto Alegre, Artmed, 2005 [*Sociology*, 4ª ed. Cambridge, Polity, 2001.]
Uma visão geral explicativa da sociologia.

MAY, Tim. *Pesquisa social: questões, métodos e processos*. Porto Alegre, Artmed, 2004. [*Social Research: Issues, Methods and Process*, 3ª ed. Buckingham, Open University Press, 2001.]

Se aqui não nos detivemos em metodologia de pesquisa, para quem se interessar, esse livro fornece um passeio pelos métodos e perspectivas empregados em pesquisa social.

MILLS, C. Wright. *The Sociological Imagination*. Harmondsworth, Penguin, 1970 [1959]. Edição brasileira: *Sobre o artesanato intelectual e outros ensaios*. Rio de Janeiro, Zahar, 2009 (os artigos "Sobre o artesanato intelectual" e "A promessa").

Embora pareça datado, é ainda um clássico sociológico e o último capítulo antecipa o tema da "ambivalência".

. Parte I .

Ação, identidade e entendimento na vida cotidiana

. 1 .

Alguém com os outros

Não é rara em nossa vida a experiência de nos ressentirmos do fato de sermos objeto de coerção por circunstâncias sobre as quais percebemos não ter controle. Em alguns momentos, porém, afirmamos nossa liberdade em relação a esse controle com a recusa de nos conformar às expectativas alheias, resistindo ao que consideramos indevida usurpação de nossa liberdade, e – como se evidencia tanto ao longo da história quanto na atualidade – nos revoltamos contra a opressão. Ter a sensação de ser livre e concomitantemente não ser, entretanto, é parte comum de nossas experiências cotidianas – é também uma das questões que mais confusão provocam, desencadeando sensações de ambivalência e frustração, tanto quanto de criatividade e inovação.

Assinalamos na Introdução que vivemos em interação com outros indivíduos. O modo como isso se relaciona com a ideia de liberdade na sociedade tornou-se objeto de farta produção sociológica. Em um nível, somos livres para escolher e acompanhar nossas escolhas até o fim. Você pode levantar-se agora e preparar uma xícara de café antes de prosseguir a leitura deste capítulo. Pode também optar por abandonar o projeto de aprender a pensar com a sociologia e embarcar em outra área de estudo, ou mesmo abrir mão de estudar, não importa que assunto seja. Continuar a ler é uma das alternativas de cursos

34 Ação, identidade e entendimento na vida cotidiana

de ação que atualmente lhe estão disponíveis. Sua habilidade para tomar decisões conscientes é, nesse sentido, um exercício de sua liberdade.

Escolha, liberdade e convivência com os outros

Nossas escolhas, evidentemente, nem sempre são produto de decisões conscientes. Como já dissemos, muitas de nossas ações decorrem do *hábito* e, como tal, não são alvo de escolha ampla e deliberada. Apesar disso, sempre há quem nos relembre que nossas decisões nos tornam responsáveis por qualquer resultado que produzam. É comum ouvirmos: "Ninguém o obrigou a fazer isso. Você só pode culpar a si mesmo!"

De modo similar, se quebramos regras feitas para guiar a conduta das pessoas, podemos ser punidos. Pretende-se que o ato de punição seja uma espécie de confirmação da ideia de que somos responsáveis por nossas ações. Nesse sentido, as regras orientam, além de nossas ações, também a coordenação dessas ações com as de outras pessoas que podem, por sua vez, antecipar nossa provável atitude nas diversas situações. Sem isso, a comunicação e a compreensão de mensagens na vida cotidiana se tornam inconcebíveis.

Em geral nos consideramos autores de nossos destinos e, portanto, dotados de poder para agir, determinar nossa conduta e controlar nossa vida. Teríamos, assim, a habilidade de monitorar nossas ações *e* a capacidade de determinar seus resultados. Será assim mesmo, porém, que a vida opera? Há quem diga, por exemplo, que estar sem emprego é culpa pura e exclusiva do desempregado, que se ele tivesse se esforçado o suficiente estaria ganhando a vida. Por outro lado, as pessoas podem reciclar-se e procurar emprego. Mas se, na região em que vivem, houver uma taxa elevada de redução de postos de trabalho e elas não tiverem como se mudar, apesar da constante procura, não irão ter oferta de vagas. Há muitas situações equivalentes, nas quais nossa liberdade para agir é limitada por circunstâncias sobre as quais não temos controle. Nesse sentido, portanto, uma coisa é ter a habilidade de alterar ou modificar nossas competências, outra muito diferente é ser capaz de alcançar as metas que buscamos. Como isso se manifesta? Em primeiro lugar, podemos observar que situações de escassez, como aquelas em que somos julgados pelos outros, limitam nossas potencialidades. Nem todas as pessoas que buscam os mesmos objetivos conseguem conquistá-los, porque o número de recompensas disponíveis é limitado. Nesse caso, competimos uns com os outros, e o resultado pode depender apenas parcialmente de nossos esforços.

Ao buscar uma vaga na universidade, podemos descobrir que a concorrência é de 20 candidatos por vaga disponível, e que a maioria deles possui as qualificações necessárias. Além disso, a faculdade talvez favoreça candidatos com determinada experiência social. Nossas ações, assim, tornam-se dependentes do julgamento de pessoas, uma avaliação sobre a qual exercemos controle limitado. Essas pessoas estabelecem as regras do jogo e são, ao mesmo tempo, os árbitros de seu cumprimento. Estão *posicionadas* por suas instituições para exercer um critério e, quando o fazem, estabelecem os limites de nossa liberdade.

Fatores como esses, sobre os quais temos pouca ou nenhuma ingerência, influenciam muito os resultados de nossos esforços. Nós nos tornamos dependentes de outros porque são eles que pronunciam o veredicto quanto à suficiência de nossos esforços e avaliam se apresentamos as características certas para justificar nossa admissão.

Em segundo lugar, fatores materiais conformam nossa capacidade de alcançar objetivos. Apesar da importância do aspecto determinação, o que dizer se nos faltam meios para efetivar nossas decisões? Podemos passar a procurar emprego em lugares com maior oferta, mas logo descobrir que o preço dos imóveis e do aluguel nessas áreas está muito além de nossas possibilidades. Do mesmo modo, querendo escapar à condição de poluição e superpovoamento, podemos nos mudar para um local mais saudável e perceber que pessoas com mais dinheiro que nós já fizeram isso antes, e a ideia já deixou de ser viável economicamente. Nesse processo, os mais abastados inflacionaram o preço das moradias, inviabilizando a compra de casa pelas populações atraídas por aquela área. Pode-se dizer algo semelhante a respeito de educação e saúde. Algumas áreas possuem escolas e hospitais mais bem-equipados, mas são muito distantes, e optar por educação particular e planos de saúde privados está além de nossas possibilidades.

O que demonstramos aqui é o fato de que a liberdade de escolha não garante nossa liberdade de efetivamente atuar sobre essas escolhas nem assegura a liberdade de atingir os resultados desejados. Mais que isso, demonstramos que o exercício de nossa liberdade pode ser um limite à liberdade alheia. Para sermos capazes de agir livremente, precisamos ter mais do que *livre-arbítrio*.

Muito comumente, nós pensamos limitados pelo dinheiro de que dispomos, embora também consideremos as fontes simbólicas de limitação. Nesse caso, nossa liberdade pode não depender do que fazemos, mas de quem somos, no sentido de como os outros nos veem. Usamos o exemplo da universidade, mas podemos também ser recusados em um clube ou não conseguir emprego pela maneira segundo a qual nossas qualidades são julgadas – por exemplo, de acordo com raça, etnia, sexo, idade ou deficiência. De forma alternativa, tornar-se sócio de um clube pode depender de conquistas passadas – habilidades desenvolvidas, qualificações, extensão dos serviços ou o modo de falar que nossa educação nos fez adquirir. Essas são consequências duradouras de escolhas anteriores que, acumuladas, têm efeitos em ações futuras. Nossa liberdade de agir no presente é desse modo conformada por nossas circunstâncias passadas e experiências acumuladas.

Essas experiências acumuladas conformam também o modo como nos sentimos em relação às situações em que nos envolvemos no presente. Podemos supor, voltando a nosso exemplo da universidade, que determinada maneira de falar é a esperada, mas talvez não estejamos familiarizados com ela.

Vindos de família de classe baixa, podemos nos sentir pouco à vontade em meio a colegas de classe média. Ou, sendo católicos mais tradicionais, podemos não aceitar o divórcio e o aborto. Talvez seja nessa conjuntura que os grupos em meio aos quais nos sentimos à vontade sejam aqueles que limitam nossa liberdade, posto que restringem a gama de opiniões que podemos suportar.

Grupos formais e informais são frequentemente constituídos (como discutiremos adiante) pelas expectativas que lançam sobre seus integrantes. Ao fazê-lo, excluem quem eles presumem não viver segundo tais requisitos. Quando esses hiatos de compreensão se instalam entre grupos, costumam ser preenchidos por suposições estereotípicas. Assim, é possível afirmar que o fato de podermos nos ajustar às condições de atuação no interior do grupo limita nossa liberdade, ao nos impedir de realizar experiências pobremente mapeadas e imprevistas, encontradas para além dos limites do grupo. Tendo sido treinados segundo os meios e significados de nosso agrupamento, tornamo-nos, assim, liberados para praticar nossa liberdade, sob a condição, porém, de ficarmos limitados a ideias e territórios específicos.

Com relação às práticas cotidianas de liberdade, somos ao mesmo tempo autorizados e constrangidos. Em um nível, nos é ensinado que há tipos de desejos que o grupo considera aceitáveis e realizáveis. Maneiras apropriadas de agir, falar, vestir-se e comportar-se em geral fornecem a orientação necessária para a desenvoltura na vida dos grupos de que fazemos parte. Julgamo-nos, então, de acordo com as expectativas, e nossa autoestima é estabelecida segundo esse julgamento. Essas vantagens, contudo, são facilmente transformáveis em problemas, quando nos aventuramos além daquelas expectativas e estamos em um ambiente no qual se promovem diferentes desejos.

Nessas circunstâncias, formas alternativas de comportamento podem ser consideradas apropriadas, e, assim, as conexões entre condutas e intenções alheias, além de não serem óbvias, nos parecem estranhas. A compreensão que nos permite manter determinada conduta surge então como limitação acer-

38 Ação, identidade e entendimento na vida cotidiana

ca dos horizontes de nosso entendimento. O sociólogo francês Pierre Bourdieu, em seus abrangentes estudos da vida social, refere-se à disjunção entre nossa percepção de nós mesmos e os campos de ação nos quais nos encontramos, denominando-a "efeito dom Quixote".

Quando se dão essas disjunções entre nossas expectativas e nossa experiência, podemos refletir sobre a possibilidade de os grupos a que pertencemos não serem aqueles pelos quais optamos por livre escolha. Talvez integremos este ou aquele pura e simplesmente por ali ter nascido. O grupo que nos define, nos ajuda a orientar nosso comportamento e se considera provedor de nossa liberdade pode não ser aquele que escolhemos conscientemente e, assim, talvez se torne um convidado indesejado. Quando nele ingressamos, não praticamos um ato de liberdade, mas uma manifestação de dependência.

Não optamos por ser franceses, espanhóis, afro-caribenhos, brancos ou de classe média. Podemos aceitar essa sorte com tranquilidade e resignação, ou transformá-la em nosso destino, em entusiástico abraço da identidade de grupo – tornando-nos orgulhosos de quem somos e das expectativas lançadas sobre nós em consequência disso.

Transformar-nos, entretanto, exigirá grande esforço contra as expectativas consideradas indiscutíveis por aqueles que nos cercam. Autossacrifício, determinação e persistência tomarão o lugar do conformismo a normas e valores do grupo. O contraste equivale a nadar a favor da maré ou contra ela. É assim que, apesar de nem sempre estarmos conscientes disso, nos tornamos dependentes dos outros: muito embora possamos nadar contra a corrente, fazemos isso numa direção orientada ou conformada pelas expectativas e ações de quem está fora do grupo com o qual estamos familiarizados.

As maneiras como agimos e nos percebemos são conformadas pelas expectativas dos grupos a que pertencemos, o que se manifesta de vários modos. Primeiro, há os *fins* ou objetivos que estabelecemos com significado especial e nos quais consideramos valer a pena investir – eles variam de acordo com fatores tais como classe, raça ou gênero. Por exemplo, a maior parte das tarefas referentes a cuidar de alguém é desempenhada por mulheres, e, assim, há nítida tendência de elas gravitarem em torno de ocupações específicas que recompensam esse aspecto, como enfermagem, magistério e serviço social. Isso se apoia em suposições totalmente não científicas referentes à divisão de trabalho entre homens e mulheres em termos dos tipos de características que supostamente cada um deles apresenta.

Em segundo lugar, a maneira como esperamos concretizar esses fins é influenciada por outra manifestação de expectativa de grupo, os *meios* aceitos para perseguir aqueles fins. Referimo-nos aqui às condutas consideradas apropriadas à vida cotidiana. A forma como nos vestimos, usamos nossos corpos, falamos, mostramos nosso entusiasmo e até o jeito como seguramos garfos e facas quando comemos são partes do modo como os grupos conformam a conduta de seus membros para que alcancem seus objetivos.

Terceiro, assinalamos que os grupos, por sua vez, também buscam identificar-se por ações que os distingam daqueles que estão fora de suas redes de relação formal e informal. Chamamos de *critério de relevância* essa manifestação que se refere ao fato de termos sido ensinados a distinguir os objetos ou pessoas relevantes ou irrelevantes para os projetos de vida em que embarcamos. Identificar aliados, inimigos, rivais, pessoas a quem dar ouvidos ou desconsiderar é parte desse processo.

Assim, devemos aos grupos a que pertencemos os bens que buscamos, os meios empregados nessa busca e a maneira como distinguimos quem pode e quem não pode colaborar nesse processo. Dessa forma, uma enorme quantidade de conhecimento prático é adquirida, e sem ela não seríamos capazes de conduzir nossas atividades cotidianas e nos voltar para projetos de vida específicos.

Na maioria dos casos, trata-se de conhecimento tácito, pois orienta nossa conduta sem que sejamos necessariamente capazes de expressar como e por que ele opera de determinadas maneiras. Se, por exemplo, nos perguntarem que códigos usamos para nos comunicar e como deciframos os significados das ações, podemos até não entender o sentido da pergunta. De que forma explicamos os códigos, tais como as regras de gramática que proporcionam a comunicação, se os tomamos simplesmente como dados em nossa fluência e competência? Mas esse saber é exigido para dar forma a nossas tarefas cotidianas, e, mesmo que não possamos enunciar as regras que nos permitem agir, podemos rotineiramente demonstrar nossas habilidades que dependem de sua existência.

De fato, baseando-se nisso, o sociólogo americano Harold Garfinkel fundou um ramo da sociologia conhecido como etnometodologia, que estuda as minúcias das interações cotidianas consideradas *taken-for-granted*, indiscutíveis: por exemplo, a tomada correta da vez de falar nas conversações, como iniciamos e concluímos nossas frases e como atribuímos características a pessoas com base em seus modos de vestir e de mover o corpo no dia a dia, enfim, em seus gestos de rotina.

É graças a esse conhecimento de fundo, objeto de estudo dos etnometodólogos, que nos sentimos seguros em nossas ações. Isso depende de esquecermos justamente as origens do saber que exerce esse poderoso controle sobre nós. Ele chega sob a forma de uma *atitude natural*, suspendendo o tipo de questionamento que a microssociologia converteu em objeto de pesquisa. Quando consultamos a literatura sociológica sobre saber social e vida cotidiana, abre-se uma fascinante área de interesse que nos permite compreender mais sobre nossas interações. Ao fazer isso, o que parecia autoevidente revela-se uma coleção de crenças variáveis de acordo com as características de grupo, tempo, local, espaço e poder. Na próxima seção, examinaremos alguns desses insights em termos de como nos tornamos nós mesmos *com* os outros.

Alguém com o outro: perspectivas sociológicas

Um dos principais personagens que ofereceu uma compreensão de como internalizamos entendimentos de grupo foi o psicólo-

Alguém com os outros 41

go social americano George Herbert Mead. Para ele, quem nós somos, nosso self, não é atributo com o qual tenhamos nascido, mas um traço adquirido ao longo do tempo por meio de interações. A fim de compreender como isso ocorre, Mead dividiu nossa percepção do self em duas partes, o "Eu" e o "Mim", argumentando que nossas mentes buscam uma "relação de ajustamento" com o mundo em que estamos. Isso, porém, não significa que simplesmente reflitamos as expectativas de nosso grupo, porque (como vimos) também podemos agir no mundo. Para entender esse processo, Mead sugeriu que podemos chegar a conhecer nosso self por intermédio dos outros apenas por comunicação simbólica.

A linguagem não é apenas o meio pelo qual falamos, mas também aquele com o qual nos ouvimos e avaliamos nossas ações e falas de acordo com as respostas dos outros. Nesse sentido, o Eu pode ser pensado como uma "conversação", que tem lugar dentro de nós, na qual a linguagem atua como meio que permite esse processo, bem como nos pensar como um "todo". O Mim, por outro lado, refere-se ao modo como organizamos nossas expectativas de grupo em nossas ações. Respondemos aos outros em termos de como nos vemos, o que é constantemente modificado de acordo com os diferentes parâmetros sociais de nossa rotina.

Esse processo se estabelece em três etapas de nosso desenvolvimento. Primeiro, o *estágio preparatório*, em que nossa percepção do self é passiva, posto que constituída de atitudes que outros demonstram em relação a nós. A consciência, então, se desenvolve rapidamente, e respondemos aos outros com símbolos do grupo, que nos permitem definir nossa conduta em termos considerados apropriados para o cenário. Em outras palavras, uma crescente consciência de nós é derivada das respostas alheias. Nesse estágio, não podemos experimentar nosso self diretamente, mas só pelas respostas dos outros, o que, entretanto, inicia o processo de nos tornarmos capazes de julgar nossas performances nas interações com os outros.

Depois, como crianças no *estágio de atuação*, encenamos diferentes "outros", na forma de papéis que, entretanto, não são interligados e carecem de organização global. Aprender uma linguagem e atrelar sentimentos a determinados papéis são processos centrais nessa etapa. E nela as respostas dos outros são novamente de grande relevância na compreensão do que é importante encenar.

Em terceiro lugar, a organização das atitudes do grupo começa a ser consolidada no *estágio do jogo* ou de *atuação segundo as regras do jogo*. Aqui, os papéis são aprendidos por meio de sua relação com os outros. Embora uma variedade de "personagens" seja interpretada, as regras do jogo se tornam mais aparentes. Nosso caráter é, assim, construído pelo tratamento de nós como objetos de nossas próprias ações, uma vez que elas são compreendidas pelas respostas dos outros à nossa performance.

A ideia de self segundo Mead não é a de ser passivo. Atividade e iniciativa marcam os dois lados da interação. Afinal, uma das primeiras habilidades aprendidas pela criança é como discriminar e selecionar, traço que não pode ser adquirido sem o suporte da habilidade de resistir e suportar pressões – em outras palavras, de assumir uma posição e agir contra forças externas. Por conta de sinais contrários de vários outros significativos,* o Eu tem que ser posto de lado, distanciado, observando as pressões *internalizadas* pelo Mim. Quanto mais forte for o Eu, mais autônomo se torna o caráter da criança. A força do Eu se expressa na habilidade e na presteza da pessoa para colocar em teste as pressões internalizadas pelo Mim, verificando seus verdadeiros poderes e seus limites, dessa maneira desafiando-os e suportando as consequências.

No curso dessa aquisição, fazemos perguntas a nosso respeito, e a primeira questão que se volta sobre a individualidade é, como formulou o filósofo francês Paul Ricœur, "Quem sou eu?". Nela, experimentamos a contradição entre liberdade e dependência como um conflito interior entre o que desejamos e aquilo que somos obrigados a fazer por conta da presença de

---

*Em inglês, *significant other*, categoria cunhada por Mead, que diz respeito aos outros dotados de significância, que servem de referência para o estabelecimento do self. (N.T.)

outros significativos e suas expectativas em relação a nós. Há, portanto, imagens de comportamento aceitável que são projetadas sobre nossas predisposições. Neste ponto, chegamos às interações entre o biológico e o social. Grandes somas de dinheiro têm sido gastas na tentativa de determinar as bases genéticas de diferentes aspectos do comportamento humano. Entretanto, as interpretações dos estudiosos influenciados pela teoria da evolução de Darwin diferem entre si a respeito de saber, por exemplo, até que ponto somos competitivos ou cooperativos por natureza, enquanto sabemos que as ações e o modo como são avaliadas diferem de uma cultura para outra. Como observou o especialista em genética britânico Steve Jones, o termo mais problemático em genética é "para" – no sentido de que descobrir um gene pode sugerir que ele serve *para* uma forma particular de comportamento.

Apesar desses argumentos e das elevadas quantias destinadas à pesquisa genética – e as companhias farmacêuticas se mobilizam em busca de lucros potenciais –, a maioria dos intelectuais concordaria em passar para a sociedade a responsabilidade de estabelecer e fortalecer os padrões de um comportamento aceitável. Sociedades e grupos desenvolvem, ao longo do tempo, meios de controlar seus integrantes. Sigmund Freud, o fundador da psicanálise, sugeriu que os instintos jamais são domesticados, mas "reprimidos" e levados para o inconsciente. São, assim, mantidos no limbo pelo superego, como o conhecimento internalizado das demandas e pressões exercidas pelo grupo. Foi por essa razão que Freud descreveu o superego como uma "guarnição numa cidade conquistada" pelas forças vitoriosas da sociedade. O próprio ego fica em permanente suspensão entre dois poderes: os instintos, direcionados para o inconsciente, mas potentes e rebeldes; e o superego, que pressiona o ego a manter as pulsões no inconsciente e prevenir sua fuga do confinamento.

A socióloga feminista e psicóloga americana Nancy Chodorow alterou esse ponto de vista utilizando a chamada teoria da relação de objeto para analisar diferenças de gênero nos comprometimentos emocionais. Apesar do fato de um filho demonstrar "amor primário" por sua mãe, esse desejo é reprimido. Como resultado, ele abandona esse relacionamento rumo a um domínio no qual o elo com a mãe é rompido, e aquele amor, reprimido. O filho torna-se, então, "o outro", e sua autonomia é conquistada por meio da repressão do desejo. Uma filha, por sua vez, experimenta um alinhamento, e sua percepção do self não é formada pelo processo de distinção em relação à mãe. Entra em jogo, aí, a ênfase de gênero na empatia, associada à menor preocupação das mulheres para se diferenciar dos mundos de que elas são parte fundamental.

Outros sociólogos seguiram a hipótese de Freud. Norbert Elias, que fundiu as intuições do pai da psicanálise com a pesquisa histórica explicativa, sugeriu que nossa experiência do self decorre da dupla pressão à qual todos somos expostos. Nossa já citada atitude ambígua em relação a nós mesmos é o resultado da posição ambivalente na qual essas duas pressões, agindo em direções opostas, nos colocam. Logo, não se discute a ideia de que todas as sociedades controlam as predisposições de seus membros e se empenham em conter uma gama de interações admissíveis.

Entretanto, até onde sabemos, não há evidência conclusiva de que os seres humanos sejam naturalmente agressivos e tenham de ser colocados em cabrestos ou domados. O que tende a ser interpretado como a erupção da agressão natural é muito habitualmente um resultado de insensibilidade e raiva – ambas as atitudes rastreáveis até suas origens mais sociais do que genéticas. Em outras palavras, embora seja verdade que os grupos treinem e controlem as condutas de seus membros, disso não decorre necessariamente que eles tornem essas condutas mais humanas e morais. Isso significa apenas que, como resultado dessa vigilância e dessa atitude correcional, a conduta se adapta melhor aos parâmetros considerados aceitáveis em um dado tipo de grupo social.

Socialização, importância e ação

O processo de formação de nosso self e de como nossos instintos podem ou não ser suprimidos costuma ser denominado *sociali-*

zação. Somos socializados – transformados em seres capazes de viver em sociedade – pela internalização das coerções sociais. Considera-se que estamos aptos para viver e agir em grupo quando adquirimos as competências para nos comportar de maneira aceitável e, então, somos considerados livres para assumir a responsabilidade de nossas ações. Quem são, porém, aquelas pessoas significativas com as quais interagimos e que, assim, nos socializam?

Vimos que a força realmente operante no desenvolvimento do self é a imagem infantil das intenções e expectativas de outros significativos. De fato, a liberdade de uma criança para fazer seleções em meio a essas expectativas não é completa, visto que algumas pessoas podem forçar suas opiniões sobre a percepção que é da criança mais efetivamente que outros em seus mundos. Apesar disso, a criança não pode evitar escolher, ainda que as demandas alheias sejam contraditórias e não possam ser alcançadas simultaneamente. Afinal, algumas delas exigem mais atenção que outras e, assim, adquirem maior importância em sua vida.

A necessidade de conferir importância diferencial a expectativas, todavia, não é restrita a crianças. Experimentamos esse tipo de demanda como rotina em nosso cotidiano. Corremos o risco de desagradar alguns amigos que estimamos e respeitamos a fim de apaziguar outros, de quem igualmente gostamos. Por exemplo, sempre que expressamos opiniões políticas, haverá aqueles de quem gostamos que não as apreciarão e aqueles que passarão por cima de ressentimentos contra nós por expressá-las. Atribuir relevância dessa forma significa, inevitavelmente, atribuir menos importância ou até irrelevância a outras opiniões. Esse risco aumentará de acordo com o grau de heterogeneidade do ambiente em que vivemos, ou seja, do quanto ele for caracterizado por diferentes pontos de vista, valores e interesses.

Fazer uma seleção a partir de nossos ambientes significa escolher *grupos de referência*. Trata-se de grupos em relação aos quais medimos nossas ações e que fornecem os padrões a que aspiramos. O modo como nos vestimos, falamos, sentimos e agimos em diferentes circunstâncias constitui traços conformados por nosso grupo de referência. O sociólogo canadense radicado nos Estados Unidos, Erving Goffman, sensível observador da vida cotidiana, cujos livros oferecem fascinante compreensão de nossas ações, escreveu sobre a importância da "figuração" ou "trabalho da face". "Face" é definida como o valor que uma pessoa atrela a suas ações em termos dos atributos que elas demonstram. Por sua vez, aqueles com os quais se busca identificação avaliarão essas demonstrações. Um bom desempenho "profissional" é instância em que a autoestima de uma pessoa e sua posição em seu grupo podem ser reforçadas.

Esses processos não são sempre conscientes, nem há necessariamente alguma ligação entre nossas intenções e os resultados de nossas ações. Como dissemos em relação à comunicação, aquilo que tencionamos pode não estar alinhado com o que ocorre de fato, levando a frustração e mal-entendidos. Alternativamente, os grupos podem não perceber nossos esforços para imitar seus modos de conduta. Alguns são agrupamentos de referências normativas, posto que estabelecem as normas para nossa conduta sem estar presentes em cada uma e em todas as interações.

De particular importância em meio a esses grupos são família, amigos, professores e nossos chefes no trabalho. Ainda que essas pessoas estejam na posição de responder a nossas ações, podem não se tornar grupos de referência, o que só ocorre quando lhes atribuímos importância. A desobediência no trabalho pode ocorrer quando negligenciamos ou desprezamos as coerções normativas lançadas sobre nós por chefes e optamos por seguir padrões que eles podem condenar. Podemos também "bancar o indiferente" quando o grupo demanda envolvimento profundo e paixão. Assim, a fim de exercer sua influência, é necessário algum grau de consentimento para que um agrupamento se transforme em grupo de referência.

Outra instância de influência, além dos contextos imediatos de nossas ações, são os grupos de referência comparativos. Trata-se de grupos aos quais não pertencemos, ou porque estamos além de seu alcance, ou porque eles estão além do nosso. Assim, "vemos" o grupo sem ser por ele vistos. Atribuir importância, nesse caso, é ação unilateral. Por conta da distância entre nós e eles, os integrantes do grupo são incapazes de avaliar nossas ações e, logo, não podem corrigir desvios nem nos cobrir de elogios. Nos tempos atuais, nos vemos crescentemente mobilizados diante de situações sobre as quais recebemos, pela mídia, enormes quantidades de informação, mais sob a forma de descrições do que por contato com os outros.

Como resultado, o papel de grupo de referência comparativo na formação de nosso senso contemporâneo do self é mais pronunciado. A mídia transmite informações sobre as últimas modas e estilos com velocidade sempre maior, e alcançando os pontos mais distantes do globo. Nesse processo, uma autoridade pode ser investida por conta do próprio estilo de vida que esses grupos tornam visualmente acessíveis e que pode levar à imitação e à aspiração de a eles pertencer.

Síntese

A socialização nunca cessa em nossas vidas. Por essa razão, os sociólogos distinguem estágios de socialização (primário, secundário e terciário) que produzem formas de interação complexas e transformadoras entre liberdade e independência. Por exemplo, em algumas situações, quem foi criado em pequenas comunidades rurais pode sentir-se perdido em uma cidade estranha, na qual a indiferença dos desconhecidos produz sentimentos de desamparo exacerbados pelo volume do tráfego, pelas multidões em correria e pela arquitetura. Risco e confiança se misturam, então, em diferentes graus, para potencializar ou minar o que o sociólogo Anthony Giddens chamou de "segurança ontológica".

Por outro lado, há também quem se sinta em casa nessa cidade, cujo anonimato facilita o movimento, e a diversidade pode servir de fonte de identidade. Há ainda, porém, aquelas situações sobre as quais os indivíduos não têm controle. O que os sociólogos chamam de condições macroestruturais pode ter consequências drásticas para todos nós. Um abatimento econômico repentino, a iminência de desemprego em massa, a explosão de uma guerra, a degradação de poupanças de toda uma vida por obra da inflação violenta e a perda de segurança pela retirada do direito a algum benefício em tempos de dificuldades – estes são apenas alguns exemplos. Essas mudanças têm potencial para colocar em dúvida e mesmo minar as conquistas de nossos padrões de socialização e, então, requererem a radical reconstrução de nossas ações e das normas que orientam nossa conduta.

De maneira menos espetaculosa, cada um de nós enfrenta diariamente problemas que demandam reajustes ou questionam nossas expectativas. Por exemplo, quando mudamos de escola ou de emprego, entramos para a universidade, deixamos de ser solteiros e nos tornamos casados, compramos uma casa própria, nos mudamos, nos tornamos pais ou cidadãos de terceira idade. Cabe, portanto, pensar nas relações entre liberdade e dependência como um processo contínuo de mudança e negociação cujas interações complexas são iniciadas ao nascermos e só se encerram quando morremos.

Nossa liberdade também nunca está completa. Nossas ações presentes são conformadas e até configuram objeto de coerção por parte de nossas ações passadas. Rotineiramente nos deparamos com escolhas que, apesar de atraentes, são inexequíveis. A liberdade tem um custo que varia com as circunstâncias, e, na procura de novas oportunidades e coisas às quais aspiramos, a viabilidade e a probabilidade de uma "nova ruptura" tornam-se cada vez mais remotas depois de certa idade.

Ao mesmo tempo, a liberdade às vezes é comprada com o preço da maior dependência dos outros. Falamos sobre o papel desempenhado pelos recursos materiais e simbólicos no processo de fazer da escolha uma proposição viável e realista, bem como do fato de que nem todo mundo tem garantido o acesso a esses recursos. Assim, enquanto todas as pessoas são livres e não podem ser outra coisa senão livres – elas são obrigadas a

Alguém com os outros

assumir responsabilidade por tudo que fizerem –, algumas são mais livres que outras, porque seus horizontes e escolhas de ação são mais amplos, e elas, por outro lado, podem depender da restrição dos horizontes de outros. Podemos dizer que a proporção entre liberdade e dependência é um indicador da posição relativa ocupada na sociedade por uma pessoa ou por toda uma categoria de pessoas. O que chamamos de privilégio parece ser, quando avaliado mais de perto, um grau mais elevado de liberdade e mais baixo de dependência. Isso se manifesta de diferentes maneiras e por diferentes razões no processo em que sociedades e grupos buscam justificar seus estados de coisas a fim de legitimar suas respectivas posições. Quando, entretanto, são criados hiatos em nosso conhecimento a respeito dos outros, eles frequentemente são preenchidos com preconceito. A maneira como os sociólogos se debruçam sobre esses temas é o assunto para o qual nos voltaremos no Capítulo 2.

Questões para refletir

1. Quais são os objetivos de sua vida e de que meios você terá de dispor para alcançá-los?

2. Quais são os grupos de referência em sua vida e qual a relação entre suas ações e as expectativas deles?

3. Como você vê o relacionamento entre liberdade e dependência?

4. Para você, qual é a relação entre famílias, comunidades e organizações, e como essas instituições afetam os objetivos que estabelecemos para nós, sejam atingíveis ou não? Analise essa questão em relação ao "critério de relevância".

Sugestões de leitura

BAUMAN, Zygmunt. *Freedom*. Milton Keynes, Open University Press, 1988.
Analisa as mesmas questões a que nos dedicamos nesse capítulo.

GRIFFITHS, Morwenna. *Feminisms and the Self: The Web of Identity.* Londres, Routledge, 1995.

Várias ideias sobre o self são analisadas com relação ao pertencimento, à autenticidade, à política e à autobiografia.

MEAD, George Herbert. *Selected Writings: George Herbert Mead* (organização de A.J. Reck). Chicago, University of Chicago Press, 1964.

Coleção selecionada de escritos originais de Mead que vale a pena ser lida diretamente, mais que por meio de fontes secundárias.

SKEGGS, Beverly. *Formations of Class and Gender: Becoming Respectable.* Londres, Sage, 1997.

Um estudo sociológico seguindo vidas de mulheres e mostrando a luta que travam para construir suas identidades sociais.

. 2 .

Observação e sustentação de nossas vidas

Discutimos questões referentes ao pertencimento a grupos e ao modo como eles se relacionam com nossa autoconcepção em interação com os outros. A maneira como esses grupos influenciam nossas condutas e como interagimos, a que grupos pertencemos e os que excluímos como resultado desse vínculo, estes são todos temas importantes na vida cotidiana. Essas circunstâncias, intencionais ou não, contribuem para a forma e para o conteúdo das relações sociais que caracterizam nossas sociedades. Neste capítulo refletiremos sobre esses assuntos mais detalhadamente e examinaremos as consequências desses processos sobre nossa visão dos outros e de nós mesmos.

Fundamentando nossas vidas: interação, entendimento e distância social

Pensemos em todas aquelas pessoas cujas ações são indispensáveis a nosso dia a dia. Quem põe o café em nossa xícara? Quem fornece a eletricidade, o gás e a água de que todos dependemos? E mais: quem decide como, onde e quando movimentar os US\$2,6 trilhões que circulam nos mercados globais diariamente, com reflexos na prosperidade e no desenvolvimento de vários países? Essas pessoas fazem parte da multidão desconhecida que possibilita nossa liberdade de selecionar a maneira de viver que mais nos agrada ou a restringe – como aqueles industriais que consideram os robôs mais produtivos que os trabalhadores de carne e osso e, em decorrência disso, reduzem as possibilidades de emprego. Além disso, há os que, preocupados com seus próprios objetivos, produzem poluição e lixo industrial, com consequências de longo prazo para a qualidade de nossas vidas, para o ambiente e para a vida selvagem em geral.

Compare essas pessoas com as que você conhece, reconhece e pode chamar pelo nome. Agora, imaginando-as entre aquelas que influenciam a maneira como você conduz sua vida e as escolhas que pode ou não fazer, as pessoas que você realmente conhece compõem proporção muito pequena delas – até aquelas com quem nos defrontamos aparecem com diferentes frequências. Há pessoas que encontramos habitualmente, das quais sabemos o que podemos e não podemos esperar – com elas conversamos, compartilhamos saberes e discutimos temas de interesse comum; outras compõem nossos conhecidos eventuais ou aqueles com quem nos encontramos apenas uma vez.

Há ainda os lugares em que nos encontramos, pertencentes ao que Erving Goffman chamou de "ordem da interação". Nela, estamos preocupados com aqueles "espaços" que não são "pessoais", com as regiões e situações em que interagimos com os outros. Os conteúdos das interações nesses lugares podem ser funcionais, por exemplo, quando tiramos dinheiro do banco, vamos ao dentista ou compramos doce na confeitaria. As relações levadas a cabo nesses espaços são orientadas por nossos propósitos, e em geral não temos interesse nas pessoas com que neles interagimos, salvo no que diz respeito a suas habilidades no desempenho das funções. Perguntas de caráter mais íntimo estão fora de questão (e de lugar) em tais circunstâncias e, de maneira geral, serão consideradas intromissão indesejada ao que, naquele encontro, estipulamos como nossa privacidade. Se ocorrer uma intromissão como essa, devemos resistir, considerando-a falha nas expectativas tácitas da relação – centrada, afinal, na venda de serviços.

Embora a proximidade sugira um episódio de interação social, ela nada nos diz das experiências desse tipo vividas pelos participantes. Alguns dirão que seus "amigos virtuais" – aqueles com os quais se comunicam pela internet – são tão "amigos" quanto aqueles com os quais se encontram fisicamente. O sociólogo austríaco radicado nos Estados Unidos, Alfred Schutz, sugeriu que, do ponto de vista de um indivíduo, todos os demais membros da raça humana podem ser localizados numa linha imaginária – um continuum, medido pela distância social – que cresce à medida que as interações se reduzem em volume e intensidade. Essa linha abarca desde o conhecimento mais pessoal até o que se limita à habilidade de tipificar pessoas: o rico, os *hooligans* de futebol, os soldados, burocratas, políticos, jornalistas e outros. Quanto mais distantes de nós, mais tipificada é nossa consciência a respeito das pessoas que ocupam os pontos do continuum, assim como nossas relações com elas.

Além de nossos contemporâneos, há aqueles que habitam nossos mapas mentais como predecessores e sucessores. Nossa comunicação com eles é unilateral e incompleta. Ao mesmo tempo, porém, tais comunicações, talvez herdadas sob a forma de mitos, podem nos ajudar a resolver contradições contemporâneas sobre nossas identidades. Como a antropologia social tem mostrado, podemos nos relacionar desse modo com tradições específicas, preservadas pela memória histórica sob a forma de cerimônias ou de uma adesão a interpretações peculiares do passado.

Com os sucessores esse processo é diferente, pois nós é que deixamos marcas de nossa existência para eles, sem, contudo, esperar que nos respondam. Podemos projetar futuros imaginários, mas não temos como "conhecê-los". Entretanto, não é fato desconhecido para os cientistas modernos eles se deixarem influenciar pela ficção científica e pelas ações de modo a imaginar as possibilidades reservadas ao futuro. A ideia de os gerentes promoverem "reengenharia" nas organizações, por exemplo, diz respeito à projeção de um futuro ideal sobre a realidade existente. Isso oferece a possibilidade de aliviar seus autores da res-

Ação, identidade e entendimento na vida cotidiana

ponsabilidade no presente, porque os efeitos de suas decisões estão todos contidos em um porvir abstrato.

Entretanto, quer falemos da influência do passado, quer falemos agora de possíveis futuros, eles não são fixados ao longo do tempo. As pessoas mudam de lugar, de uma categoria para outra, viajam para perto e para longe de nossa posição no continuum e se deslocam do lugar de contemporâneos para o de predecessores. Nesse processo, nossa capacidade de empatia – dom e disposição de se colocar no lugar do outro – também muda. Assim, nossa autoidentidade fica atrelada às identidades sociais que exibimos para os outros e àqueles que encontramos em nossa existência cotidiana.

"Nós" dentro do "outro"

Nossa capacidade de fazer diferenciações e divisões no mundo inclui a distinção entre "nós" e "eles". A primeira categoria refere-se a algum grupo a que sentimos pertencer e que entendemos. A outra, ao contrário, a grupos a que não temos acesso nem queremos integrar. Nossa visão a esse respeito é vaga, fragmentada e se deve a uma compreensão empobrecida, até assustadora. Mais que isso, podemos nos assegurar de nossas crenças graças à suspeita de que "eles" sentem em relação a "nós" reservas e ansiedades equivalentes.

A distinção entre "nós" e "eles" é por vezes apresentada na sociologia como uma diferença *intragrupo* e *extragrupo*.* Esses opostos são inseparáveis, pois não pode haver um sem o outro. Sedimentam-se, por assim dizer, em nosso mapa do mundo nos dois polos de uma relação antagônica, o que torna os dois grupos "reais" para seus respectivos membros e fornece a unidade interna e a coerência que, imagina-se, eles possuem.

---

*Os termos *in-group* e *out-group* têm sido esporadicamente usados em inglês, no Brasil, sobretudo em referência à obra de Goffman. Preferimos, entretanto, estabelecer uma tradução para eles, mantendo o sentido (de interioridade e exterioridade) indicado pelos prefixos. (N.T.)

Considerando que nossas autoidentidades são atreladas aos grupos a que pertencemos, alguns autores, em especial o filósofo e historiados francês Michel Foucault e o também filósofo francês Jacques Derrida, sugeriram que possuímos uma identidade – em geral entendida pelas pessoas como uma "essência", termo que os autores recusam – constituída pelo processo de rejeição dos negativos, nesse caso justamente as características atribuídas a "eles". A autoidentificação, portanto, decorre dos recursos que extraímos de nosso ambiente, não havendo um "núcleo" fixo em nossas identidades. Dessa forma, oposições tornam-se ferramentas de que lançamos mão para cartografar o mundo. Exemplos desse processo incluem distinções entre pobreza "merecida" e "imerecida", ou entre os cidadãos "respeitáveis" e a "gentalha", desafiadora de todas as regras e caracterizada por rejeitar toda e qualquer ordem. Em cada caso, nossos traços específicos, assim como todos os investimentos emocionais, derivam desse antagonismo mútuo.

Dessas observações, podemos esboçar a seguinte conclusão: um extragrupo é justamente aquela oposição imaginária a si mesmo de que o intragrupo necessita para estabelecer sua autoidentidade, sua coesão – para obter solidariedade interna e segurança emocional. Desse modo, a boa vontade para cooperar dentro de seus limites exige, como sustentação, a recusa à cooperação com um adversário. É como se precisássemos do medo do mundo selvagem para nos sentir seguros. Os ideais sustentadores desse processo incluem solidariedade, confiança mútua e o que podemos chamar, seguindo o sociólogo francês Émile Durkheim, de "coesão" ou "laço comum". É a maneira segundo a qual se espera que os membros de uma família ideal ajam uns em relação aos outros, os pais em relação aos filhos, em termos de seus parâmetros de amor e carinho.

A retórica de quem quer evocar na audiência um sentimento de lealdade mútua geralmente nos oferece metáforas de "fraternidade", "irmandade" e humanidade como "uma família". Manifestações de solidariedade nacional e disposição para o sacrifício em nome de um bem maior são temperadas com referências à nação como "mãe" ou "pátria". Ajuda mútua, proteção e amizade, então, tornam-se as regras imaginárias da vida de um intragrupo, fazendo-nos perceber as relações nesse contexto como emocionalmente calorosas, inundadas de simpatia* mútua e de potencial para inspirar lealdade, bem como a determinação necessária à defesa dos interesses grupais. Assim, um sentimento de comunidade como um espaço prazeroso de se estar antecipa-se a quaisquer argumento e reflexão. Nesse lugar, os tempos podem ser difíceis, mas sempre se pode encontrar uma solução no final. As pessoas podem soar grosseiras e egoístas, mas alguém pode contar com elas se surgir uma necessidade. Acima de tudo, alguém pode entendê-las e ter a certeza de ser por elas também entendido.

Como mencionamos, não há exigência de estar fisicamente na presença das pessoas com quem nos identificamos para evocar esses sentimentos e ingressar nas atividades e crenças que a elas nos ligam. Tanto podemos nos relacionar com grupos restritos, íntimos, como com aqueles grandes e dispersos. Classe, gênero e nação são exemplos típicos dessa segunda categoria de intragrupo. Embora em geral os consideremos equivalentes aos grupos pequenos e íntimos que nos são familiares, eles constituem comunidades imaginárias, sendo caracterizados pelo uso da mesma linguagem e pela prática de costumes semelhantes, mas, simultaneamente, divididos por suas crenças e práticas. Essas rupturas, entretanto, apresentam tênue revestimento da imagem de "nós", apelando para sentido de unidade. De fato, os discursos de líderes nacionalistas muito habitualmente se referem a soterrar as diferenças em favor do espírito comunal orientado para um objetivo coletivamente sustentado.

---

*O termo original *sympathy* não corresponde, em português, ao sentido habitual de "simpatia" – afinidade moral e sentimental entre duas pessoas, em geral a partir da maneira como alguém age (diz-se que alguém é "simpático"); em inglês refere-se mais adequadamente a "colocar-se no lugar" com relação ao sofrimento do outro (diz-se que alguém desperta simpatia), sentido também contido na palavra usada no Brasil, motivo pelo qual a mantivemos na tradução. (N.T.)

Há um trabalho a fazer no sentido de estimular a autotransformação de classes, gêneros, etnias e nações em intragrupos, porque eles carecem do cimento social que nos é familiar nas interações cotidianas. Uma consequência desse processo é a supressão ou a dispensa de evidências que correm contra sua imagem ideal, tratando-a como falsa ou irrelevante. O processo de purificação demanda um corpo disciplinado e imaginário de interesses e crenças. Isso considerado, as ações de um coletivo – partido político, sindicato, governo de um Estado nacional – precedem a formação de grupos de larga escala. O nacionalismo, assim, precede a emergência de unidades nacionais unificadas.

Apesar do empenho contido na imagem da unidade, a sustentação na realidade permanece frágil. Por quê? Porque falta a substância que se pode derivar da interação cotidiana das redes, e, então, nenhum esforço para induzir a lealdade em grandes grupos sustenta uma possibilidade de êxito se não for acompanhado da prática de hostilidade em relação a um extragrupo. Deparamos então com a imagem de um inimigo escabroso, assustador e que demonstra ser astuto e conspiratório. A vigilância torna-se necessidade constante em contextos nos quais as imagens são formadas por preconceito. O preconceito – assim como a recusa em admitir quaisquer virtudes nos inimigos e a tendência a ampliar seus vícios reais e imaginários – impede que alguém aceite a possibilidade de serem honestas as intenções alheias. E esse preconceito ainda se manifesta em padrões morais dúbios. A concessão do título que os membros de um intragrupo afirmam merecer seria um ato de graça e benevolência àqueles do extragrupo.

Mais importante ainda, uma atrocidade nossa contra alguém de um extragrupo não parece chocar-se com a consciência moral, ao passo que se exigem penas severas nos casos em que atos muito mais brandos são perpetrados pelo inimigo. Desse modo, o preconceito leva as pessoas a aprovar os meios usados na promoção de sua própria causa, meios que nunca seriam justificados se empregados pelo extragrupo na busca de seus objetivos. Ações idênticas recebem, assim, nomes diferentes.

Por exemplo, um "soldado da liberdade", se estiver no grupo oposto, será um "terrorista". As disposições para o preconceito, contudo, não são uniformemente distribuídas. Podem manifestar-se em atitudes e ações racistas ou, com mais frequência, na xenofobia, na forma do ódio a tudo que for "estrangeiro". Pessoas que acolhem altos níveis de preconceito são malpreparadas para resistir a qualquer desvio às regras estritas de conduta e, por conseguinte, favorecem poderes fortes, capazes de manter os outros "na linha". Essas pessoas foram caracterizadas pelo filósofo, sociólogo e crítico cultural alemão Theodor Adorno como "personalidades autoritárias", estreitamente relacionadas às expressões de insegurança geradas por mudanças drásticas nas condições a que estão habituadas. Aquilo que as pessoas aprenderam como modos eficazes de orientar seu dia a dia, de repente se torna menos confiável. O resultado pode induzir à sensação de perda de controle da situação e, assim, ao ressentimento, e mesmo à resistência à mudança.

Nas condições sociais, essas transformações podem desencadear a necessidade de defender "o jeito antigo", opondo-se aos recém-chegados que representam o "jeito novo", tornando-os alvo de ressentimentos. Pierre Bourdieu, escrevendo sobre esse processo no interior de seu modelo de "campos" de relações sociais, afirma que as pessoas levam a cabo estratégias de "ortodoxia" ou "heresia". As balizas são a conservação ou a subversão de relações estabelecidas, e, portanto, o conjunto de suposições pré-reflexivas ou inquestionáveis que conformam as ações cotidianas é forçado a despertar de seu descanso para defender o *status quo* de possíveis invasões.

Norbert Elias também apresentou uma teoria a respeito dessas situações, nos termos do que chamou de "estabelecidos" e "outsiders". Um influxo de outsiders, estranhos a um meio, inevitavelmente configura desafio para os modos de vida da população estabelecida, não importa qual seja a diferença objetiva entre os recém-chegados e os antigos habitantes. As tensões surgem da necessidade de fazer o espaço e o resto reconhecerem os novatos. As ansiedades daí resultantes transformam-se em sentimentos hostis, mas os estabelecidos tendem a apresentar melhores recursos para agir, com base em seus preconceitos. Podem também invocar direitos adquiridos graças à longevidade de sua presença, mediante frases como "Esta é a terra de nossos antepassados".

O complexo relacionamento entre estabelecidos e outsiders constitui longo percurso na direção da explicação de uma grande variedade de conflitos entre intragrupos e extragrupos. O nascimento do moderno antissemitismo na Europa do século XIX, e sua larga recepção, pode ser compreendido como resultado de uma coincidência entre a alta velocidade de mudança numa sociedade em acelerada industrialização e a emancipação dos judeus, que emergiram dos guetos ou de seus bairros e comunidades fechados para se misturar à população gentia das cidades e ingressar em ocupações "comuns".

De modo similar, mudanças na paisagem industrial britânica do pós-guerra geraram ansiedade amplamente difundida e depois direcionada para os recém-chegados de países caribenhos ou do Paquistão, no momento em que já se desenhava uma resistência masculina às reivindicações das mulheres por direitos iguais no emprego e na competição por posições de influência social. E essas reivindicações feministas de igualdade ainda acendem um preconceito sutilmente disfarçado por alusões a um estado de coisas "natural". Por trás, está a afirmação de que as mulheres devem conhecer seu lugar em uma ordem das relações sociais que tenda a conceder privilégios aos homens.

O antropólogo britânico naturalizado americano Gregory Bateson sugeriu denominar "cismogênese" a cadeia de ações e reações consequente a esses processos. Cada ação conduz a uma reação mais forte, e o controle sobre a situação é gradualmente perdido. Bateson distingue dois tipos de cismogênese. No primeiro, a "cismogênese simétrica", cada lado reage aos sinais de força do adversário: sempre que ele demonstra poder e determinação, uma manifestação ainda mais forte de poder e determinação é procurada como reação. O que ambos os lados temem mais do que qualquer coisa é ser considerado fraco ou hesitante – basta pensar nos slogans militares "A repressão deve ser crível" ou "Deve-se mostrar ao agressor que a agressão não compensa". A cismogênese simétrica produz a autoafirmação em ambos os lados e contribui para a eliminação da possibilidade de acordo racional. A decorrência é que as facções, muito embora não recordem a razão original do conflito, se mantêm inflamadas pelo amargor de sua luta atual.

O segundo tipo, a "cismogênese complementar", desenvolve-se a partir de pressupostos diametralmente opostos, mas leva a resultados idênticos, isto é, a quebra do relacionamento. A sequência cismogenética de ações é complementar quando a força de um lado se apoia em sinais de fraqueza no outro, quando a resistência de um lado se enfraquece no confronto com as manifestações de força crescente no lado contrário. Essa é a tendência característica de toda interação entre uma parte dominante e outra mais submissa. A autoafirmação e a autoconfiança de um parceiro alimentam sintomas de timidez e submissão no outro. Os casos de cismogênese complementar são variados em seu conteúdo tanto quanto são numerosos.

Levando ao extremo, podemos pensar em uma gangue que aterrorize a vizinhança inteira em incondicional submissão. Um dia, convencidos de sua própria força por conta da falta de resistência, seus membros elevam suas exigências para além da capacidade de pagamento de suas vítimas que, levadas ao desespero, ou iniciarão uma rebelião, ou poderão se ver forçadas a se mudar para longe do território da gangue.

No extremo oposto, podemos pensar no relacionamento patrono/cliente. A maioria dominante (nacional, racial, cultural, religiosa) pode aceitar a presença de uma minoria, contanto que esta última demonstre seriamente a aceitação dos valores vigentes e o desejo de viver sob suas regras. Ansiosa para agradar e, desse modo, conquistar favores, a minoria pode, entretanto, descobrir que as concessões necessárias tendem a ampliar-se com o aumento da confiança do grupo dominante; será, então, obrigada a deixar seu próprio gueto ou a trocar sua estratégia por outra, modelada na cismogênese simétrica. O que quer que escolha, porém, terá como resultado provável o dano no relacionamento.

Há, por sorte, um terceiro tipo de estrutura em que a interação ocorre: a reciprocidade, que combina características das cismogêneses simétrica e complementar, mas de modo a neutralizar suas tendências autodestrutivas. No relacionamento recíproco, cada caso da interação é assimétrico. Contudo, ao longo de períodos abrangentes, as ações de ambos os lados se contrabalançam, porque cada um tem a oferecer algo de que o outro lado precisa. Por exemplo, a minoria ressentida e discriminada pode deter habilidades que faltam na população total. É provável que alguma forma de reciprocidade caracterize a maioria das estruturas de interação. Deve-se notar, entretanto, que nenhuma estrutura recíproca é inteiramente imune ao perigo do deslizamento rumo à relação complementar ou simétrica, engatilhando, assim, o processo de cismogênese.

Vimos que ser "nós", contanto que haja "eles", é algo que só faz sentido no conjunto, em sua mútua oposição. Além disso, "eles" pertencem um ao outro e formam um só grupo, porque todos e cada um deles partilham a mesma característica: nenhum deles é "um de nós". Ambos os conceitos derivam seu significado da linha divisória de que se servem. Sem tal divisão, sem a possibilidade de opor-se a "eles", dificilmente conseguiríamos dar sentido a nossas identidades.

Observando e vivendo a vida: fronteiras e outsiders

"Estranhos", todavia, desafiam essas divisões. De fato, opõem-se à própria ideia de oposição, isto é, divisões de qualquer tipo em termos dos limites que as preservam e, assim, garantem a clareza do mundo social que resulta dessas práticas. Nisso repousa sua significação, seu significado e o papel que desempenham na vida social. Com sua simples presença, que não se encaixa facilmente em nenhuma categoria estabelecida, os estranhos negam até a validade das oposições aceitas. Expõem o caráter aparentemente "natural" das oposições, deixando a nu sua fragilidade. Veem-se as divisões como o que de fato são: linhas imaginárias que podem ser cruzadas ou redesenhadas. Afinal, ingressam em nosso campo de visão e em nossos espaços sociais – sem ser convidadas. Quer o desejemos, quer não, essas pessoas acomodam-se firmemente no mundo que ocupamos e não demonstram interesse algum em sair. Notamos sua presença porque simplesmente ela não pode ser ignorada, e por isso encontramos dificuldades em lhes conferir sentido. Não são, por assim dizer, nem próximas nem distantes, e não sabemos exatamente o que delas esperar – nem de nós.

Em casos como esses, o estabelecimento de fronteiras tão claras, precisas e inequívocas quanto possível é elemento central do mundo humanamente construído. Todos os nossos conhecimentos e habilidades adquiridos se tornariam questionáveis, inúteis, prejudiciais e mesmo suicidas, não fosse o fato de os bem-demarcados limites nos enviarem sinais quanto ao que esperar e como nos conduzir em contextos particulares. Os que estão do outro lado dessas fronteiras, todavia, não diferem tão acentuadamente assim de nós a ponto de nos livrar de classificações equivocadas. Por conta disso, é necessário esforço constante para manter divisões numa realidade que desconhece contornos exatos, indiscutíveis.

A compreensão dos outros e de nós mesmos torna-se agora o esforço de compreender por que existem essas barreiras e como são mantidas. O antropólogo Anthony Cohen afirma que a ideia de fronteira é essencial para o esforço de entender os limites de nossa autoconsciência ao longo da tarefa de compreensão de quem se localiza fora dos pontos simbólicos de demarcação. Assim, nos damos conta de como as pessoas podem diferir quanto a um tema e concordar no que diz respeito a outros. Pode-se demonstrar que a maioria dos traços varia de forma gradual, suave e não raro imperceptível, conforme sugere a linha contínua de Alfred Schutz. Por conta da sobreposição, há áreas ambíguas, em que as pessoas não são imediatamente reconhecidas como pertencentes a um ou outro dos grupos opostos.

Como observamos, para alguns essa condição constitui fonte de ameaça, mais do que oportunidade de se conhecer melhor pelo conhecimento aprofundado dos outros.

Em meio às preocupações humanas, papel crucial é desempenhado pela tarefa interminável de fazer a ordem humanamente criada "colar", "pegar". Tal como a antropóloga Mary Douglas enfatizou em seu trabalho *Pureza e perigo*, fronteiras não são apenas negativas, mas também positivas, porque os rituais estabelecem formas de relação social que permitem às pessoas conhecer suas sociedades. Para alcançar esse propósito, entretanto, as ambiguidades que ofuscam as fronteiras precisam ser suprimidas.

Consideremos alguns exemplos desse processo. O que torna algumas plantas daninhas, aquelas que envenenamos e cortamos pela raiz, é sua terrível tendência para obliterar os limites entre nosso jardim e o mundo selvagem. Elas em geral têm boa aparência e cheiro bom, são agradáveis; "falham", contudo, porque chegam sem convite a um lugar que demanda ordem, ainda que o estabelecimento e a manutenção dessa ordem demandem o uso de numerosos produtos químicos para obter o resultado desejado.

Algo equivalente pode ser dito sobre a "sujeira" nas casas. Hoje algumas indústrias químicas fixam rótulos claramente distintos em embalagens com detergentes idênticos. Por quê? Porque se deram conta de que quem se orgulha da arrumação de sua casa jamais sonharia em confundir cozinha e banheiro usando o mesmo detergente nos dois. Essas preocupações podem manifestar-se na forma de comportamento obsessivo quanto à pureza e à limpeza dos ambientes. Muitos produtos são vendidos com essa ideia, embora o resultado possa reduzir a capacidade de nosso sistema imunológico para enfrentar as infecções. Em face da permanente ameaça de ambiguidade e desordem, o desejo de ordenar ao mundo é custoso não só para nós mesmos, mas também para aquelas pessoas e coisas que acreditamos causa de distúrbio na harmonia.

Os limites de um grupo podem ser ameaçados, atacados e atingidos *tanto* interna *quanto* externamente. Dentro, por pessoas ambivalentes, caracterizadas como desertoras, detratoras de valores, inimigas da unidade e vira-casacas. Via golpes vindos do exterior, por pessoas que demandam paridade e se deslocam em espaços nos quais não são facilmente identificáveis. Quando isso ocorre, as fronteiras antes consideradas seguras ficam expostas como inconsistentes, frágeis. Aqueles que trocam seu lugar pelo nosso consumam um feito que nos faz suspeitar de que tenham algum poder ao qual não podemos resistir, e, assim, nos sentimos desconfiados em sua presença.

"Neófito" (alguém que se converteu a nossa fé), "*nouveau riche*" (novo-rico, alguém que era pobre, fez fortuna de repente e hoje se juntou aos ricos e poderosos), "alpinista social", "arrivista" ou "carreirista" (aquele de posição social inferior rapidamente promovido a uma situação de poder) são apenas algumas das denominações que, em tais circunstâncias, simbolizam reprovação, aversão e desdém.

Essas pessoas despertam ansiedade por outras razões: fazem perguntas que não sabemos responder, porque nunca tivemos oportunidade nem razão de nos indagar – "Por que você faz isso dessa maneira?", "Isso faz sentido?", "Já tentou fazer isso de um jeito diferente?" As formas segundo as quais temos vivido, o tipo de vida que nos dá segurança e conforto ficam então expostos ao que enxergamos como desafios, e somos chamados a explicar e justificar nossas ações.

A perda de segurança daí resultante não é algo que seríamos capazes de aceitar de coração leve. É algo que frequentemente consideramos uma ameaça, e, de modo geral, não temos inclinação para o perdão. Daí decorre o fato de essas questões configurarem ofensas e subversões. É possível cerrar fileiras em defesa de modelos de vida estabelecidos, e o que antes era um grupo de pessoas desiguais se une contra um inimigo comum: os estranhos a quem atribuímos responsabilidade por uma crise de confiança. E o desconforto pode transformar-se em raiva contra estes, agora punidos com o rótulo de "encrenqueiros".

Ainda que os recém-chegados se contenham e evitem perguntas incômodas, a própria maneira como se comportam em seu cotidiano poderá levantar questões. Os oriundos de outros lugares e determinados a ficar desejarão aprender estilos de vida, imitá-los e tentar ser "como nós". Não importa, porém, o quão fortemente eles tentem nos imitar, não conseguirão evitar erros; no começo, por conta do pressuposto de que o estilo de vida deve ser aprendido ao longo do tempo, o tempo todo. Assim, suas tentativas soam não convincentes, e seus comportamentos desajeitados e inadequados, parecendo caricatura de nossa conduta. Isso nos leva a questionar como as coisas são "na verdade". Rejeitamos suas ineptas imitações, ridicularizando-as, criando e divulgando piadas que estabelecem a "caricatura da caricatura". A gargalhada, porém, é amarga quando o humor mascara a aflição.

Membros de um grupo têm sido forçados, pela presença de recém-chegados, a rever seus próprios hábitos e expectativas com forte dose de ironia. Embora nunca tenham sido expostos a questionamento explícito, seu conforto foi perturbado, e a resistência brotará. Em termos de respostas possíveis a tais situações, a primeira é no sentido da restauração do *status quo*. Limites demandam retorno ao que era considerado uma não problemática forma de clareza. Eles podem ser devolvidos para seu suposto lugar de origem – ainda que esse lugar não exista! Logo a vida se torna desconfortável para eles, por exemplo, graças à conversão do humor em ridicularização e à negação de reconhecimento de direitos que são garantidos aos membros estabelecidos do grupo. Entretanto, mesmo que eles partam, quando um agrupamento baseia-se em fragilidade como essa, novos alvos terão de ser descobertos a fim de o sustentar.

Em plano nacional, a forma desse processo muda, e podem-se fazer tentativas para forçá-los a emigrar, ou para tornar suas vidas tão miseráveis que eles próprios considerem o êxodo um mal menor. Se houver resistência a esse tipo de manobra, podem se erguer cercas, e talvez o genocídio seja o próximo passo. Desse modo, formas cruéis de arrasamento são aplicadas visando a cumprir a tarefa que as tentativas de remoção falharam em consumar. O genocídio certamente é o mais extremo e abominável método de "restauração da ordem", ainda que a história recente venha provando, das mais horrendas maneiras, que o risco dessa prática não desaparece tão facilmente – apesar das condenações e do difundido ressentimento.

Sendo o genocídio uma forma extremada, soluções menos radicais e odiosas podem ser escolhidas; entre as mais comuns está a separação, que pode ser territorial, espiritual ou uma combinação de ambas. Sua expressão territorial pode ser exemplificada pelos guetos ou reservas étnicas – áreas de cidades ou regiões de países reservadas à habitação de pessoas com as quais os elementos mais poderosos da sociedade não querem se misturar. Às vezes muros e/ou proibições legalmente estabelecidas cercam esses territórios. Alternativamente, o fluxo para dentro e para fora é teoricamente livre, não sendo passível de punição. Mas na prática os residentes estarão impedidos de sair ou simplesmente não escaparão de seu confinamento porque as condições "do lado de fora" se tornaram intoleráveis para eles, ou porque o padrão de vida em suas áreas, muitas vezes degradadas, é o único que conseguem sustentar.

Quando a separação territorial é incompleta ou se torna totalmente impraticável, o isolamento espiritual ganha importância. A relação com os estranhos é reduzida a trocas comerciais estritas, os contatos sociais são evitados. Há um empenho, consciente ou não, em prevenir ou impedir que a proximidade física se torne aproximação espiritual. Ressentimentos ou hostilidades declaradas são os mais óbvios desses esforços preventivos.

Barreiras de preconceito podem ser erguidas e se provar muitíssimo mais efetivas que o mais espesso dos muros. Uma forma ativa de evitar o contato é constantemente reforçada pelo medo de contaminação por parte daqueles que nos "servem", mas não são "como nós". As críticas perpassam qualquer coisa que se possa associar aos estranhos: sua maneira de falar e vestir-se, seus rituais, a organização de suas vidas familiares e até o aroma da comida que gostam de preparar. Assentada nisso está sua

Observação e sustentação de nossas vidas   67

aparente recusa de envolvimento na ordem natural das relações sociais. Com isso, eles não aceitam responsabilidades por suas ações, como "nós temos que aceitar" pelas nossas. A ordem que produz esse estado de coisas não é questionada, mas sim a falha "pessoal" deles em aderir à sua lógica aparente.

Segregação e movimento na cidade

Até agora, supusemos a separação de grupos, ainda que chamando a atenção para a ambivalência e as ambiguidades que cercam esses limites. Quem pertence a que grupo é questão que não esteve em pauta. É fácil perceber, entretanto, que esse tipo de situação simples e o esforço para deixar nítidos os contornos que ela tende a produzir raramente serão encontrados em nosso tipo de sociedade. As sociedades em que a maioria de nós vive são urbanas, isto é, as pessoas vivem juntas em grande densidade populacional, movimentam-se continuamente e, no curso de seus assuntos cotidianos, atravessam diversas áreas habitadas por pessoas de tipos os mais diversos.

Na maior parte das vezes, não há como ter certeza de que as pessoas com quem nos encontramos seguem nossos padrões. Somos constantemente atingidos por novos olhares e sons que não compreendemos de todo. E, talvez infelizmente, mal temos tempo de parar, refletir e promover uma tentativa honesta de compreender essas pessoas e esses lugares. Vivemos entre estranhos, para quem somos também estranhos. Em tal mundo, os estranhos não podem ser confinados ou mantidos afastados.

Embora essas interações se deem na cidade, as práticas antes descritas não foram abandonadas por completo. Procedimentos de *segregação* têm lugar, por exemplo, no uso de marcas facilmente visíveis, distintivas, da filiação ao grupo. A lei pode forçar uma aparência tão prescritiva que o "passar-se por outra pessoa" será punido. Isso, entretanto, é obtido com frequência, sem necessariamente se ter de recorrer à lei para que o seja por coerção.

Quem tem mais recursos pode vestir-se de maneiras especiais, o que funciona como código para classificar as pessoas segundo seu esplendor ou de acordo com a miséria ou a estranheza de sua aparência. No entanto, cópias relativamente baratas de objetos admirados e altamente cotados no universo da moda são agora produzidas em quantidades maciças, dificultando, de certa forma, a percepção das distinções. O resultado é que assim se pode esconder, mais que revelar, a origem territorial e a mobilidade de seus criadores e usuários.

Isso não significa que a aparência não distinga os portadores, até porque eles configuram declarações públicas concernentes aos grupos de referência que escolheram. Também podemos, aliás, disfarçar nossas origens nos vestindo de maneiras diferentes, a fim de subverter ou abalar a classificação social imposta. Assim, o valor informativo proveniente da aparência alheia pode ser amenizado.

Se a aparência se tornou mais problemática ao longo do tempo, o mesmo não se dá com a segregação pelo espaço. O território de espaços urbanos compartilhados é dividido em áreas nas quais é mais provável encontrar um tipo de pessoa do que outros. O valor que essas áreas segregadas oferecem à orientação de nossas condutas e expectativas é alcançado por práticas rotineiras de exclusão, ou seja, pela admissão seletiva e limitada. Áreas residenciais exclusivas, policiadas por companhias de segurança privada, são mais um exemplo do fenômeno de exclusão, por parte daqueles que têm recursos financeiros, dos que não compartilham das possibilidades derivadas de sua renda e sua riqueza.

Não são só os agentes de segurança nas portas de requintadas residências que simbolizam as práticas de exclusão, mas também aqueles alocados nas grandes áreas de compra nas quais se perde tempo em atos conspícuos do consumo – habilmente desprovidas de relógios. Há ainda bilheterias e recepções, cujos critérios de seleção variam. Nas primeiras, o dinheiro é o critério mais importante, embora o ingresso possa ser recusado a quem não corresponda a alguma outra exigência – por exemplo, em relação à roupa ou à cor da pele. As verificações de entrada estabelecem uma situação na qual o acesso é negado a todos enquanto permanecerem estranhos. Esses atos rituais de identificação tomam um desconhecido, sem rosto, de uma categoria cinzenta, indiscriminada, e o convertem em "pessoa concreta", reconhecida como portadora do direito de entrar. A incerteza daqueles que se identificam com tais lugares quanto a estar na presença de pessoas "que podem ser qualquer um" é assim reduzida, embora apenas de maneira localizada e temporária.

O poder de recusar a entrada e, portanto, delimitar fronteiras de acordo com as características aceitáveis daqueles que ingressam é acionado para garantir relativa homogeneidade. Essas práticas procuram reduzida ambivalência em espaços selecionados no universo densamente povoado e anônimo da vida urbana. Esse poder é praticado em pequena escala sempre que nos preocupamos em controlar aqueles espaços identificados como privados. Acreditamos, entretanto, que outras pessoas usarão seus poderes para fazer trabalho similar para nós, em maior escala, nos enclaves em que nos movimentamos rotineiramente.

Em geral, tentamos minimizar o tempo perdido em áreas intermediárias, por exemplo adotando a medida de nos deslocarmos de um espaço fortificado a outro. Claro exemplo disso é o fato de nos locomover no isolamento da célula hermeticamente fechada que é nosso carro, ainda que talvez reclamando do congestionamento na estrada, que só aumenta.

Ao nos mover dentro dessas áreas e diante do olhar de desconhecidos que podem interromper nossas autoidentidades, o melhor que podemos fazer é tentar não ser notados, ou pelo menos evitar atrair atenção. Erving Goffman considera que tal *desatenção civil* é primordial em meio às técnicas que viabilizam a convivência de desconhecidos em uma cidade. Caracterizada por modalidades elaboradas – fingir que não olhamos nem escutamos, ou assumir postura sugestiva de que não vemos, não ouvimos nem mesmo ligamos para o que os outros a nossa volta estão fazendo –, a desatenção civil é rotinizada.

Ela se manifesta no ato de evitar contato visual, que culturalmente pode significar convite para iniciar uma conversação entre desconhecidos. O anonimato, portanto, é o mais mundano dos gestos. A total evitação, contudo, não é possível, pois a simples passagem por áreas movimentadas exige certo grau de monitoramento a fim de evitar colisões com os outros. Por conseguinte, devemos nos manter atentos, embora fingindo que não estamos olhando nem sendo vistos.

Recém-chegados não acostumados ao contexto urbano são frequentemente impactados por tais rotinas que, para eles, podem significar insensibilidade peculiar e fria indiferença por parte da população. As pessoas estão perturbadoramente próximas no aspecto físico, mas parecem remotas umas das outras do ponto de vista espiritual. Perdidos na multidão, temos a sensação de abandono a nossos próprios recursos, o que leva, por sua vez, à solidão – preço a pagar pela privacidade. Viver com estranhos transforma-se em arte, cujo valor é tão ambíguo quanto os próprios estranhos. Há, contudo, um outro lado nessa experiência.

O anonimato pode significar emancipação em relação às nocivas e constrangedoras vigilância e interferência de quem, em contextos menores e mais personalizados, poderia se sentir no direito de ser curioso e intrometer-se em nossas vidas. A cidade oferece a possibilidade de permanecermos em um lugar público, mantendo intacta nossa privacidade. A invisibilidade, possível graças à aplicação da desatenção civil, oferece uma área de ação para a liberdade impensável sob circunstâncias diferentes. Trata-se de solo fértil para o intelecto. Como apontou o grande sociólogo alemão Georg Simmel, vida urbana e pensamento abstrato são ressonantes e se desenvolvem simultaneamente. Afinal, o pensamento abstrato é impulsionado pela impressionante riqueza de uma experiência urbana que não pode ser apreendida em toda sua diversidade qualitativa, enquanto a capacidade para operar conceitos gerais e categorias é a habilidade sem a qual a sobrevivência em ambiente urbano torna-se inconcebível.

Assim, essa experiência tem dois lados e parece não haver ganho sem perda. Com a incômoda curiosidade do outro, po-

Observação e sustentação de nossas vidas 71

dem desaparecer seu solidário interesse e sua disponibilidade para ajudar. Com o entusiástico alvoroço da vida urbana vem a indiferença humana *cool*, abastecida por muitas interações orientadas pela troca de produtos e serviços. O que se perde no processo é o caráter ético dos relacionamentos; vasta gama de interações humanas é desprovida de significação, e as consequências se tornam possíveis porque muito da conduta rotineira parece livre de avaliação e de julgamento por alguns padrões da moralidade.

Um relacionamento humano é moral quando um sentimento de responsabilidade brota em nós, voltado para o bem-estar e a felicidade do "outro". Ele não provém de medo de punição nem de cálculo feito do ponto de vista do ganho pessoal, nem mesmo das obrigações contidas em algum contrato que tenhamos assinado e o qual sejamos legalmente obrigados a cumprir. Também não é condicionado ao que o outro esteja fazendo ou ao tipo de pessoa que seja esse outro. Nossa responsabilidade é moral conquanto seja totalmente altruísta e incondicional. Somos responsáveis por outras pessoas simplesmente porque são pessoas, e assim ordena nossa responsabilidade. É igualmente moral quando a vemos como só nossa, não sendo, consequentemente, negociável, além de não poder ser transferida para quem quer que seja. A responsabilidade por outros seres humanos surge simplesmente porque eles são seres humanos, e o impulso moral para ajudar daí oriundo não exige nenhum argumento, legitimação ou prova além dessa noção.

Como vimos, a proximidade física pode ser despida de seu aspecto moral. Pessoas que vivem perto de outras e afetam mutuamente suas condições e seu bem-estar podem não experimentar proximidade moral. Assim, permanecem alheias ao significado moral de suas ações. O que segue pode ser a abstenção de ações que a responsabilidade moral poderia preparar e a ativação de outras, que ela impediria. Graças às regras da desatenção civil, os estranhos não são tratados como inimigos e, na maioria das vezes, escapam ao destino que tende a acometer esses inimigos: não se tornam alvo de hostilidade e agressão. Ao contrário do que ocorre com os inimigos, os estranhos, grupo do qual eventualmente participamos, são privados da proteção oferecida pela proximidade moral. Por conseguinte, a passagem da desatenção civil à indiferença moral, ao desafeto e à negligência em relação às necessidades alheias não é senão um pequeno passo.

Síntese

Falamos sobre os papéis da distância social, dos limites e do espaço em nosso cotidiano. Tanto simbólicos quanto físicos, esses limites interagem de maneira complexa. Somos todos ligados a rotinas, decisões e consequências que nos fornecem saber e condições para monitorar nossas ações, mas sobretudo a capacidade de agir. Embora haja claras diferenças no acesso das pessoas aos meios para levar a cabo seus objetivos, todos estamos implicados, em vários níveis e com efeitos diversos, nos processos descritos neste capítulo. Eles nos fornecem, além de nossas identidades sociais, nossas autoidentidades e maneiras de observar os outros – coisas, aliás, intimamente interligadas. No Capítulo 3, continuaremos essa análise, examinando fenômenos sociais como comunidades, grupos e organizações, e seus papéis em nossas vidas.

Questões para refletir

1. As fronteiras entre "nós" e "eles" provêm a manutenção da identidade, por meio da distinção. Como isso ocorre e com que consequências para o modo como vemos os outros e nós?

2. Existe uma "união" ou "laço comum" partilhado pela humanidade como um todo?

3. Que práticas de segregação e de concessão de direitos você vê em sua cidade? Você se considera beneficiário ou vítima delas? Por quê?

Observação e sustentação de nossas vidas

4. O que Erving Goffman quis dizer com a expressão desatenção civil? Como isso se manifesta?

Sugestões de leitura

BOURDIEU, Pierre et al. *A miséria do mundo*. Petrópolis, Vozes, 2003. [*The Weight of the World: Social Suffering in Contemporary Society*. Cambridge, Polity, 1999.]
Estudo baseado em pesquisas empíricas detalhadas, realizadas ao longo de muitos anos, a respeito das questões com que as pessoas se deparam em seu cotidiano.

FRISBY, Patrick e Mike Featherstone (orgs.). *Simmel on Culture: Selected Writings*. Thousand Oaks, Sage, 1997.
Simmel foi um grande sociólogo, e essa coletânea de seu trabalho permite ao leitor ter uma ideia da extensão e da profundidade de seus interesses.

GOFFMAN, Erving. *A representação do eu na vida cotidiana*, 13ª ed. Petrópolis, Vozes, 2006. [*The Presentation of Self in Everyday Life*. Harmondsworth, Penguin, 1984.]
Esse livro vendeu muito, provavelmente pelos insights do autor sobre nossas interações.

MILLER, Toby e Alec McHoul. *Popular Culture and Everyday Life*. Londres, Sage, 1998.
Insights interessantes sobre práticas diárias.

. 3 .

Laços: para falar em "nós"

Neste capítulo, examinaremos os processos pelos quais nós, sujeitos individuais, nos reunimos em configurações maiores. Como isso ocorre? Em que circunstâncias? Com que efeitos? – estas são algumas das questões que desejamos abordar. Esses temas nos tomam a atenção diariamente, como indica o uso de algumas expressões – "todos nós", "nós pedimos" e "nós concordamos", por exemplo – presentes em nossos jornais e na mídia em geral, bem como na boca de executivos, líderes religiosos e políticos. Quem é esse "nós" que se supõe embasado em entendimento mútuo, e como ele é constituído?

Comunidades:
forjar o consenso e lidar com o conflito

Pode ser chamado de *comunidade* um grupo de pessoas não claramente definidas nem circunscritas, mas que concordem com algo que outras rejeitem e que, com base nessa crença, atestem alguma autoridade. Por mais que possamos tentar justificar ou explicar esse "estar junto", o primeiro traço de sua caracterização é a unidade espiritual. Sem isso, não há comunidade. O acordo, ou pelo menos a disposição e o potencial para tanto, é considerado a sustentação primária de todos os membros da comunidade. Assim, os fatores unificadores são valorizados

Ação, identidade e entendimento na vida cotidiana

como mais fortes e importantes do que qualquer coisa que possa causar divisões, e as diferenças entre os integrantes, secundárias em relação a suas similaridades. Nesse sentido, a comunidade é pensada como unidade natural.

O poder de laços como estes não deve ser subestimado. Eles evitam às pessoas a necessidade de explicar "quem" são e disso convencer umas às outras, e permitem compartilhar pontos de vista, de modo que se constituam como verdade e mereçam crédito e respeito. O ponto mais forte e mais seguro de pertencimento a uma comunidade é atingido quando acreditamos que não a escolhemos de propósito e nada fizemos para sua existência, de modo que nossas ações não a podem transformar. Em nome da efetividade, suas imagens e postulados, como os contidos em frases como "Todos estamos de acordo", nunca são apresentados em detalhes nem questionados; nunca são escritos em código formal ou convertidos em objeto de ações conscientes voltadas para *demarcação* e *manutenção*. Sua força é maior quando eles permanecem em silêncio, como ordens inquestionáveis e, portanto, sem se expor a desafios.

Os laços comuns aparecem mais nos indivíduos isolados que conduzem sua vida inteira, do nascimento à morte, em companhia das mesmas pessoas e que nunca se arriscam em outros lugares nem são visitadas por membros de outros grupos. Nessas condições, elas podem não ter oportunidade de refletir sobre seus próprios meios e maneiras, nem necessidade de explicá-los e justificá-los.

Situações como essas são raras. A comunidade é antes um postulado, uma expressão de desejo e um convite à mobilização e a cerrar fileiras – mais que uma realidade. Nas memoráveis palavras do crítico e escritor galês Raymond Williams, "o que é notável sobre a comunidade é que ela é sempre passado". Mesmo supondo que tenha existido, ela não existe mais, e seu momento passou. Os inabaláveis poderes de unidade "natural" costumam, todavia, ser evocados quando os povos se deparam com a tarefa prática de criar unidade ou salvaguardar, por esforço consciente, seu ideal – um ideal que, na verdade, pode não ser mais que um edifício do passado desmoronando.

Qualquer referência a algum estado natural com relação à ideia de comunidade é em si um fator para tornar efetivos os apelos à unidade. Os mais potentes são aqueles que vão além da interpretação e do controle humanos, fazendo alusão a elementos como "mesmo sangue", caráter hereditário e ligação atemporal com a "terra". Essas referências vinculam pessoas a passado e destino comuns, sobre os quais pouco controle elas têm – quando têm. O apelo às religiões partilhadas e à unidade das nações são feitos em termos de "fatos (objetivos) do caso", que podem efetivamente ocultar os elementos de arbitrariedade envolvidos na escolha e na interpretação de fatos e casos selecionados. Quem age contra essas interpretações comete, aos olhos do grupo, atos que traem sua própria natureza, podendo, por isso, ser rotulados como renegados e tolos, e ficar tão envolvido em arrogância oportunista a ponto de desafiar decisões já decretadas pela inevitabilidade histórica.

Das alusões ao que esteja além de nossa alçada decorrem crescentes possibilidades de maior controle sobre nossos destinos. O uso do discurso de similaridades genéticas para criar a unidade não livra o orador do fardo da escolha em suas traduções. Por quê? Porque, com exceção da diferença de opinião, quando se trata de compreender as relações entre genes e o comportamento humano, supor tal inevitabilidade nesta era de realidade da engenharia genética é algo altamente problemático. Segundo a psicóloga e socióloga feminista Lynne Segal, confrontamos uma escolha. Podemos olhar para trás a fim de examinar os "determinantes em nossa herança genética que estabelecem nosso destino". Ou olhar para frente, pondo nossa fé nos "novos deuses genéticos" e nas liberdades que podem ser criadas com o empenho de tornar nossas naturezas "infinitamente maleáveis".

Diante dessas possibilidades, toda referência a estados naturais unificadores é limitada. Caminho alternativo é abrir-se à intenção de fundar uma comunidade de crenças ou fé convertendo pessoas (produzindo prosélitos) às novas ideias. O objetivo é estabelecer uma comunidade de fiéis com aqueles que são unificados pela dedicação a alguma causa a eles revelada por fundador santificado ou líder político perceptivo e de visão aguda. Nesse tipo de exercício não se emprega a linguagem das tradições sagradas ou do destino histórico, mas a das boas notícias vindas com o "renascer" e, sobretudo, a vida conduzida de acordo com *a* verdade. Não se faz apelo às situações em que não há escolha, mas, ao contrário, estimula-se o ato nobre do abraçar a fé verdadeira, rejeitando a superstição, a ilusão ou a distorção ideológica que não admite dúvida.

Atos abertos de conversão são considerados libertação e começo de uma nova vida – e não se trata de ação do destino, mas de ato marcado pelo livre-arbítrio e entendido como manifestação verdadeira de uma liberdade recém-descoberta. Ficam veladas nesse momento, entretanto, as pressões que serão exercidas sobre os convertidos para que permaneçam obedientes à fé recém-abraçada e consagrem em seguida sua liberdade àquilo que a causa possa demandar. Por conseguinte, as exigências dirigidas a esses adeptos podem não ser menos excessivas que aquelas invocadas pela tradição histórica ou pela predisposição genética para legitimar suas práticas.

As comunidades de fé não podem se limitar à pregação de um novo credo com a intenção de unir futuros devotos. A devoção nunca estará assegurada se não for sustentada por rituais, isto é, uma série de eventos regulares – festividades cívicas, reuniões partidárias, serviços religiosos – de que os fiéis são convidados a participar como atores, de modo que sua filiação e seus destinos comuns sejam reafirmados, e a devoção, reforçada. Naturalmente haverá, contudo, variações na severidade e no volume das exigências feitas a esses integrantes.

A maioria dos partidos políticos – com a significativa exceção daqueles, de direita ou de esquerda, centrados em objetivos radicais ou reacionários que tratam seus membros como guerreiros, deles exigindo, portanto, lealdade e subordinação – não busca unidade de pensamento além da necessária para manter sua regular sustentação eleitoral. Além desse limite, o exército de voluntários pode ser esquecido, até, obviamente, ser necessário outra vez. Em outras palavras, as vidas dos demais integrantes ficam a critério pessoal, e não se legisla, por exemplo, sobre a natureza de sua rotina familiar ou suas escolhas ocupacionais. As seitas religiosas, por outro lado, tendem a ser mais exigentes. São pouco susceptíveis à participação em rituais periódicos porque todas as dimensões da vida de seus integrantes fazem parte de seu domínio. Uma vez que as seitas são, por definição, minorias expostas a pressões externas, a completa reforma em todos os aspectos da conduta cotidiana do fiel será monitorada. Por meio da conversão de todos os aspectos da vida em profissão de fé e manifestação de *lealdade*, as comunidades em forma de seitas tentarão defender o comprometimento de seus membros contra o ceticismo e a franca hostilidade do ambiente. Em casos extremos, serão feitas tentativas de segregar completamente a comunidade do fluxo "comum" da vida social, sendo a sociedade "normal" censurada por suas práticas pecaminosas ou vulneráveis à tentação.

São muitas as cargas possíveis contra "o mundo exterior", e a escolha de qual delas deve ser invocada dependerá do tipo de vida que a comunidade deseja promover. Os membros podem ser convidados a se afastar das abominações da vida mundana em favor da existência solitária, ou pode lhes ser ordenado que evitem a "ascensão a qualquer preço", reservando-se as relações pautadas unicamente em intimidade, sinceridade e confiança mútuas. De hábito são também convidados a recusar as atrações do consumismo e a reconciliar-se com um viver modesto e austero.

Comunidades desse tipo, em geral denominadas comunas, confrontam seus membros com a tarefa da pertença sem as obrigações contratuais legalmente determinadas, o que seria uma segunda linha de defesa, caso as animosidades ou a falta de consenso se tornem ameaças. Nesse sentido, qualquer dissidência constitui ameaça, e, quanto mais abrangente for a comunidade, mais opressiva tenderá a se tornar.

Comunidades diferem em termos da uniformidade que exigem de seus membros. Na maioria dos casos, entretanto, o que estipulam tende a ser difuso, maldefinido e impossível de prever. Ainda que os defensores da unidade declarem neutralidade a respeito dos aspectos não espirituais da vida de seus integrantes, demandam prioridade para as crenças que advogam. Potencialmente, essa reivindicação pode levar a interferências em matérias previamente estabelecidas como território neutro se eventualmente se mostrar discordante do credo compartilhado.

Cálculo, racionalização e vida grupal

Além do que foi dito, há comunidades que mantêm pessoas reunidas com o único objetivo de realizar tarefas definidas. E, uma vez que sua finalidade é limitada, o controle sobre o tempo, a atenção e a disciplina de seus membros também podem ser restringidos. Em geral esses grupos são claros em suas orientações. Assim, o comprometimento e a disciplina dos integrantes são traduzidos em termos de um objetivo global ou da tarefa específica a ser executada. Nesse sentido, podemos falar em grupos de finalidade ou organizações. A autolimitação deliberada e abertamente declarada talvez seja a característica mais explícita e distintiva desse tipo de comunidade.

A maioria das organizações possui estatutos escritos, detalhando as *regras* institucionais a que os membros devem aderir. Isso por definição implica que os aspectos da vida não regulados por esses preceitos permanecem livres da interferência da entidade. Cabe observar que se a presença ou ausência de autolimitação nas crenças, mais consenso, é considerada a principal diferença entre comunidades e organizações, então algumas dessas comunidades que analisamos devem ser chamadas, à revelia de suas próprias reivindicações, organizações.

Podemos traduzir a natureza parcial dos envolvimentos na atividade de organização como interpretação de papéis. A palavra "papel" foi pinçada do jargão teatral – uma das razões por que, aliás, o trabalho de Erving Goffman, que atribuiu significado particular à performance nas interações, costuma ser chamado de "dramatúrgico". Afinal, uma peça no palco, com sua trama decidida antecipadamente e descrita em texto, ao atribuir diferentes falas a cada ator do elenco, oferece um modelo pelo qual a organização pode orientar sua vida. O teatro é também protótipo em outro aspecto: atores de palco não são sugados por seus papéis, posto que só "incorporam" o personagem durante a performance, estando livres para dele sair em seguida.

As organizações são especializadas de acordo com as tarefas que executam, bem como, aliás, seus membros, que são recrutados segundo habilidades e atributos que possuam para cumprir os objetivos propostos. O papel de cada membro não é estabelecido independentemente, mas em relação aos de outros membros daquele grupo. Características como *coordenação* e *comunicação* são primordiais nas organizações. Contudo, essas competências e esses atributos são diferentes também daqueles exigidos pelos papéis que cada indivíduo desempenha em outros contextos diferentes. Por exemplo, podemos ser membros voluntários de uma instituição de caridade, representantes locais de um partido político ou de um comitê *ad hoc* estabelecido para lutar contra a construção de uma autoestrada. Em muitos casos, nossos colegas desses diferentes grupos não estarão interessados nos outros papéis que desempenhamos na vida cotidiana, porque cada um deles desejará que nos identifiquemos com o papel que desempenhamos na atividade específica para a qual eles também contribuem.

Repetindo: diferentemente da comunidade, que pensamos como um grupo ao qual seus membros pertencem (ou devem pertencer) "de corpo e alma", a organização parece absorver apenas parcialmente as pessoas envolvidas. Espera-se que os participantes de uma organização abracem seus papéis a fim de se dedicar a seu desempenho trabalhando na e para a entidade. Ao mesmo tempo, há também uma expectativa de distância, para que não fiquem somente refletindo sobre seu desempenho com o intuito de melhorá-lo, mas também não confundam direitos e deveres associados a determinado papel com os que dizem respeito a outra atividade ou posto. Nesse sentido, deve haver também relativa estabilidade nos papéis da organização a fim de que as pessoas possam identificar as expectativas em relação a elas. Além disso, enquanto os incumbidos de alguma tarefa podem ir e vir, os papéis propriamente permanecem os mesmos. Os indivíduos ingressam na organização e a deixam, são contratados e demitidos, aceitos e expulsos – mas a organização persiste; tornam-se substituíveis e descartáveis, e o que se mostra relevante não é sua integralidade como pessoa, mas antes suas habilidades específicas para executar o trabalho.

Veem-se aqui os interesses da parte da organização dotada de poder de cálculo e previsibilidade na busca de objetivos formais. O sociólogo alemão Max Weber, figura central na história da sociologia, considerou a proliferação das organizações na sociedade moderna um sinal da contínua racionalização da vida diária. A ação racional é orientada para fins claramente estabelecidos, ao contrário da tradicional e da afetiva – decorrentes de hábito e costume, e emoção momentânea, respectivamente, uma e outra, entretanto, dispensando consideração a respeito das consequências. Os atores são então intimados a concentrar seus pensamentos e esforços na seleção de meios apropriadamente efetivos, eficientes e econômicos para obter aqueles fins.

Para Weber, as características da organização, ou mais especificamente o que chamou de "burocracia", representam a adaptação suprema às exigências da ação racional. Os métodos da burocracia representam os meios mais efetivos para levar a cabo os fins de maneira racional. De fato, Weber listou os princípios que devem ser observados nas ações dos membros e em suas inter-relações a fim de que a organização seja instrumento da racionalidade.

De acordo com essa análise, é importante que todos na organização ajam exclusivamente em termos de sua "racionalidade funcional", tal como estabelecido pelas regras atreladas aos papéis que executam. Outros aspectos de suas identidades sociais, como conexões familiares, interesses comerciais, simpatias e antipatias pessoais, devem estar proibidos de interferir no que fazem, no modo como fazem e na maneira como suas ações são julgadas.

Para tanto, uma organização verdadeiramente racional deve subdividir tarefas em atividades simples e elementares, de modo que cada participante, no esforço comum, se transforme em perito no que faz. Além disso, cada pessoa deve ser responsável por todos os elementos da tarefa global, de forma que nenhuma parte permaneça preterida. Isso significa que em cada um e em todos os aspectos da tarefa deve fica claro quem está com a responsabilidade, assegurando-se, desse modo, que as competências não se sobreponham. Consequentemente, evita-se a ambiguidade, que poderia prejudicar o processo da busca racional dos fins.

A essas características da burocracia Weber acrescentou algumas outras. No desempenho de seus respectivos papéis, os funcionários devem ser orientados por regras abstratas, a fim de que não haja menção a peculiaridades pessoais. Os próprios funcionários devem ser indicados para seus departamentos, promovidos ou rebaixados somente segundo o critério do mérito, considerado nos termos do "encaixe" de suas habilidades e seus atributos às exigências do ofício. Qualquer consideração fora desse julgamento, tal como origem nobre ou plebeia, tendências ideológicas ou religiosas, raça, sexo e tantas outras, não deve interferir nessa política. O encarregado do papel individual pode assim orientar as ações de acordo com papéis e expectativas bem-definidos e combinar competências e habilidades às tarefas estabelecidas para cada posição.

A organização, por outro lado, é obrigada a aderir a um conjunto de regras racionais na seleção dessas pessoas e ater-se aos precedentes – decisões anteriores feitas naquelas posições –, mesmo que tenham deixado a organização ou assumido outros papéis em seu interior. A história da organização, portanto, é escrita por seus arquivos, independentemente de memórias pessoais ou lealdades de funcionários individuais.

Para assegurar a coordenação racional da atividade, os papéis devem ser organizados em hierarquia que corresponda a uma divisão de trabalho interna orientada para a busca do objetivo global da organização. Quem ocupa os estratos mais baixos da hierarquia move-se de acordo com o nível de especialização, parcialidade e concentração das tarefas, enquanto quem está no ponto mais elevado se move segundo a abrangência da visão e a visibilidade do objetivo global. Para efetivar essa situação, a circulação da informação deve seguir do mais baixo aos mais elevados degraus da escada hierárquica, e as ordens devem fluir da parte superior à inferior, tornando-se, assim, mais específicas e inequívocas. O controle pela parte superior necessita de reciprocidade na forma de disciplina da parte inferior. Assim, o poder, como a capacidade de influenciar a conduta em toda a organização, é igualmente *hierárquico*.

De volta a nosso tema da unidade dos grupos, o fator--chave aqui é o postulado de que as decisões e as escolhas comportamentais de todos devem ser subordinadas aos objetivos globais da organização. Em seu caráter de totalidade, ela deve se cercar de muros largos, impenetráveis, mantendo abertos apenas dois portões: as "entradas", com que é suprida dos objetivos e tarefas subsequentes que ela tem de executar na perseguição de seus fins; e as "saídas", que fornecem os resultados desse processo organizacional. Entre a alimentação das tarefas e a produção de resultados sob a forma de bens e/ou serviços, deve-se evitar que todas as influências externas intervenham sobre a estrita aplicação de regras organizacionais e a seleção dos meios mais efetivos, eficientes e econômicos para a busca dos objetivos declarados.

Ao apontar essas características das organizações racionais, Weber não sugeria que todas fossem assim na prática. Propunha, entretanto, com esses "tipos ideais", que os aspectos que se vão acrescentando a nossa vida são sujeitos a regras e procedimentos com vistas ao cálculo e à previsibilidade por meio da rotinização. É esse processo que o sociólogo americano George Ritzer denominou "mcdonaldização" da sociedade. No trabalho de Weber, vemos que as ações informadas por valores absolutos, sem a devida consideração da possibilidade de sucesso nesses termos, dão forma a parte cada vez menor de nossa vida no desenvolvimento da história, o que levou Weber a falar em "desencantamento" com a marcha progressiva da modernidade. Embora haja organizações que se aproximem do modelo ideal de Weber, com efeitos sobre seus empregados e clientes, o modelo em geral permanece não realizado. Pergunta-se: seria ele viável? Alguém reduzido, segundo essas orientações, a apenas um papel ou a uma só tarefa, não afetado por outros interesses nem preocupações, é uma ficção que realidade alguma poderia alcançar. Isso, entretanto, não sugere que as idealizações da eficiência, da efetividade e da economia na busca dos objetivos não informem a gerência estratégica das organizações. Podemos caracterizar razoavelmente a prática da gerência como a tentativa permanente de conjugar os aspectos formais e informais da vida organizacional na busca do que se tiver determinado como seus imperativos. Por conseguinte, as práticas gerenciais movem-se e são mobilizadas de acordo com tendências na busca das soluções para essa questão, habilmente auxiliadas por exércitos de consultores organizacionais e dos chamados "gurus da administração".

Nesse processo, assistimos à contínua invenção de ideias como soluções para a questão do encaminhamento das ações de membros individuais para objetivos coletivos: por exemplo, "gerenciamento da qualidade total", "reengenharia de processos e negócios", "gerenciamento de recursos humanos", gerência de "objetivos" e preocupação com alcançar a "cultura" adequada à organização.

No que diz respeito aos aspectos informais das organizações, ao contrário das regras e dos procedimentos integrantes da dimensão formal, os membros de organizações são naturalmente preocupados com seus próprios problemas, assim como com o bem-estar de outros significativos, que podem adversamente ser afetados pelos riscos envolvidos em determinadas formas de tomada de decisão. Uma tendência a evitar resoluções sobre matérias dúbias e/ou controversas pode então se manifestar: por exemplo, a ideia de "batata quente", como popularmente é chamada a transferência de responsabilidade via deslocamento de uma pasta ou assunto urgente para outra mesa ou pessoa. A pessoa alivia-se assim de uma tarefa, que se transforma em problema alheio.

Um membro da organização também pode considerar alguma ordem recebida de seus superiores não compatível com sua moralidade, colocando a decisão entre a obediência organizacional e a lealdade a princípios morais. Outros talvez acreditem que a exigência de confidencialidade feita pelos superiores pode pôr em perigo o bem-estar público ou outra causa que considerem igualmente válida ou mesmo mais importante que a eficiência da entidade. Nesses casos, testemunhamos a prática do "dedo-duro",* segundo a qual uma pessoa ou um grupo de uma organização faz denúncias na esfera pública, na esperança de que isso cesse o que considera ações institucionais de caráter duvidoso.

As razões para a resistência aos éditos administrativos podem também repousar sobre o equilíbrio de poder próprio das estruturas hierárquicas. De acordo com Michel Foucault, uma vez que o poder é sempre operado sobre pessoas livres, a resistência fica vinculada ao resultado. Portanto, podemos dizer que as intenções administrativas em implementar políticas organizacionais nem sempre correspondem a seus efeitos reais práticos. Além disso, é possível observar que os membros de uma organização levam para o trabalho os preconceitos com que lidam em seu cotidiano. Por exemplo, os homens podem experimentar dificuldade em aceitar o comando de uma mulher, e, apesar das declarações públicas de que não existe um

---

*A expressão idiomática original, *whistle-blowing*, designa a situação em que um integrante de uma organização denuncia publicamente atos ilegais ali praticados. Misto de "vazamento de informação" e "denúncia", seu elemento central é a antiga fidelidade do *whistle-blower* (literalmente, *apitador* ou *assoviador*), que, na situação, quebra o sigilo. Locução de origem britânica, vincula-se ao uso de apitos por policiais de rua. (N.T.)

"telhado de vidro"* nas organizações, o sexo feminino é ainda desproporcionalmente sub-representado nos quadros administrativos. Desse ponto de vista, a ideia de "mérito" é em geral minada nas organizações, pelo espelhamento de preconceitos vigentes nas sociedades.

A partir desta última observação, podemos questionar a ideia de que os limites entre uma organização e seu ambiente são fixos. São antes fluidos e construídos de acordo não só com as estratégias daqueles em posições de poder, mas também com as pressões e as influências vindas de lugares ostensivamente não relacionados a suas tarefas e, consequentemente, negando a autoridade na tomada de decisão de organização. Isso pode, por exemplo, configurar uma antecipada preocupação com a imagem pública que impõe limites ao prosseguimento de cursos de ação calculados exclusivamente em termos técnicos ou que conduzem à obsessiva confidencialidade, impondo, desse modo, limitações ao fluxo de comunicação. Isso pode estar relacionado com assuntos que tenham despertado a preocupação e a irritação públicas, ou com a tentativa de evitar que rivais tomem conhecimento de novos desenvolvimentos tecnológicos.

Essas são apenas algumas das limitações práticas do modelo. Suponhamos, entretanto, que as condições para sua execução tenham sido alcançadas. Disso, concluímos que as pessoas envolvidas na divisão organizacional das tarefas foram restringidas aos papéis que lhes haviam sido atribuídos, enquanto a organização como um todo foi efetivamente isolada de todas as preocupações e influências consideradas irrelevantes para seus propósitos declarados. Não obstante quão improváveis essas circunstâncias possam ser, elas garantiriam a racionalidade da atividade organizacional se esta for posta em prática? Poderá uma organização inteiramente conformada a um modelo ideal

---

*Originalmente, *glass ceiling*. A expressão tem sido usada nos estudos de relações de gênero no mundo do trabalho com o sentido de "barreira à ascensão profissional feminina". O significado nada tem a ver com a expressão recorrente no Brasil, de "não poder acusar o outro por ser também culpado de algo". (N.T.)

comportar-se de maneira tão racional quanto Weber sugeriu? Há fortes argumentos no sentido de que isso não aconteceria porque da receita ideal decorreriam numerosos obstáculos à realização desta forma de racionalidade. Para começar, pesos iguais são atribuídos no modelo à autoridade do escritório e à da habilidade técnica relevante. Poderiam esses dois tipos de autoridade tão diferentemente sustentados coincidir e permanecer em harmonia? Na verdade, é mais do que provável que tendam a discordar ou que pelo menos entrem em tensão. Alguém pode, por exemplo, colocar um profissional treinado, como um médico, em posição na qual a expectativa gire em torno dos custos relativos à tomada de decisão. Diante de um paciente em estado muito grave – considerando que haja medicamentos disponíveis, a algum custo, capazes de curar a doença –, irá aflorar um nítido conflito entre o dever ético do profissional como médico e sua responsabilidade relativa à questão orçamentária.

Outra tensão do modelo diz respeito à minuciosa divisão do trabalho calculada de acordo com tarefas. Trata-se de fator que supostamente impulsiona a eficiência, mas na verdade tende a produzir "incapacidade treinada": tendo-se adquirido perícia no desempenho rápido e eficiente de tarefas circunscritas, pode-se gradualmente perder de vista as ramificação mais amplas do trabalho. Logo, não se notarão as consequências adversas das atividades (que assim se tornaram rotinas mecânicas) sobre o desempenho global, os colegas de trabalho e os objetivos gerais da organização (essa é crítica recorrentemente feita por gerentes a seus pares operacionais que, por sua vez, os acusam de não compreensão das técnicas de seu trabalho).

Por conta da estreiteza de suas habilidades, os integrantes podem também estar despreparados para ajustar suas rotinas às circunstâncias em mudança e para reagir às situações estranhas com a velocidade e a flexibilidade necessárias. Em outras palavras, a organização torna-se presa na busca da racionalidade perfeita; passa a ser dura e inflexível, e seus métodos de trabalho não se adaptam depressa o bastante às situações de transformação – mais cedo ou mais tarde, bem pode se transformar em fábrica de decisões cada vez mais irracionais. De um ponto de vista interno, o modelo ideal também está sujeito ao *deslocamento de objetivo*. Para sua eficácia, todas as organizações devem reproduzir sua capacidade de agir, ou seja, aconteça o que acontecer, uma organização deve estar sempre pronta para tomar decisões e iniciar ações. Tal necessidade de reprodução clama por um mecanismo eficaz de autoperpetuação imune à interferência externa. A questão é que o próprio objetivo pode tornar-se um dos aspectos dessa interferência externa. Não há nada no modelo que impeça esse mecanismo de sobreviver à tarefa original da organização. Ao contrário, tudo aponta para a probabilidade, e mesmo para o desejo, de que o interesse na autopreservação incitará a expansão infinita de atividades da organização e do escopo de sua autoridade.

Pode acontecer, na verdade, que a tarefa vista originalmente como a razão da organização seja relegada a posição secundária pelo todo-poderoso interesse da própria organização na busca de autoperpetuação e autoengrandecimento. A sobrevivência da organização transforma-se então em finalidade de direito próprio e, assim, em novo final, referência por que se tenderá a medir a racionalidade de seu desempenho.

Podemos identificar ainda outra tendência em meio ao que mencionamos. Falamos sobre as demandas parciais das organizações em termos das expectativas e do desempenho dos papéis. Isso pressupõe que a identidade social e a autoidentidade estão, em alguns sentidos, separadas da existência da organização. Nas situações que tendem para total abrangência, a organização poderia exibir as características dos tipos de comunidade que descrevemos como de origem religiosa, ou seja, as que exigem de seus membros fidelidade em todos os aspectos de sua vida. Porque as organizações respondem à natureza cada vez mais rápida da mudança, a complacência e a relutância a mudar são tomadas como sinais de desvantagens competitivas. Logo, o fato de os empregados terem de ser flexíveis, dinâmicos e inventivos é considerado de importância primordial.

As organizações têm, então, de se mostrar mais interessadas na pessoa como um todo, em seu temperamento, seus atributos, disposições, habilidades, conhecimentos e motivações. Uma série de práticas e preocupações pseudocientíficas com áreas consideradas até então de pouco interesse das organizações passou a merecer seu olhar rotineiro.

Nesse processo, temos observado um questionamento do modelo ideal e de suas ideias da racionalidade como suporte dos aspectos emocionais de nossas vidas. Agora, a ideia de libertar algo que tem sido chamado de "inteligência emocional", a realização de testes psicométricos em candidatos e a preocupação com a estética do design do escritório passam a incluir-se nas preocupações das organizações. Dependendo do setor de que estamos falando e da natureza de seu papel dentro da organização, atribuem mais atenção ao que, até aqui, não passava de aspectos estritamente privados da vida dos empregados. E isso se estende mesmo à rotineira vigilância sobre os membros da organização.

Em seu livro *Surveillance Society*, David Lyon sinalizou que as organizações utilizam programas de computador para monitorar e-mails e se informar sobre possíveis violações da política da companhia por parte de algum funcionário; que crachás ativos alertam um computador central sobre a localização de alguém em um edifício a fim de lhe permitir encontrar o telefone e o monitor mais próximos para sua "conveniência"; que exames de uso de drogas passaram a ser aplicados rotineiramente; e que detetives particulares têm sido usados para investigar todos os aspectos da identidade de alguém a fim de se certificar de que tenha bom caráter. No processo, os modos de construção de identidades também se alteram. Verifica-se, entretanto, resistência à vigilância rotineira sobre o espaço e o tempo, e ao que pode ser visto como uma série de arbitrariedades em áreas não pertencentes às atividades de trabalho.

Por conta de detalhes como a resistência a exigências lançadas às pessoas, os dois modelos de formação de grupos humanos são insuficientes. Nem a imagem da comunidade nem o modelo da organização descrevem de modo adequado a prática da interação humana. Ambas esboçam modelos de ação artificialmente separados, polarizados, que afastam e com frequência opõem motivos e expectativas. As ações humanas reais, sob circunstâncias reais, ressentem-se de divisão tão radical e, assim, manifestam tensão nas expectativas de hábito lançadas sobre as ações das pessoas. Ao representar e procurar impor representação a seus membros, as comunidades e as organizações demonstram uma tendência inerente a simplificar ações complexas e intricadas. A resposta pode então ser buscar purificar ainda mais a ação, mas nossas interações são partidas entre duas forças gravitacionais, puxando em sentidos opostos.

As interações rotineiras, ao contrário do proposto nos modelos extremos, são mistas, *heterogêneas*, estando sujeitas a tensões. Por exemplo, a família muitas vezes não se encaixa nas idealizações a seu respeito, e há tarefas a executar como em qualquer outro grupo de pessoas em cooperação. Logo, ela também apresenta alguns dos critérios de desempenho próprios das organizações. Por outro lado, em qualquer organização, os integrantes mal podem evitar as ligações pessoais com os indivíduos com quem juntam forças durante um período prolongado. Mais cedo ou mais tarde, padrões informais da interação emergirão e poderão ou não se sobrepor ao mapa oficial de relacionamentos formais de comando e subordinação. Os sociólogos há muito têm reconhecido essas relações, bem como a maneira como se desenvolvem e coincidem ou entram em tensão com a exigência formal da organização.

Ao contrário do que sugeriria o modelo ideal, vê-se na prática que o desempenho orientado para as tarefas pode se beneficiar de modo considerável se a interação não for reduzida a papéis especializados. As companhias começaram a solicitar comprometimento mais profundo de seus empregados, trazendo mais de seus interesses e preocupações para dentro da órbita da organização. Quem comanda a organização pode utilizar a fusão de seus aspectos formais e informais.

Essa estratégia testemunhou a "virada cultural" na teoria de administração, com sua ênfase em discursos sobre valores, comprometimento, motivação, trabalhos de equipe e missão. As organizações agora oferecem, por exemplo, instalações de recreação e entretenimento, serviços de compra, grupos de leitura e mesmo imóveis. Esses benefícios extraordinários não estão, evidentemente, relacionados à tarefa explícita da organização, mas espera-se que tudo junto produza "sensação de comunidade" e induza os integrantes a se identificar com a empresa. Tais emoções, aparentemente estranhas ao espírito da organização, são consideradas para impulsionar a dedicação dos membros aos objetivos da organização e neutralizam, assim, os efeitos adversos dos parâmetros puramente impessoais sugeridos pelos critérios da racionalidade.

Comunidades e organizações costumam atuar como se houvesse um pressuposto de liberdade entre seus membros, mesmo que suas práticas não estejam de acordo com suas próprias expectativas. Os membros podem então sair ou agir de maneira contrária às expectativas dominantes. Há, entretanto, um caso de organização que nega explicitamente a liberdade para sair e mantém as pessoas sob sua jurisdição pela força. Trata-se do que Erving Goffman chamou de "instituições totais" – comunidades de segurança reforçada em que a totalidade da vida dos membros está sujeita a escrupulosa regulação, sendo suas necessidades definidas e providas pela organização. As ações são explicitamente aprovadas por regras organizacionais.

Colégios internos, quartéis, prisões e hospitais psiquiátricos, todos se aproximam, em variados graus, do modelo de instituição total. Seus internos são mantidos sob rotineira fiscalização o tempo todo, de modo que os desvios em relação às regras sejam visíveis e se tornem objetos de prevenção ou punição. Nem a dedicação espiritual nem a esperança de ganhos materiais podem ser usados para evocar o comportamento desejável e assegurar a vontade dos membros de permanecer juntos e cooperar.

Disso decorre outra característica das instituições totais: a divisão estrita entre aqueles que estabelecem as regras e os que são por elas limitados. A efetividade da coerção, como o único substituto para o compromisso e o cálculo, depende de a distância entre os dois lados da divisão permanecer intransponível. Dito isso, relações pessoais se desenvolvem, sim, no interior de instituições totais e muitas vezes abarcam a distância entre os supervisores e os internos.

Síntese

Manuel Castells escreve, na conclusão do segundo dos três volumes de seu estudo *A era da informação*, que estamos testemunhando o crescimento das redes, dos mercados e das organizações governadas cada vez mais por "expectativas racionais". Se, porém, essa é a síntese de tendência dominante nas sociedades ocidentais contemporâneas, em nosso exame dos vínculos o que chama mais atenção é também a diversidade de agrupamentos humanos. Todos são formas de interação humana nas quais o grupo existe em virtude de ser uma rede persistente das ações interdependentes de seus membros.

A afirmação de que "há uma faculdade" refere-se ao fato de que um número de pessoas se junta para ingressar em uma rotina chamada aula, isto é, um encontro comunicativo com a finalidade de aprender e que está estruturada temporal e espacialmente de tal maneira que alguém fala, e alguns indivíduos a sua frente escutam e tomam notas. Em suas interações, os membros de um grupo são guiados pela imagem da conduta correta naquele contexto específico.

Essa imagem jamais é completa, e, assim, seu potencial de fornecer prescrição inequívoca para qualquer situação que possa surgir no curso da interação é diminuído de forma correspondente. A estrutura ideal para a interação é constantemente interpretada e reinterpretada, e esse processo prevê novas orientações, bem como novas expectativas. A interpretação não pode senão realimentar a própria imagem, e, assim, as práticas e as

94 Ação, identidade e entendimento na vida cotidiana

expectativas inerentes à estrutura ideal informam e se transformam em mão dupla.

Questões para refletir

1. De que maneiras se vinculam as comunidades e as identidades sociais?

2. O que você acha que Raymond Williams quis dizer com "o que é notável sobre a comunidade é que ela sempre foi"?

3. Seitas e organizações são diferentes? Em caso afirmativo, de que maneiras?

4. Você pensaria em expor práticas de organizações que considere não éticas? Em caso afirmativo, quando, por que e em que tipo de circunstâncias?

Sugestões de leitura

DU GAY, Paul. *In Praise of Bureaucracy: Weber – Organization – Ethics.* Londres, Sage, 2000.

O autor argumenta que a burocracia pode desempenhar importante papel em uma sociedade que esteja em busca do governo responsável.

GERTH, Hans H. e C. Wright Mills (orgs.). *From Max Weber: Essays in Sociology.* Londres, Routledge/Kegan Paul, 1970.

Como em nossas sugestões sobre Simmel e Mead, vale mais a pena retornar aos textos originais para assimilar as melhores intuições contidas nas ideias de sociólogos importantes.

JENKINS, Richard. *Social Identity.* Londres, Routledge, 1996.

Uma visão geral muito útil em sociologia e antropologia das identidades, misturada a análises e interpretações do autor.

LYON, David. *Surveillance Society: Monitoring Everyday Life.* Buckingham, Open University Press, 2001.

Cada vez mais novas áreas de nossa vida estão sujeitas a vigilância rotineira, e esse estudo lança luz sobre seu modo de ser, discutindo suas implicações.

. Parte II .

Viver nossas vidas:
desafios, escolhas e coerções

. 4 .

Decisões e ações:
poder, escolha e dever moral

Não faltam questões em nossas atividades cotidianas. Algumas costumam surgir de maneira razoavelmente regular e não nos ocupam por muito tempo, ao passo que outras são incitadas por mudanças abruptas em nossas condições e levam a reflexão mais elaborada e profunda. Esses tipos de questão se referem a matérias que de maneira geral não nos preocupam, embora pontuem discussões sobre quem somos e como conferimos sentido ao mundo ao nosso redor. Às vezes esses questionamentos provocam perguntas a respeito do motivo por que algo aconteceu. Quando fazemos uma pergunta como esta, ativamos um hábito que todos partilhamos e que também caracteriza a atividade científica – trata-se do explicar eventos em termos de "causa e efeito". O tema deste capítulo é como essas questões se relacionam e informam nossas ações e decisões no dia a dia.

Tomadas de decisão

Quando se trata de buscar explicações na forma de resultados de uma causa, em geral já satisfazemos nossa curiosidade concluindo que o evento era inevitável ou pelo menos altamente provável. Por que ocorreu uma explosão naquela casa? Porque havia um escapamento na tubulação de gás, e o gás é substância inflamável, bastando-lhe uma faísca para provocar a explosão. Por que ninguém ouviu o assaltante quebrar a janela? Porque todos estavam dormindo, condição em que as pessoas normalmente não escutam. Nossa busca de explicações empaca quando concluímos que um evento será sempre seguido por outro ou que isso ocorrerá na maioria das vezes. Assim, no primeiro caso podemos falar em "leis", porque não há exceção, enquanto no seguinte estamos tratando de "norma", algo que acontece na maioria dos casos, ainda que não em todos. Em ambos, entretanto, não há possibilidade de intervenção baseada em escolha, porque um evento é *necessariamente* seguido por outro.

Essa forma de explicar torna-se problemática quando aplicada ao domínio das condutas humanas. Afinal, estamos tratando de eventos causados pela ação de pessoas cujas condutas as defrontam com a necessidade de fazer escolhas. Uma vez que há maneiras potencialmente diferentes de atuação, os eventos não podem ser considerados inevitáveis. Isso posto, não há conjunto de proposições gerais a partir do qual esses eventos possam ser deduzidos com qualquer grau de certeza – por conseguinte, eles não são previsíveis. É possível, porém, tentar compreendê-los de modo retrospectivo. Ou seja, com o auxílio da revisão, podemos interpretar uma ação em termos de determinadas regras ou disposições contextuais que antes de mais nada devem ser seguidas para a ação ser posta em prática.

Entretanto, ainda parece faltar algo, pois sabemos por experiência que as pessoas agem de acordo com seus propósitos. Elas têm, portanto, "motivos" para criar ou responder a uma situação que, por esta ou aquela razão, lhes pareça preferível. Podemos dizer então que temos a capacidade de escolher entre diferentes cursos de ação. Naturalmente dirigir um carro parando no sinal vermelho constitui forma habitual de comportamento, mas é demonstração de uma preferência informada por uma razão – no caso, a prevenção de acidentes.

As ações humanas podem ainda variar sob condições similares com motivações compartilhadas. As pessoas são capazes de extrair diferentes conclusões de seu ambiente ou rejeitar motivos e ignorar circunstâncias. Sabemos bem que uma mulher e um homem podem ter comportamentos diferentes em circunstâncias objetivas idênticas. Se desejamos saber por que uma forma de ação foi escolhida em vez de outra, devemos voltar nossa atenção para o processo de tomada de decisão daquela pessoa. Embora atraente, esta ainda não é uma solução adequada, porque supõe as decisões formuladas de acordo com escolhas conscientes visando a fins explicitamente declarados. Examinemos, então, as ações irrefletidas, não reflexivas, das quais há dois tipos principais.

Em primeiro lugar, como vimos, há ações *habituais* – decorrentes de *hábito* ou *tradicionais*. Nós nos levantamos, escovamos os dentes e, ainda meio adormecidos, agilizamos uma rotina, um ritual matutino – não nos ocorre tomar decisões conscientes para seguir esses procedimentos, e até podemos pensar em algo diferente enquanto os cumprimos. Do mesmo modo, comemos em horários regulares e desenvolvemos todo tipo de hábitos que se tornam parte de nossas ações, sem demandar planejamento ou nos obrigar a pensar. Se essas rotinas são rompidas por interrupções inesperadas, entretanto, precisamos tomar decisões porque aquele hábito de repente transformou-se em lembrança desagradável.

A conduta habitual representa, assim, o sedimento da aprendizagem passada. E também, graças à repetição regular, ela nos evita a necessidade de pensar, calcular e tomar decisões em muitas de nossas ações, contanto que as circunstâncias encontradas se manifestem segundo a regularidade de algum padrão. De fato, nossas ações se tornam tão habituais que seria difícil descrever como ocorrem e as razões por que ocorrem. Como dissemos, elas só nos chamam a atenção quando algo não funciona, isto é, quando a regularidade e a ordenação dos ambientes em que as praticamos entram em colapso.

O segundo tipo de ação não reflexiva é aquela que brota das emoções fortes. As ações *afetivas* são caracterizadas por suspensão dos cálculos racionais que informam as finalidades e as possíveis consequências da ação; são compulsórias e surdas à voz da razão. Entretanto, com o passar do tempo, as paixões podem arrefecer, e seus atos ser interrompidos por deliberação. Como resultado dessas formas de ação, podemos magoar quem amamos e aqueles de quem cuidamos. Se, porém, o ato fosse premeditado, não poderia ser considerado afetivo, porque contemplaria o resultado de decisão calculada. Então é possível afirmar que uma ação é afetiva quando permanece não reflexiva, espontânea, não premeditada, e quando nela se embarca antes de qualquer ponderação de argumentos ou projeção de consequências. Ações habituais e afetivas são frequentemente descritas como "irracionais". Isso não implica que sejam insensatas, ineficazes, equivocadas ou prejudiciais. Nem sugere qualquer avaliação de utilidade, pois muitas rotinas são eficazes e úteis. Certamente, elas nos permitem realizar as atividades práticas relevantes em nosso cotidiano, assim como nos poupam da eventual carga de ter que refletir sobre todas as nossas ações antes de empreendê-las. De modo similar, uma explosão de raiva sem a devida ponderação das consequências pode acabar contribuindo para fazer as pessoas compreenderem como nos sentimos sobre algum evento, ação ou questão. Desse ponto de vista, uma ação irracional pode ser mais eficaz que uma racional.

A ação *racional* é caracterizada por escolha consciente de um plano de ação, entre diversas alternativas orientadas para a realização de determinado fim. Nessa leitura "racional-instrumental", ou "racional orientada segundo fins", os *meios* são selecionados justamente de acordo com as exigências de determinados *fins*. Outra forma desse tipo também dependerá da escolha dos meios para os fins, mas, nesse caso, alguns fins são considerados mais valiosos que outros. A "ação racional orientada segundo valores" é, assim, motivada por considerações do que é "caro ao coração de alguém", atraente, desejável e mais estreitamente vinculado à necessidade do momento. Essas duas formas compartilham a escolha dos meios, medida em relação aos fins visados, bem como o fato de o acordo entre ambos ser o critério final na escolha entre uma decisão considerada certa e uma errada. Além disso, baseia-se no fato de que a escolha é voluntária porque o ator a praticou por livre opção, sem ser incentivado, empurrado, puxado ou tiranizado, nem o fez por hábito ou súbita irrupção de paixão.

Ao escolher nossos cursos de ação por meio de deliberação consciente e racional, também antecipamos prováveis resultados. Isso exige o exame da situação real na qual a ação terá lugar e dos efeitos que com ela esperamos alcançar. Para tanto, normalmente levamos em conta tanto os recursos disponíveis quanto os valores que orientam nossas condutas. Pierre Bourdieu classifica os tipos de *capital* empregados em nossas ações em simbólico, cultural e econômico. O capital simbólico refere-se ao poder de conferir significado a objetos, atributos e características; o capital cultural é o conjunto de habilidades e conhecimentos que possuímos e podemos utilizar em nossas ações; e o capital econômico diz respeito ao acesso que temos a riquezas e recursos materiais.

Esses recursos podem estar voltados para muitos usos e diferem entre si por comportar diferentes graus de atração e ser atraentes por várias razões. O capital simbólico conferirá significado a objetos e atributos viabilizando a avaliação do que é valioso e por que razões. Podemos então escolher aplicar nossas habilidades na busca daqueles objetivos que parecem os mais úteis ou que possam aumentar o volume de recursos a nossa disposição e, assim, ampliar nossa gama de liberdades futuras. Finalmente, são nossos valores que presidem a decisão de despender dinheiro extra em um novo equipamento de som, em programa de férias ou na compra de livros de sociologia. Fazer o balanço de nossos recursos e valores mostra-nos os graus de liberdade de que desfrutamos, ou seja, o que podemos fazer e o que está fora de questão.

Valores, poder e ação

Falar sobre o que podemos fazer tem a ver com nossa capacidade de atuar em relação ao que, com nossa habilidade de monitorar nossas ações, compreende as duas dimensões da ação social. Podemos ter a habilidade de monitorar nossas ações, mas a gama de liberdades de que desfrutamos para conseguir concretizar essas ações é diferencialmente distribuída. De modo muito simples, as pessoas possuem diversos graus de liberdade. O fato de elas serem diferentes em suas liberdades de escolha diz respeito à desigualdade social – referida mais recentemente e em contexto mais amplo pela expressão "exclusão social". Algumas pessoas desfrutam de gama mais larga de escolhas devido ao acesso a mais recursos, e podemos nos referir a isso em termos de *poder*.

Compreende-se melhor o poder como a busca de objetivos livremente escolhidos para os quais nossas ações são orientadas e do controle dos meios necessários para alcançar esses fins. O poder é, consequentemente, a capacidade de ter possibilidades. Quanto mais poder alguém tem, mais vasto é o leque de escolhas e mais ampla a gama de resultados realisticamente buscáveis. Ser menos poderoso ou não ter poder algum significa que talvez seja necessário moderar e até reduzir as esperanças realistas em relação aos resultados das ações. Assim, ter poder é ser capaz de atuar mais livremente, enquanto ser relativamente menos poderoso, ou impotente, corresponde a ter a liberdade de escolha limitada por decisões alheias – de quem tenha capacidade de determinar nossas ações. O exercício da autonomia de um indivíduo pode levar os demais à experiência de heteronomia. A desvalorização da liberdade do outro na busca de ampliação da própria liberdade pode ser resultado de dois métodos.

O primeiro é a *coerção*, que compreende a manipulação das ações de tal maneira que os recursos de outras pessoas se tornem inadequados ou ineficazes no contexto em questão, por maiores que possam parecer em outros casos. Um jogo inteiramente novo é criado pela manipulação de uma situação de modo que quem a manipula possa então assumir a dianteira: por exemplo, se a vítima de um ladrão é um banqueiro rico ou um político poderoso, seus respectivos recursos, que lhes asseguram alto grau de liberdade em outras circunstâncias, perdem a "capacidade de possibilidades", quando um ou outro é confrontado, em uma rua escura e deserta, com uma faca ou com o poder físico superior de um assaltante.

De maneira similar, forçar a reavaliação de valores incorporados pode levar as pessoas à sensação de que suas práticas estão agora mais sujeitas à avaliação e ao questionamento daqueles cuja autoridade não reconhecem. Assim, outros valores passam a predominar na reação a essa situação. Nas condições extremas de campos de concentração, por exemplo, o valor da autopreservação e da sobrevivência pode bem ofuscar as demais escolhas.

O segundo método consiste na estratégia de *cooptar* os desejos do outro em favor dos objetivos de alguém. O que caracteriza essa forma é a manipulação da situação de maneira tal que só se podem alcançar os valores visados seguindo as regras estabelecidas pelo detentor do poder. Assim, o zelo e a eficiência com que inimigos são mortos são recompensados, destacando-se a posição social do bravo soldado com medalhas e citações honoríficas. Os operários podem assegurar melhores padrões de vida (aumentos de salário) desempenhando seu trabalho com mais dedicação e intensidade e obedecendo, sem questionar, aos regulamentos administrativos. Os valores dos subordinados transformam-se, então, nos recursos de seus superiores hierárquicos. Não são avaliados como fins em si mesmos, mas como meios a mobilizar a serviço dos objetivos dos detentores do poder. Quem está sujeito a essas manipulações não tem outra escolha senão capitular, abrindo mão de parte considerável de sua liberdade.

As ações alheias afetam tanto os valores que informam os fins que perseguimos quanto nossa avaliação de quão realista é a possibilidade de os alcançarmos. O que chamamos de "realista" e o que chamamos de "sonhos" são informados por nossas relações com os outros e com os recursos que podemos esperar mobilizar em nossas ações. Entretanto, para começo de conversa, de onde vêm esses valores? Afinal, por que atribuímos recompensa especial a alguns objetivos e negligenciamos ou menosprezamos outros? Os valores que nos orientam são de fato de nossa livre escolha? Essas perguntas são fundamentais para a compreensão de nós mesmos, dos contextos em que interagimos e das influências sobre nossa conduta. Consideremos um exemplo. Pretendemos, ao terminar a escola, começar imediatamente a universidade. Nossos amigos, entretanto, decidiram outra coisa e, na discussão sobre nossas respectivas escolhas, convencem-nos de que melhor será começarmos logo a trabalhar, em vez de nos condenar a três anos de sacrifício, de quase fome e consequente endividamento. Mudamos então de ideia e procuramos trabalho para ganhar dinheiro; por um tempo, aproveitamos os benefícios oferecidos pela situação. A gerência, entretanto, anuncia uma reorganização no escritório, o que produzirá duplicação de funções, mas afirma que, apesar de tudo, nosso cargo estará seguro, e as oportunidades de promoção são promissoras. Como membros de um sindicato, nossos colegas votam por uma greve, e a direção responde comunicando que, em caso de paralisação, se perderão serviços importantes. Compreensivelmente, procuramos evitar tal possibilidade, mas a maioria de nossos colegas, ao votar a favor da decisão, parece ter colocado a solidariedade acima da segurança de seus próprios empregos. Ao refletir sobre nossa posição, reconhecemos que nossos interesses vinculam-se aos de nossos colegas, e assim votamos pela greve. A consequência é a possibilidade de perder o emprego – e com ele a liberdade que a renda nos permitiu usufruir.

O que acontece nessa situação? Os valores adotados para orientar e justificar as ações transformam-se no curso da interação social em diferentes contextos. As pessoas são influenciadas de maneiras específicas. Isso se manifesta por meio de uma alteração na hierarquia da importância atribuída a determinados valores. O que significa que elas selecionam, conscientemente ou por padrão, alguns fins em vez de outros. De qualquer forma, o resultado é que os objetivos considerados prioritários podem ser justificados como mais satisfatórios, dignos e moralmente enobrecedores. Ficamos dessa maneira afinados com nosso sentido do que seja conduta própria e imprópria em nosso dia a dia.

Como vimos, nem todos os valores são escolhidos conscientemente, porque muitas de nossas ações são habituais e rotineiras. Porquanto as ações permanecem habituais, raramente nos detemos para questionar os valores a que elas servem. A ação habitual não demanda justificação a menos que sejamos obrigados a prestar contas por outras pessoas ou por mudanças abruptas nas circunstâncias em que agimos. Essas justificações discursivas – as que *dizem respeito a* nossas ações – podem ser de difícil sustentação. Se pressionados, podemos responder com algo como "É assim que as coisas sempre foram feitas" ou "Isso é assim mesmo". O que estamos fazendo é sugerir que a longevidade desses hábitos empresta-lhes uma autoridade normalmente não questionada. Lembremo-nos, entretanto, de que essas são explicações "forçadas" posto que incitadas por questionamento.

Testemunhamos, então, o fato de a ação permanecer habitual contanto que não seja intimada a se legitimar, isto é, que não se exija referência aos valores e às finalidades aos quais se supõe que ela sirva. Ela continua se repetindo, em geral de acordo com o mesmo padrão, apenas pela força do hábito. Os valores que informam essas ações estão sedimentados no nível inconsciente, e só nos tornamos cientes de sua influência quando se trata de escolhas deliberadas, por exemplo, nas situações em que os valores a que obedecemos são desafiados, provocados e questionados, sendo chamados à legitimação. Nesse ponto, a autoridade daqueles valores é questionada.

Pode-se dizer que quem ocupa posições de comando sobre outros – posições circunscritas por regras, exercita a autoridade – tem nítida influência sobre a conduta alheia, mas a especificidade dessa relação é dada pelas regras que cercam as relações entre subordinado e superior hierárquico. Assim, retomando a discussão sobre burocracia, podemos ver como as regras relativas à divisão hierárquica de trabalho nas organizações preparam sua autoridade. Ser aceito como legítimo, entretanto, exige não só que a relação se conforme a regras específicas, mas também que seja justificada pelas crenças partilhadas por todos aqueles a elas sujeitos e que concordem voluntariamente com a relação. O fato de estarem satisfeitas as três condições – regras, justi-

106 Viver nossas vidas: desafios, escolhas e coerções

ficações e consentimento – significa que alguém se submete à autoridade e aos valores que sustentam sua existência. Para transformar-se em autoridade, uma pessoa ou organização deve produzir forma de legitimação ou argumento capaz de demonstrar por que sua opinião e não outra deve ser seguida. Já nos deparamos com esse tipo de legitimação, na forma da tradição, no sentido de ser testada e honrada pelo tempo. A história, disseram-nos, une seus herdeiros. E o que foi unido nenhuma presunção humana deve separar. Entretanto, mais que a consagração dos valores por sua idade avançada, os que procuram a aceitação popular para os princípios que pregam vão em alguma extensão escavar alguma evidência histórica genuína, putativa, de sua antiguidade. A imagem do passado histórico é sempre seletiva, e a deferência das pessoas com relação a ele pode ser listada entre as ações de disputas contemporâneas sobre valores. Uma vez que se aceite que determinados valores eram mantidos por nossos antepassados, eles se tornam menos vulneráveis à crítica contemporânea. A *legitimação tradicionalista* torna-se particularmente atrativa em períodos de mudanças aceleradas que só geram inquietação e ansiedade, quando parece, então, oferecer um conjunto de escolhas relativamente seguro, menos angustiante.

A alternativa seria defender valores novos como uma espécie de revelação. Esse tipo de argumento está associado à *legitimação carismática*. O carisma foi a primeira qualidade notada no estudo das influências profundas e indiscutíveis exercidas pela Igreja sobre o fiel. Seu conceito neste exemplo refere-se à convicção do fiel de que sua Igreja foi dotada de acesso privilegiado à verdade. O carisma, entretanto, não precisa ser confinado às crenças religiosas e às instituições. Podemos mencioná-lo sempre que a aceitação de determinados valores é motivada pela crença de que o pregador desses valores está investido de poderes privilegiados e que garantem a verdade de sua visão e a propriedade de sua escolha. Em consequência, é a razão para pessoas comuns não possuírem meios para avaliar essas reivindicações e, assim, nenhum direito a duvidar do poder de sua percepção. Quanto mais forte for o carisma dos líderes, mais difícil é questionar seus comandos e mais confortável para os seguidores de suas ordens quando expostos a situações de incerteza. Vivemos supostamente uma era de crescente ansiedade, na qual as relações entre a confiança e o risco estão em permanente mudança. Anthony Giddens afirmou que o controle sobre a vida nas sociedades tradicionais passou para a alçada de agências externas, com consequente aumento da sensação de impotência. Quanto mais aprendemos sobre nosso ambiente – graças ao trabalho da mídia de converter detalhes de resultados científicos em consciência cotidiana –, mais nos cientificamos de que as formas de autoridade precedentes não são tão invulneráveis quanto já pensamos.

O sociólogo alemão Ulrich Beck escreveu sobre essa tendência da sociedade moderna sob a expressão "sociedade de risco". Podemos observar que ela pode ser acompanhada de certa demanda de soluções carismáticas para os complicados problemas dos valores, e nesse sentido alguns partidos políticos e movimentos sociais intensificam suas ações para proporcionar serviços substitutos. Essas organizações podem então transformar-se em portadores coletivos da autoridade carismática e exercer influência em uma base completamente nova, mais estável, que em princípio pode sobreviver ao próprio líder carismático.

O centro da autoridade carismática parece ter se deslocado da arena religiosa e política, embora isso não queira dizer que não haja ainda forte pressão pela primeira com exemplos ocasionais de seitas que rotineiramente exigem o suicídio maciço de seus membros como derradeiros atos de fé. O advento das mídias de massa tem papel nesse desvio, e os efeitos dessas situações provam-se demolidores. A exposição pura e maciça de personalidades da televisão ou de figuras públicas vistas pela tevê demonstra-se poderosa influência nessa tendência. Tanto quanto antigos líderes carismáticos, a esses indivíduos costuma-se dar o crédito pela capacidade superior de julgamento, exemplificada pelo fato de se terem tornado os ditadores de tendências de estilos de vida particulares. O significativo número

108   Viver nossas vidas: desafios, escolhas e coerções

de pessoas procurando em personalidades públicas orientação e aconselhamento para suas próprias escolhas reforça esse poder e torna mais vigorosa a validação dessas fontes.

As duas formas de legitimação consideradas até agora – a tradicional e a carismática – compartilham algumas características: ambas implicam a desistência de nosso direito a fazer escolhas com base em valores e podem ser associadas a abrir mão da responsabilidade. Alguém fez as escolhas por nós, podendo, portanto, ser considerado responsável pelas consequências de nossas ações.

Há, entretanto, uma terceira forma de legitimação, a qual já chegamos a aludir. Trata-se da dominação *racional-legal* (ou *burocrática*), segundo a qual algumas organizações e as pessoas autorizadas a falar em seu nome têm o direito de dizer-nos que tipo de ação deve ser empreendido, sendo nosso dever obedecer sem argumentar. Nesse caso, a simples questão da sabedoria ou da qualidade moral do conselho parece ter perdido sua importância. Pode então transformar-se em lei, e é o comando legal que seleciona para nós a autoridade que vai determinar nossa ação. A legitimação racional-legal separa ação e escolha valorativa, parecendo assim liberar de valores nossas opções. Quem cumpre uma ordem não precisa examinar a moralidade da ação que foi requisitado a executar, nem se sentir responsável se ela não for aprovada em um teste moral. Em postura de autolegitimação, reagiria com indignação a toda reprimenda nesse sentido, sob a justificativa de que estava "apenas cumprindo ordens recebidas de superiores hierárquicos legalmente reconhecidos".

A legitimação racional-legal é fértil em consequências potencialmente sinistras, pela sua tendência a absolver os atores de sua responsabilidade de escolher com base em valores morais. Os assassinatos em massa e o genocídio na Segunda Guerra Mundial e de um grande número de guerras posteriores fornecem os mais conspícuos, embora de maneira alguma originais e excepcionais, exemplos de tais consequências. Aqueles que perpetraram assassinato recusam-se a aceitar a responsabilidade moral, apontando preferivelmente a determinação legal de sua

Decisões e ações: poder, escolha e dever moral 109

obediência ao comando. E, ao fazer isso, rejeitam o fato de que a decisão de obedecer era, na verdade, uma escolha moral de sua parte.

Remover da vista dos atores os valores de que as ações se servem, pelo simples expediente de estender a cadeia de comando para além da visão dos executores, torna a ação aparentemente livre de valoração e isenta de julgamento moral. É oferecido aos atores, por assim dizer, escapar ao fardo da liberdade, que inclui a responsabilidade pelas ações praticadas. Dessa maneira, o dever moral mistura-se em meio à tensão com o desejo de autopreservação derivado do pertencimento ao grupo. Essa identidade de grupo (como vimos) pode ser conquistada com consequências desastrosas para aqueles definidos como "os outros", ou "eles". Essas questões, por sua vez, variam de acordo com as situações em que nos encontramos e com aqueles que são considerados os valores a que aspiramos. Para pensar esse tópico de modo mais aprofundado, nos voltamos agora para os temas da competição, da exclusão e da posse.

A motivação para agir

A maioria de nossas ações, embora não todas, é motivada por nossas necessidades – algumas básicas, em termos de sobrevivência, e outras que integram um conjunto relacionado à constituição significante da realidade social que garanta determinado grau de contentamento. A satisfação dessas necessidades, como sugerimos, depende da autonomia de nossas ações, e isso, por sua vez, de nossa habilidade para monitorar, compreender e refletir sobre nossas ações, assim como sobre nossa capacidade de agir. Entretanto, cabe perguntar: o quão frequentemente dizemos sobre algum objeto "Preciso disso. Tenho de possuí-lo."?

Seja uma declaração como essa feita em situações manifestas de relativa prosperidade ou de relativa pobreza, ela é algo de importância capital. O estilo de vida do mundo ocidental parece agora ancorado na habilidade de consumir – raramente constitui objeto de reflexão consumir com que propósito. Quando isso ocorre, porém, a justificativa costuma ser a satisfação de necessidades ainda não atendidas. Entretanto, notemos que na declaração acima um movimento ocorreu com a segunda sentença, que coloca uma ênfase maior no argumento proposto pela primeira. Esse ato de esclarecimento leva ao deslocamento da satisfação de uma necessidade expressa à sua ausência, o que conduz a um estado de privação que minará a autopreservação e até a sobrevivência! Sem isso, a vida teria falhado, ficaria intolerável, colocando em perigo até sua existência.

O que faz o objeto desejado ser considerado um "bem" é a qualidade de ser necessário à sobrevivência ou à autopreservação. Como escreveram o filósofo francês Gilles Deleuze e o psicanalista também francês Félix Guattari, assim que o desejo e a aquisição se tornam um, experimentamos "falta" significativa em nossas vidas. E preenchemos esse vazio com o desejo de adquirir algo. Por exemplo, mercadorias compradas em uma loja, o silêncio na rua à noite e o ar puro ou a água não contaminada, que não podem ser alcançados sem o esforço coordenado de muitos outros indivíduos. As necessidades não podem ser satisfeitas a menos que ganhemos acesso aos bens em questão, seja obtendo permissão para usá-los, seja nos tornando seus proprietários – o que sempre envolve outras pessoas e suas ações. Não obstante nossas motivações pertencerem ao domínio do interesse, nossos laços com essas pessoas são necessários, e, mesmo que eles não sejam reconhecidos, nos tornamos mais dependentes das ações alheias e dos motivos que as orientam.

Essa situação não é evidente à primeira vista. Pelo contrário, a ideia de reter bens sob a forma da posse é amplamente aceita como questão "privada". Parece que o objeto (a propriedade) está ligado de algum modo invisível a seu proprietário. E é em tal tipo de conexão que se supõe estar a essência da posse. Se alguém é o proprietário de algo, então, concomitantemente, há o direito de seu uso ser determinado pela vontade de seu proprietário. Esse direito é, obviamente, limitado de maneiras muito particulares. Assim, árvores de nosso jardim que estejam

Decisões e ações: poder, escolha e dever moral 111

sujeitas a leis de preservação não podem ser derrubadas sem permissão oficial, e não podemos atear fogo a nossas próprias casas sem o risco de um processo. Não obstante, o fato de ser necessária uma lei especial para nos proibir de dispor de nossa propriedade só reforça o princípio geral de que autodeterminação e propriedade estão intrinsecamente vinculadas. Entretanto, questões problemáticas surgem neste ponto de nossa discussão.

Primeiramente, as ideias de propriedade, trabalho e direito a seu uso e disposição não estão livres das influências relativas a gênero, etnia/raça e classe. Temos por muito tempo equalizado o direito a nossa propriedade ao trabalho realizado para sua aquisição. Isso vem de há muito e é aparente na obra do filósofo John Locke, no século XVII, em que encontramos uma noção de direito de propriedade abandonada pelo primeiro trabalhador que dela se apropriou e então passada às gerações subsequentes – um princípio que sobrevive até hoje. Entretanto, com base em uma visão particular das motivações humanas, Locke defendeu um "contrato social", de modo que a ordem pudesse ser constituída naquilo que de outra maneira seria um mundo social e político caótico. Então, em seu argumento, ele deu uma guinada. Como as mulheres eram consideradas "emocionais" e exibissem "dependência natural" com relação aos homens, ele sugeriu que elas não tivessem esse direito. O casamento, dessa maneira, era um contrato de que as mulheres participavam para produzir os filhos que herdassem a propriedade. O contrato da união assegurava que os direitos de propriedade eram estáveis na sociedade e que os homens tinham filhos a fim de perpetuar sua linhagem.

Independentemente de supor que a habilidade de ser racional é inerente ao homem como indivíduo mais que a seu pertencimento à sociedade (e vimos como os grupos formam nossas identidades sociais em contraste com uma posição que remove as pessoas das sociedades das quais elas são peças), essa mesma habilidade foi, então, negada à metade da raça humana com base em um preconceito existente então: as mulheres são emocionais, e os homens, racionais. O resultado é a exclusão das mulheres do contrato social.

A questão da exclusão das mulheres nos leva a outra discussão problemática. As descrições populares da relação de propriedade deixam à margem um aspecto central de seu exercício: o fato de que ela é, mais que qualquer outra coisa, uma relação de exclusão. Sempre que dizemos "isto é meu", estamos dando a entender que aquilo *não é* de mais alguém. A posse não é uma qualidade privada; é uma questão social que transporta uma relação especial entre um objeto e seu proprietário, e, ao mesmo tempo, uma relação especial entre o proprietário e outras pessoas. Possuir uma coisa significa negar ao outro o acesso a ela.

Em um nível, consequentemente, a posse estabelece dependência mútua, mas não nos liga às coisas e aos outros tanto quanto deles nos separa. A concretização da posse separa, em uma relação de antagonismo mútuo, quem possui o objeto e quem não o possui. O primeiro pode usar o objeto em questão e dele abusar (a menos que restringido especificamente pela lei), enquanto ao segundo é negado tal direito. Ela pode também (recordemos nossa discussão sobre poder) tornar assimétrico o relacionamento entre pessoas, isto é, aqueles a que é negado o acesso ao objeto da posse devem obedecer às circunstâncias estabelecidas pelo proprietário sempre que dele precisam ou o querem usar. Por conseguinte, sua necessidade e sua vontade de satisfazê-la os colocam em posição de dependência do proprietário.

Toda posse divide e distingue as pessoas; mas só confere poder se as necessidades do excluído exigem o uso dos objetos possuídos. Por exemplo, a posse das ferramentas, das matérias-primas a serem processadas pelo trabalho do ser humano, da tecnologia e dos locais em que tal processamento pode ocorrer oferece tal poder. Não é como a posse dos bens a serem consumidos pelo proprietário. Possuir um carro, um sistema de gravação de vídeo ou uma máquina de lavar pode fazer nossa vida mais fácil ou mais agradável e até nos agregar prestígio, mas não nos dá necessariamente poder sobre outras pessoas. A menos que, naturalmente, os outros desejem usar essas coisas para seu próprio conforto ou apreciação, caso em que podemos estabelecer as condições de uso às quais eles devem conformar-se.

A maioria das coisas que possuímos não confere poder, mas independência do poder do outro, removendo a necessidade de utilizar suas posses. Quanto maior for a parcela de nossas necessidades que podemos satisfazer dessa maneira, menos teremos de nos conformar às regras e às circunstâncias estabelecidas por outras pessoas. Nesse sentido, a posse é uma condição de possibilidade porque pode ampliar a autonomia, a ação e a escolha, de modo que posse e liberdade são frequentemente consideradas inseparáveis.

Retomando nossas discussões anteriores, o princípio de base de toda posse é o fato de que os direitos dos outros limitam os nossos, e, consequentemente, a promoção de nossa liberdade requer a restrição do exercício da liberdade alheia. A condição de possibilidade da propriedade vem sempre associada a vários graus de coerção segundo esse princípio, que supõe um irreparável conflito de interesses, uma vez que se trata de um jogo de soma zero. Assim, não se supõe que haja qualquer ganho com a partilha e a cooperação. Em uma situação na qual a capacidade de agir depende do controle sobre recursos, atuar razoavelmente significará seguir o mandamento do "cada um por si". Essa é a maneira como a tarefa da autopreservação nos aparece.

Pierre Bourdieu escreveu sobre o que chamou de "adesão dóxica". Usou essa expressão para indicar que há muitas categorias de pensamento que empregamos de modo rotineiro no entendimento de questões, mas que raramente refletem nossas práticas. Uma das mais poderosas, se não *a* mais, é a ideia da autopreservação baseada na competição. Os concorrentes são movidos pelo desejo de excluir seus rivais, reais ou potenciais, do uso dos recursos que controlam, esperam ou sonham controlar. Os bens pelos quais competem são percebidos como escassos: acredita-se que não haja bastante deles para satisfazer a todos e que alguns rivais devem ser forçados a se conformar com menos do que desejariam possuir. É componente essencial da ideia de competição, bem como suposição básica da ação do competidor, o fato de que alguns desejos estejam fadados a ser frustrados, e, a partir disso, as relações entre vencedores e derrotados devem ser marcadas permanentemente com desagrado ou inimizade mútua. Pela mesma razão, nenhum ganho competitivo é considerado seguro, a menos que ativa e vigilantemente defendido contra desafios e contestação. A luta competidora não termina; seus resultados nunca são finais e irreversíveis. Disso decorrem algumas consequências.

Em primeiro lugar, toda competição traz em si uma tendência ao monopólio. As grandes corporações estão ficando ainda maiores graças a fusões envolvendo substanciosos aportes de dinheiro. No processo, o lado vencedor tende a tornar seus ganhos seguros e permanentes pela negação, aos vencidos, do direito de reclamar os seus. A finalidade definitiva dos concorrentes, embora indescritível e inatingível, é abolir a própria competição – do que resulta terem as relações competitivas uma tendência interna à autoaniquilação. Deixados por si próprios, eles levariam a uma polarização aguda das possibilidades. Os recursos seriam aglomerados e tenderiam a se tornar sempre mais abundantes em um lado e cada vez mais escassos do outro. Na maioria das vezes, tal polarização dos recursos daria ao lado vencedor a habilidade de ditar os papéis de todas as interações posteriores e de deixar os vencidos sem posição para contestar as regras. Os ganhos, em tal caso, seriam convertidos em monopólio e, assim, atrairiam ainda mais ganhos, o que aprofundaria muito o abismo entre os opostos. É por razões como essas que John Kenneth Galbraith, uma das figuras de ponta da economia, registrou em *A cultura do contentamento* que a ação governamental é necessária para reprimir "tendências autodestrutivas do sistema econômico".

Em segundo lugar, a polarização das possibilidades provocada pela atividade monopolista tende a conduzir, no longo prazo, ao tratamento diferencial de vencedores e de vencidos. Mais cedo ou mais tarde, "vencedores" e "vencidos" se solidificam em categorias "permanentes". Os primeiros responsabilizam a falha dos segundos pela inferioridade inerente destes, e, dessa maneira, os derrotados são declarados responsáveis por seu próprio infortúnio. Esse é um triunfo do modelo de pensamento defensor da ideia de que os problemas sociais têm soluções individuais, biográficas. Essas pessoas são descritas, então, como ineptas, perversas, inconstantes, depravadas, imprevidentes ou moralmente abjetas. Ou seja, elas não possuem justamente as qualidades supostas necessárias para a competição que, para começo de conversa, contribuiu para aquele estado de coisas. Então, assim definidos, aos vencidos é negada a legitimidade de se queixar.

Os pobres são execrados como preguiçosos, desleixados e negligentes. Pessoas de *depravação* em vez de vítimas de privação. Supõe-se que lhes falte caráter, que fujam do trabalho pesado e tendam à delinquência e ao delito, o que pode levar a que se interprete que eles "escolheram" seu próprio destino. De modo similar, em sociedades de dominação masculina, as mulheres são responsabilizadas por seu estado de opressão, deixando seu confinamento ao que se supõe serem funções menos prestigiosas e desejáveis ser explicado por uma inferioridade "inata", manifestada na emotividade excessiva e na falta de espírito de competição.

Moralidade e ação

No mundo contemporâneo, a difamação das vítimas da competição é um dos meios mais poderosos de silenciar uma motivação alternativa para a conduta humana, o dever moral. Motivos morais chocam-se com os do ganho porque a ação moral exige solidariedade, auxílio desinteressado, vontade de ajudar o próximo em sua necessidade sem pedir ou esperar recompensa. Uma atitude moral encontra expressão na consideração pela necessidade alheia e na maior parte das vezes leva ao comedimento e à renúncia voluntária de ganho pessoal.

Max Weber notou que a distinção entre negócio e vida familiar é uma das características mais conspícuas das sociedades modernas. O efeito global disso é o isolamento das esferas em que as considerações dominantes são o ganho e o dever moral, respectivamente. Quando engajados em alguma atividade empresarial, somos sequestrados da rede de ligações familiares. Em outras palavras, somos libertados das pressões de deveres morais. As avaliações em termos de ganho podem assim receber a única atenção que a atividade empresarial bem-sucedida exige, ao passo que, idealmente, a vida familiar e aquelas formas comunais padronizadas a partir da família devem estar livres das motivações do ganho.

De maneira também idealizada, as atividades empresariais não devem ser afetadas pelos motivos estabelecidos por sentimentos morais, assim prevalecendo a ação racional-instrumental. Afinal, notamos que a proposta de uma organização é a tentativa de ajustar a ação humana às exigências ideais da racionalidade. Vemos novamente que tal tentativa deve envolver, mais que qualquer outra coisa, o silenciar das considerações morais pela redução de cada tarefa a uma escolha simples entre obedecer ou recusar um comando. E é também reduzida a uma pequena parcela do propósito global levado a cabo pela organização como um todo, de modo que as consequências maiores do ato não sejam necessariamente visíveis ao ator. Mais importante, a organização põe a disciplina no lugar da responsabilidade moral, e, desde que os membros de uma organização sigam estritamente as regras e os comandos dos superiores, lhes é garantido estar livres de dúvidas morais. Uma ação moral repreensível, inconcebível em determinadas circunstâncias, pode, em outras, de repente transformar-se em possibilidade real.

A potência da disciplina organizacional para silenciar ou suspender reservas morais foi dramaticamente demonstrada nas notórias experiências conduzidas nos anos 1960 pelo psicólogo americano Stanley Milgram. Nelas, alguns voluntários foram instruídos a ministrar choques elétricos dolorosos a participantes de uma falsa "pesquisa científica". A maioria, convencida da nobre finalidade analítica de sua crueldade e da confiança no julgamento evidentemente superior dos cientistas responsáveis pelo projeto de pesquisa, seguiu as instruções fielmente – en-

Decisões e ações: poder, escolha e dever moral 117

corajada pelos gritos de angústia de suas vítimas. O que a experiência revelou em uma pequena escala e em condições de laboratório tem sido demonstrado em dimensões aterradoras pela prática do genocídio durante a Segunda Guerra Mundial e depois dela. Os assassinatos de milhões dos judeus praticados e supervisionados por poucos milhares de líderes e oficiais superiores nazistas era uma operação burocrática gigantesca que envolveu a cooperação de milhões de pessoas "comuns". Elas conduziram os trens que carregavam as vítimas para as câmaras de gás e trabalharam nas fábricas produtoras de gases venenosos ou dispositivos de crematórios. Os resultados finais eram tão distantes das tarefas simples que as preocupavam em seu cotidiano, que as conexões poderiam escapar a sua atenção ou ser afastadas de suas consciências.

Mesmo que os funcionários de uma organização complexa estejam cientes do efeito final da atividade comum de que participam, esse efeito costuma ser demasiado remoto para preocupá-los. O afastamento pode ser questão de distância mental, mais que geográfica. Por causa das divisões de trabalho verticais e horizontais, as ações de cada pessoa são, em regra, intermediadas pelas ações de muitas outras. No final, nossa própria contribuição empalidece na insignificância, e sua influência no resultado final parece pequena demais se considerada seriamente como problema moral. Essas "técnicas de neutralização", como os sociólogos americanos David Matza e Gresham Sykes as denominaram, permitem ao praticante liberar-se da responsabilidade por suas ações. Afinal, ele poderia estar fazendo algo tão inócuo e inofensivo quanto impressão em *blueprint*,* elaboração de relatórios, preenchimento de documentos ou operação da máquina que mistura dois compostos químicos. Nesse caso, não

---

*Nome geral dado a um conjunto de técnicas de impressão, normalmente usadas para reproduzir plantas de projetos industriais e arquitetura. Baseia-se na reação de alguns tipos de substâncias à luz, que imprime em azul uma série de cópias a partir de uma folha de papel delas impregnada. O mimeógrafo é uma das variantes mais popularizadas de *blueprint*. (N.T.)

reconheceria facilmente os corpos carbonizados em um país estrangeiro como algo relacionado a suas ações.

A burocracia empregada a serviço de fins desumanos tem-se demonstrado habilmente capaz de silenciar motivações morais não só em seus empregados, mas muito além dos limites da própria organização burocrática. Isso é conseguido mediante o apelo ao motivo da autopreservação, como a gerência burocrática do genocídio assegurou a indiferença moral da maioria dos espectadores e mesmo a cooperação de muitas de suas vítimas.

Os possíveis vitimados tinham se convertido em "cativos psicológicos" e, assim, foram enfeitiçados pelas perspectivas ilusórias de tratamento benéfico como recompensa à submissão. Eles esperavam, contra a própria esperança, que algo ainda pudesse ser salvo, que alguns perigos pudessem ser evitados, supondo que bastaria apenas que os opressores não fossem demasiadamente ofendidos, e sua cooperação seria recompensada. Em muitos casos essa complacência antecipadora surgiu quando as vítimas deixaram seus caminhos a fim de satisfazer os opressores, supondo previamente suas intenções e executando-a com temperada paixão. Não foi senão no último momento que eles se depararam com a inevitabilidade de seu destino. Desse modo, os controladores do genocídio alcançaram seus fins com o mínimo de desordem, e poucos guardas eram necessários para supervisionar a longa e obediente marcha até as câmaras de gás.

Quanto aos espectadores, sua conformidade, ou pelo menos seu silêncio, acompanhado de inatividade, foi garantida com o estabelecimento de preço elevado para toda expressão de solidariedade às vítimas. Escolher o comportamento moral correto significaria o convite a alguma terrível punição. Nessa situação, os interesses da autopreservação podem ter desprezado o dever moral, sendo as técnicas de racionalização utilizadas para executar sua finalidade. Por exemplo: "Não poderia ajudar as vítimas sem comprometer minha própria vida e a de minha família. Eu teria conseguido salvar uma pessoa no melhor dos casos, mas, se falasse, morreriam dez."

Racionalizações desse tipo foram assistidas por aqueles cientistas que, separando os meios e os fins de suas pesquisas, forneceram à ideologia dominante evidências científicas da inferioridade das pessoas submetidas àqueles crimes horrendos. Sujeitos foram equiparados a "objetos" inferiores, cuja manipulação e destruição se transformou não em uma questão moral, mas em parte do know-how técnico dos peritos, detentores de autoridade supostamente capaz de aliviar os perpetradores de toda a responsabilidade por infligir sofrimento a outros seres humanos.

Evidentemente, isso tudo foi uma ilustração extremada da oposição entre autopreservação e dever moral, mas a "limpeza étnica" ainda está presente. Entretanto, essa oposição deixa suas impressões na condição humana cotidiana, embora de forma menos radical. Afinal, extinguir obrigações morais pode ser facilitado pelo tratamento estatístico de ações humanas. Vistos como números, os objetos humanos podem perder suas individualidades e, assim, ser privados de sua existência independente como merecedores de direitos humanos e de obrigações morais. O que importa, então, é a categoria para a qual foram oficialmente designados. A própria classificação pode então acertar o foco em alguns atributos selecionados compartilhados pelos indivíduos que tenham merecido o interesse da organização. Ao mesmo tempo, isso pode dar licença à negligência em relação a todos os demais atributos da pessoa e, com isso, às características que especialmente as instituem como sujeitos morais e seres humanos originais e insubstituíveis.

Para Michel Foucault, com o crescimento das populações e a complexidade da vida social, o cuidado com os cidadãos transformou-se em interesse central do Estado. Um novo regime ergueu-se então na arte do governo, com a vida cotidiana transformada em objeto de intervenção no desejo a fim de prever e controlar populações, quadro que foi ajudado, de modo competente, por desenvolvimentos no raciocínio estatístico. As pessoas passaram a ser, então, reguladas e disciplinadas de acordo com as estratégias levadas a cabo tendo em vista esses fins. A produtividade do trabalho era muito importante nessas racionalizações. Espaços que haviam sido casas de confinamento transformaram-se em hospitais, em que os incapazes para o trabalho, por razões físicas ou não físicas, viram-se alvo da intervenção médica. Nasceu ali a ideia de "psiquiatria".

Cabe, entretanto, perguntar com que finalidade esses meios foram empregados e que consequências geraram. Não só os governos, mas também as grandes corporações, incluindo serviços de marketing e de seguro, classificam populações visando a coletar informação. Vimos que questões relativas a negócios, deparadas com a finalidade moral, podem provocar tensão. Por quê? Porque as pessoas são tratadas como meios para a busca daqueles interesses, e não como fins em seus direitos próprios – o que, aliás, é possível encontrar igualmente nas situações não conformadas por tais interesses, como vimos em nossos exemplos anteriores.

Há ainda outro silenciador da moralidade: a multidão. Tem-se notado que pessoas desconhecidas – que não se encontrariam sob outras circunstâncias, não interagiram antes e só estão "unidas" naquele momento por um interesse provisório, acidental –, aglomeradas em espaços confinados, tendem a se comportar de maneira que não julgariam aceitável em condições "normais". O mais selvagem dos comportamentos pode de repente espalhar-se por uma multidão de modo só comparável a um incêndio florestal, uma rajada de vento ou contágio.

Em alguma multidão acidental, por exemplo, em um mercado lotado ou em um teatro em situação de pânico, as pessoas, assoberbadas pelo desejo de autopreservação, podem pisotear seus semelhantes ou os empurrar para o fogo a fim de garantir para si um espaço respirável ou que lhes permita escapar ao perigo. Em meio à multidão elas se tornam capazes de ações que nenhum ator sozinho, sob seus próprios critérios, se sentiria moralmente autorizado a cometer. Se a multidão pratica atos que seus componentes abominam é porque ela "não tem rosto". Nesse contexto, os indivíduos perdem suas individualidades e se "dissolvem" no ajuntamento anônimo.

Decisões e ações: poder, escolha e dever moral 121

A multidão pode desaparecer tão rapidamente quanto se forma e sua ação de coletivo, por mais coordenado que se possa mostrar, nem segue nem gera interações de qualquer grau de permanência. É precisamente o caráter momentâneo e inconsequente da ação da multidão que viabiliza a conduta puramente afetiva dos indivíduos que a compõem. Por um momento breve, removem-se as inibições, tornam-se vagas as obrigações e suspendem-se as regras.

À primeira vista, a conduta ordeira e racional da organização burocrática e as tumultuadas erupções da raiva de uma multidão podem parecer alocadas em polos opostos. Não obstante, ambas tendem para a "despersonalização" e, assim, podem reduzir a propensão para a ação moral em seu anonimato sem rosto. Afinal, as pessoas permanecem sujeitos morais enquanto são reconhecidas como seres *humanos*, isto é, como os seres indicáveis para o tratamento reservado aos semelhantes singulares e considerado apropriado para cada ser humano. Isso supõe que os parceiros em nossas interações têm suas próprias necessidades pessoais, tão válidas e importantes quanto as nossas, devendo, portanto, ser objeto de atenção e respeito equivalentes.

Sempre que determinadas pessoas ou categorias de pessoas têm negado o direito a nossa responsabilidade moral, elas são tratadas como "menos humanas", "proto-humanas", "não inteiramente humanas" ou, no extremo, "não humanas". Para proteger-se disso, segundo a filósofa e escritora francesa Simone de Beauvoir, é necessário não tratar aqueles com quem nos relacionamos como membros de uma classe, de uma nação ou de alguma outra coletividade, mas como um indivíduo que seja um fim em si próprio.

Nem todos os membros da espécie humana podem ser incluídos no universo das obrigações morais. Muitas tribos "primitivas" deram-se nomes que significam "seres humanos". E uma recusa a aceitar a humanidade de outras tribos estranhas a elas e seus membros acompanha essa nomeação e se prolongou em sociedades escravistas, nas quais os escravos receberam o *status* de "ferramentas falantes" e foram considerados unicamente em virtude de sua utilidade para tarefas atribuídas.

O *status* de humanidade limitada significou na prática que a exigência essencial de uma atitude moral – respeito às necessidades de outra pessoa, o que inclui, primeiro e acima de tudo, o reconhecimento de sua integridade e da santidade de sua vida – não foi considerada elemento de ligação nas relações com os portadores de tal *status*. É como se a história consistisse em uma extensão gradual, contudo implacável, da ideia de humanidade – com pronunciada tendência do universo das obrigações a tornar-se cada vez mais inclusivo e, ao final, contíguo à totalidade da espécie humana. Esse processo não se deu diretamente. O século XX foi notório pela aparição de visões de mundo altamente influentes que chamaram atenção para a exclusão de categorias inteiras da população – classes, nações, raças, religiões – do universo das obrigações. A perfeição do ato burocraticamente organizado, por outro lado, alcançou um ponto em que as inibições morais não pudessem mais interferir eficazmente nas considerações da eficiência. A combinação de ambos os fatores – a possibilidade de suspensão da responsabilidade moral oferecida pela tecnologia burocrática gerencial e a presença de visões de mundo prontas e desejosas de estender tal possibilidade – resultou em muitas ocasiões no bem-sucedido confinamento do universo das obrigações.

Isso, por sua vez, abriu caminho para consequências diversas, como o terror maciço praticado em sociedades comunistas contra membros de classes hostis e pessoas classificadas como seus colaboradores; discriminação persistente de minorias raciais e étnicas em países que de outro modo seriam orgulhosos de suas folhas corridas de direitos humanos, muitos dos quais praticantes de sistemas abertos ou sub-reptícios de *apartheid*; a venda de armas a países que subsequentemente castigados por sua falta de moralidade e talvez submetidos a uma declaração de guerra só para serem acertados por aquelas mesmas armas; os numerosos exemplos de genocídio, do massacre dos armênios na Turquia, passando pela aniquilação dos milhões de judeus, ciganos e eslavos pela Alemanha nazista, até o uso de armas químicas sobre os curdos ou os assassinatos em massa no Camboja, na antiga Iugoslávia e em Ruanda. Os limites do universo das obrigações permanecem até hoje questão controversa. Nesse universo, a autoridade das necessidades do outro é reconhecida. Todo o possível deve ser feito para assegurar seu bem-estar, expandir suas possibilidades de vida e garantir seu acesso aos encantos que a sociedade tem a oferecer. Sua pobreza, sua doença e sua desesperança cotidianas constituem desafio e advertência a todos os demais membros do mesmo universo de obrigações. Ao enfrentar esses desafios, nos sentimos obrigados a dar uma desculpa – para fazer uma prestação de contas convincente de por que tão pouco foi feito para aliviar suas sinas e de por que não muito mais pode ser feito; e ainda nos sentimos obrigados a mostrar que tudo que poderia ser feito o foi. Não que as satisfações fornecidas devam necessariamente ser verdadeiras.

Ouvimos, por exemplo, que o serviço de saúde oferecido à população em geral não pode ser melhorado porque "o dinheiro não pode ser gasto até que seja ganho". O que tal prestação de contas esconde, entretanto, é que os lucros produzidos pela medicina privada utilizada por pacientes ricos são classificados como "ganhos", enquanto os serviços oferecidos àqueles que não podem pagar mensalidades dos planos privados são contados como "despesas". Tais explicações dissimulam tratamento diferencial das necessidades de acordo com a capacidade de pagar. O próprio fato de a prestação de contas ser considerada absolutamente necessária, entretanto, testemunha o reconhecimento de que as pessoas cujas necessidades médicas são negligenciadas permanecem, em algum grau, inseridas no universo das obrigações.

Síntese

A autopreservação e o dever moral frequentemente se encontram em tensão. Um não pode reivindicar ser mais "natural" que o outro, isto é, mais bem-sintonizado com a predisposição inerente à natureza humana. Se alguém obtém controle sobre o outro e isso se transforma em motivo dominante da ação humana, a causa do desequilíbrio pode geralmente ser rastreada de volta até o contexto social da interação. Motivações interesseiras ou morais tornam-se predominantes dependendo das circunstâncias sobre as quais as pessoas assim orientadas podem ter controle apenas limitado.

Observou-se, entretanto, que duas pessoas podem atuar de modos diferentes diante de idênticas circunstâncias. Assim, o poder das circunstâncias nunca é absoluto, e a escolha entre duas motivações contraditórias permanece aberta, mesmo nas situações mais extremas, quando (como vimos) nossas ações individuais estiverem vinculadas a ações de outros de quem somos dependentes. A predisposição moral de nossas ações em relação aos outros, então, também se transforma em condição prévia para a autoestima e o respeito próprio.

Questões para refletir

1. Quais são as diferenças entre coerção e escolha?

2. O que significa dizer que as pessoas são fins em si mesmas, mais do que meios para os fins de outras?

3. Legitimações tradicionais desempenham importante papel em nossa vida. Você pode pensar em alguns exemplos delas e avaliar como se relacionam a suas ações?

4. Existem de fato "universos de obrigação"?

Sugestões de leitura

BAUMAN, Zygmunt. *Modernidade e holocausto*. Rio de Janeiro, Zahar, 1998. [*Modernity and Holocaust*. Cambridge, Polity, 1989.]
Análise mais detalhada de alguns dos temas que abordamos nesse capítulo.

Decisões e ações: poder, escolha e dever moral 125

BEAUVOIR, Simone de. Edição brasileira: *Por uma moral da ambigui-dade*. Rio de Janeiro, Nova Fronteira, 2005. [*The Ethics of Ambiguity*. Nova York, Citadel, 1994.]
Ensaio altamente inspirado de personagem central do existencialismo francês que analisa as escolhas que enfrentamos nas situações de ambiguidade.

BELLAH, Robert. N., Richard Madsen, Sullivan, William M., Ann Swid-ler e Steven. M Tipton. *Habits of the Heart: Individualism and Com-mitment in American Life* (edição atualizada). Berkeley, University of California Press, 1996.
Estudo que dá partida a amplo debate sobre valores e modos de vida no mundo contemporâneo.

SENNETT, Richard. *A corrosão do caráter: consequências pessoais do trabalho no novo capitalismo*. Rio de Janeiro, Record, 2004. [*The Corrosion of Character: The Personal Consequences of Work in the New Capitalism*. Londres, Norton, 1998.]
Observa transformações políticas e econômicas no que diz respeito a suas influências sobre confiança, integridade e pertencimento.

. 5 .

Fazer acontecer: dádivas, trocas e intimidade nas relações

Em nossas discussões sobre ação, poder e escolha, examinamos algumas daquelas questões conformadoras de nosso cotidiano e as decisões com as quais rotineiramente nos deparamos nas nossas interações com as outras pessoas. Muitas dessas interações se estabelecem graças às ideias de dádiva e troca, que conferem forma e conteúdo a nossas vidas. Neste capítulo, continuaremos nossa jornada por desafios, escolhas e coerções diante dos quais nos encontramos rotineiramente, com maior atenção para os temas que envolvem e conformam essas transações.

Pessoal e impessoal: a dádiva e a troca

Para alguns, o débito é visitante ocasional, para o qual é possível buscar remédio sem alterar excessivamente os aspectos material e simbólico produtores das rotinas e das exceções que dão forma a nossos estilos de vida. Para outros, é elemento rotineiro da vida e requer atenção diária a fim de se cumprirem obrigações com filhos, familiares e amigos. Não se trata de visitante, mas de morador permanente que demanda atenção contínua e trabalho na busca de compensar seus piores efeitos. Consideremos o cenário a seguir.

Avisos de credores inundam os lugares em que vivemos – não usamos o termo "casa" aqui porque a palavra indica permanência e segurança –, e nós os selecionamos da melhor maneira possível a fim de estabelecer prioridades. Afinal, alguns desses débitos às vezes são urgentes porque aqueles a quem devemos ameaçam confiscar alguma peça de mobília ou outro objeto valioso que tenhamos a fim de cobrir parte da dívida. O que pode ser feito? Pedir empréstimo a algum parente próximo, se ele tiver meios para nos ajudar. Nesse caso, explicamos a situação e prometemos devolver o dinheiro tão logo as circunstâncias melhorem. Ele talvez resmungue um pouco e nos fale a respeito das virtudes de ser previdente, da prudência, do planejamento e de não se gastar além do que se pode, mas, se for possível para ele, colocará algo em nosso bolso.

Outra opção é procurar o gerente do banco ou uma agência de crédito. Mas estarão eles interessados em nossa dificuldade? Solidários? As únicas perguntas que certamente lhes ocorrerá fazer dirão respeito às evidências que poderiam ser oferecidas como garantia para o pagamento do empréstimo. Indagarão sobre receitas e despesas a fim de estabelecer o ponto de equilíbrio entre reembolsos de capital e taxas de juros. Podem exigir documentação comprobatória caso se evidencie que não há risco excessivo; se tudo indicar que o empréstimo será devidamente pago – com juros que garantam bons lucros –, talvez então obtenhamos o dinheiro.

Dependendo de com quem e como tentemos resolver nossos problemas financeiros, podemos esperar duas formas de tratamento muito distintas. Diferentes grupos de questão se relacionam a diferentes concepções de quais são nossos direitos a receber assistência. O fato de nosso parente próximo não nos questionar a respeito de nossa solvência* em relação ao empréstimo não é questão de bom ou mau negócio. O que faz diferença é que estamos passando necessidade e, portanto, pedindo ajuda. Um gerente de banco, por outro lado, não integra seus quadros

---

*A noção de solvência diz respeito à capacidade de pagamento de toda e qualquer obrigação. Trata-se de medida de viabilidade completa. É diferente do conceito de liquidez, com o qual é constantemente confundido, que se refere à capacidade de corresponder a obrigações específicas em determinado prazo. (N.T.)

Fazer acontecer: dádivas, trocas e intimidade nas relações 129

para se preocupar com essas questões. Só lhe interessa saber se o empréstimo constituirá transação comercial lucrativa e sensata. De forma alguma há ali obrigação, moral ou de outra ordem, de nos fornecer dinheiro. Neste último caso, vemos a interação humana ser influenciada por dois princípios: *troca* equivalente e *dádiva*. No caso anterior, as regras de interesse pessoal são o mais importante. Embora aquele que precisa do empréstimo possa ser reconhecido como pessoa autônoma com necessidades e direitos legítimos, estes são subordinados à satisfação dos interesses de quem empresta ou da organização que ele representa. Acima de tudo, esse profissional é guiado pela preocupação técnica com os riscos envolvidos em conceder o empréstimo, com o prazo de pagamento e com benefícios materiais derivados da transação. Essas e outras questões similares serão colocadas em face da ação em curso para se avaliar o quão ela é desejável e estabelecer a ordem de preferência entre escolhas alternativas. As partes dessas interações barganharão em torno dos significados de equivalência e implantarão todos os recursos à disposição para obter o melhor acordo possível e, assim, direcionar a transação a seu favor.

Como reconheceu o antropólogo francês Marcel Mauss em 1920, a ideia de dádiva é outro assunto. Nesse caso, uma obrigação motiva a troca de dádivas, de presentes, em termos das necessidades e dos direitos de outros. Essas dádivas têm valores simbólicos para os grupos aos quais pertencem as partes em interação e têm lugar em sistemas de crença nos quais a reciprocidade é consagrada. Assim, no ato de oferecer, estamos também dando algo de nós, e o valor de tal oferta é estabelecido para além do cálculo instrumental que dá forma à relação de troca equivalente. Recompensas, ainda que possam vir a ocorrer, não constituem fator no cálculo que indica se a ação é desejável ou não. Os bens são ofertados como extensão dos serviços meramente porque alguém precisa e, sendo quem é, faz jus ao direito de ter respeitadas suas necessidades.

A ideia de "dádiva" é comum para vasta gama de atos que diferem quanto ao quesito pureza. Dádiva "pura" é, por assim dizer, um conceito liminar – uma espécie de marca de referência em relação à qual todos os casos práticos são avaliados. Tais casos práticos se afastam do ideal em vários graus. Em sua forma extrema, a dádiva seria totalmente desinteressada e ofertada independentemente das qualidades de quem a recebe. Desinteresse significa inexistência de remuneração de qualquer modo ou forma. Julgada pelos padrões comuns de posse e troca, a pura dádiva é pura perda. Afinal, ela representa ganho apenas em termos morais, o que é base para a ação que a lógica daqueles padrões não consegue reconhecer.

O valor moral da dádiva não é medido pelo preço de mercado dos bens ou serviços oferecidos, e sim, precisamente, pela perda subjetiva do doador. A falta de importância atribuída à qualidade de quem recebe indica que a única qualificação considerada por ocasião da dádiva é que o recebedor pertença à categoria "pessoas com necessidades". Por isso, o que discutimos – a generosidade com relação a membros da família ou do grupo de amigos mais chegados – não se enquadra de fato nas exigências da pura dádiva: ela distingue os recebedores como pessoas especiais, selecionadas para tratamento especial. E, como são especiais, têm direito de esperar tal generosidade da parte daqueles a quem estão ligados em rede de relacionamentos incomuns. Em sua forma pura, a dádiva é oferecida a quem precisa, apenas e simplesmente porque precisa. A pura dádiva é, então, o reconhecimento da humanidade do outro. Afora isso, essas pessoas permanecem desconhecidas e não são alocadas em qualquer divisão particular no mapa cognitivo do doador.

Como se observa, dádivas oferecem ao doador aquela ilusória, embora profundamente gratificante, recompensa de satisfação moral, sendo o ato de ofertar também uma doação de algo a si mesmo: a experiência de altruísmo, de autossacrifício, para o bem de outro ser humano. Em contraste agudo em relação ao contexto de troca ou busca de ganhos, tal satisfação moral cresce proporcionalmente em relação ao autossacrifício e à perda resultante, ambos dolorosos. O filósofo, crítico e analista político inglês Richard Titmuss escreveu, por exemplo, sobre a prática britânica

Fazer acontecer: dádivas, trocas e intimidade nas relações 131

de doar sangue ao Serviço Nacional de Saúde sem outra recompensa senão a inspirada em motivações *altruístas*. Ele se referia à doação de sangue como ato portador de atributos distintivos em relação a outras formas de doação, no sentido de que seria "um ato voluntário, altruísta". Substituir esse altruísmo por algum sistema que legitimasse tal dádiva em termos de torná-la um bem de consumo poderia, argumentou ele, minar sua base fundamental, relacionada aos valores dispensados a estrangeiros, e não àquilo que as pessoas esperam receber da sociedade.

Uma pesquisa sobre o comportamento humano sob condições extremas – guerra e ocupação estrangeira – mostrou que os casos de doação mais heroicos, no sentido de sacrificar a vida de alguém para salvar a de outro, dizem respeito, em sua maioria, a pessoas cujos motivos se aproximam muito do ideal da pura dádiva: elas consideram ajudar outros seres humanos, pura e simplesmente, seu dever moral, um dever que não requer qualquer justificação, como se fosse natural, autoevidente e elementar. Uma das mais impressionantes descobertas dessa pesquisa é o fato de que os mais altruístas entre os que praticaram atos de ajuda tiveram dificuldade em compreender suas ações como heroísmo singular, tendendo a minimizar a coragem exigida por tal conduta e a virtude moral que ela demonstra.

Os dois tipos de tratamento, discutidos no começo deste capítulo, oferecem exemplos de manifestações cotidianas da escolha dádiva/troca. Como primeira aproximação, podemos denominar a relação com o parente e com o gerente do banco de *pessoal* e *impessoal*, respectivamente O que acontece na estrutura de uma relação pessoal depende quase inteiramente das qualidades dos participantes da interação e não de suas performances. Na relação impessoal, ao contrário, só a performance fará diferença, jamais as qualidades. Não importa a pessoa, mas apenas o que ela esteja pronta a fazer. O fornecedor do empréstimo estará interessado em dados passados como base sobre a qual poderá julgar as probabilidades de comportamento futuro, todas elas ocorrendo sob os termos e as condições de um acordo formal.

Um sociólogo americano de grande influência da época do pós-guerra, Talcott Parsons, considerava a dicotomia entre qualidade e performance uma das quatro principais oposições entre parâmetros concebíveis de relações humanas, suas "variáveis de parâmetro". Um segundo par de opções opostas é formado por "universalismo" e "particularismo". Em situação de oferta de dádiva, as pessoas não são vistas como parte de uma categoria, e sim como indivíduos em necessidade. Para o gerente do banco, por outro lado, são simplesmente membros da ampla categoria de clientes, passados, presentes e futuros, que pedem empréstimo. Tendo lidado com tantos "como todo mundo" antes, esse gerente se aproximará da pessoa com base nos critérios gerais aplicáveis a casos similares. O resultado da situação, assim, depende da aplicação de regras gerais/universais a casos particulares.

A terceira dupla de variáveis de parâmetro também posiciona os dois casos que examinamos em oposição. A relação com o familiar é "difusa", ao passo que com o gerente ela é "específica". A generosidade com o parente não é mera extravagância, veneta ou capricho; não se trata de atitude improvisada especificamente para minorar a angústia relatada durante a conversação. A predisposição em relação à pessoa que passa por necessidades extravasa tudo que lhe diz respeito e à sua vida. Assim, a boa vontade para ajudar nesse caso particular decorre de se estar em geral bem-disposto em relação à pessoa em necessidade e interessado em todos os aspectos de sua vida. A conduta do gerente de banco não é orientada para a aplicação específica, e suas reações diante dessa aplicação, e suas decisões finais, assentam-se nos fatos relativos ao caso, não em outros aspectos da vida de quem pede. De acordo com a lógica da situação, esses detalhes, importantes para o postulante ao empréstimo, são – em particular do ponto de vista do gerente e no sentido de ser posicionado por sua instituição para administrar empréstimos – irrelevantes para a petição e, assim, excluídos da avaliação.

O quarto parâmetro de relação humana na teoria de Talcott Parsons, pode-se dizer, sustenta os demais, sendo formado por "afetividade" e "neutralidade afetiva". Algumas interações são

Fazer acontecer: dádivas, trocas e intimidade nas relações   133

infundidas em emoções – compaixão, simpatia ou amor – enquanto outras são destacadas e não emocionais. Relações impessoais não provocam nos atores outro sentimento além de apaixonado clamor para concretizar uma transação bem-sucedida. Os próprios indivíduos deixam de ser objeto de emoções no sentido de ser queridos ou considerados desagradáveis. Se promovem séria barganha, tentam trapacear, prevaricar ou evitar compromissos, parte da impaciência com o progresso lento da transação pode manchar a atitude em relação a eles, ou, por outro lado, podem vir a ser considerados elementos com quem se teve "o prazer de fazer negócio". De modo geral, entretanto, emoções não são vistas como parte indispensável de interações impessoais, enquanto constituem justamente o fator que torna plausíveis as interações pessoais.

No que diz respeito ao empréstimo tomado de um parente próximo, é provável que as partes tenham mútua empatia e partilhem senso de pertencimento segundo o qual cada uma se coloque na posição da outra a fim de compreender a condição do familiar. A psicóloga americana Carol Gilligan identificou o que chamou de tendência feminina a adotar a "ética do cuidar" (ela não exclui a possibilidade de os homens terem tal predisposição), segundo a qual a preocupação é direcionada para os outros, e o cuidado consigo mesmo é considerado "egoísta". Ética desse tipo corresponde a uma responsabilidade que não permite às partes verem-se como autônomas, no sentido de serem governadas por regras abstratas, e sim "conectadas" com os outros por relações de vínculo. Dificilmente isso ocorreria com o gerente de banco. Quem pretende obter um empréstimo tentará evitar qualquer irritação a esse agente financeiro e poderá mesmo começar a bajulá-lo, o que, entretanto, corre o risco de ser considerado inferência no julgamento, depreciando o cliente em seu cálculo de risco em termos de lucro e prejuízo.

Talvez a distinção mais crucial entre os contextos pessoal e impessoal de interação resida nos fatores com os quais os atores contam para o sucesso de sua ação. Todos dependemos de ações de inúmeras pessoas que aparentemente conhecemos muito pouco. E com tão pouco conhecimento do tipo de pessoa que temos a nossa disposição, qualquer transação seria impossível não fosse a possibilidade de resolver a questão de maneira impessoal. Sob condições de conhecimento pessoal limitado, apelar para regras parece ser a única maneira de viabilizar a comunicação. Imagine que volume inacreditavelmente grande e pesado de conhecimento você teria de acumular se todas as transações que mantém se apoiassem apenas em suas estimativas devidamente pesquisadas a respeito das qualidades individuais das pessoas envolvidas. A alternativa muito mais realista é ater-se a algumas poucas regras gerais que guiem a interação. Essa é uma das justificações para a existência dos mecanismos de mercado que em grande medida governam nossas vidas. Entretanto, está implícito nessa *confiança* que o outro participante da interação observará as mesmas regras.

Muitas coisas na vida são organizadas de modo a permitir a interação com bem pouca ou nenhuma informação mútua dos participantes. É praticamente impossível para muitos de nós, por exemplo, ter acesso, antes de marcar a consulta, à habilidade de cura e dedicação dos médicos que procuramos diante de situações de doença. Esse profissionalismo não diz respeito apenas a conhecimento e competência certificados por corpos profissionais após longos períodos de treinamento e avaliações, mas se compõe também de confiança. Em geral não temos escolha senão nos submeter a seus cuidados com esperança de, em troca, receber o cuidado que nossa situação justifique e requeira.

Nesse caso e em outros similares, pessoas completamente desconhecidas por nós tomam para si a responsabilidade de endossar a competência de alguém cujas credenciais elas já aprovaram. Fazendo isso, e por meio de padrões que lhes deem suporte em termos do estabelecimento de um conjunto de regras éticas profissionais, esses desconhecidos viabilizam nossa confiança nos serviços desses profissionais. Anthony Giddens e os sociólogos alemães Ulrich Beck e Niklas Luhmann debruçaram-se sobre a relação entre confiança e risco. Giddens define confiança como "a crença na credibilidade de uma pessoa ou sistema, tendo em vista um determinado conjunto de dados e eventos, nos quais essa confiança expressa fé na probidade ou no amor de um outro, ou na correção de princípios abstratos (conhecimento técnico)". Exatamente porque tantas de nossas transações são levadas a cabo em contextos impessoais, a necessidade de relações pessoais se torna tão pungente e aguda. A confiança é uma relação social que será prejudicada caso submetida em excesso à impessoalidade e à *mercadorização* promovida pelo mercado, entidade em geral considerada o epítome da impessoalidade. Logo, não surpreende que o filósofo alemão Jürgen Habermas, o analista político e economista americano Francis Fukuyama e o investidor e filantropo húngaro George Soros, cada um à sua maneira, tenham notado como o sucesso desse mecanismo depende de bases culturais de comunidade e comprometimento. Liberado para reinar sem fiscalização, logo o mercado tenderá a prejudicar as bases sobre as quais se assenta sua própria existência.

Notamos em inúmeras ocasiões que, quanto mais dependemos de pessoas das quais não temos senão um vago e rasteiro conhecimento, e quanto mais superficiais e fugazes são nossos encontros, mais forte é a tendência a expandir a esfera das relações pessoais. O resultado é forçar as expectativas de que transações pessoais se tornem interações de melhor desempenho se promovidas de forma impessoal. Logo, o ressentimento pela indiferença contida em um mundo impessoal é provavelmente sentido de maneira mais forte por quem alterna de forma abrupta sua ação em dois universos. Por exemplo, os jovens, quando estão para deixar o que pode ser um círculo relativamente seguro da família e das amizades de sua faixa etária e ingressar no frio domínio do emprego e das práticas ocupacionais.

Testemunhamos, assim, os esforços para abandonar um mundo calejado e pouco cordial em que as pessoas parecem ser meros meios para alguns fins que pouco têm a ver com suas próprias necessidades e sua felicidade. Alguns fugitivos tentam estabelecer pequenos enclaves em forma de comunidade, formações autoencerradas e autopreenchidas, nas quais só são permitidas relações do tipo pessoal. Essas tentativas, entretanto, podem levar ao desencantamento e à amargura, posto que o implacável esforço exigido para manter a alta intensidade de sentimentos por longos períodos de tempo e absorver as frustrações oriundas dos constantes choques entre afetos e as considerações de efetividade às vezes gera mais sofrimento do que o experimentado pela indiferença presente na alternativa.

À procura de nós mesmos: amor, intimidade, carinho e mercadorias

Se o contexto pessoal não dá conta da complexidade da vida, ele permanece, ainda assim, um ingrediente indispensável. Nossa ansiedade por relações pessoais "profundas e seguras" mais se intensifica quanto maior e menos penetrável for a rede de dependências impessoais em que estamos enredados. Se temos emprego, somos empregados em um momento e, logo depois, em outra situação, podemos ser algo como: clientes em lojas; passageiros em ônibus, trens ou aviões; espectadores em eventos esportivos, teatros ou cinemas; eleitores de partidos políticos; pacientes em cirurgia nas mãos de médicos ou dentistas e inúmeras outras atividades em diferentes ambientes. Em todas elas, porém, percebemos que apenas uma pequena parcela de nós mesmos está presente. Em cada contexto pode ocorrer de termos de refrescar nossa memória quanto às formas apropriadas de comportamento para aquela situação e, então, julgar as que são e as que não são aceitáveis naquele momento. Em lugar nenhum nos sentimos em casa no sentido de ser realmente "nós". Então, quem é, afinal, o verdadeiro "Eu"?

A maioria de nós se constrangeria em estabelecer como autoimagem a mera colagem de diferentes papéis. Entretanto, cedo ou tarde nos acostumamos com uma pluralidade de "eus" e até com certa falta de coordenação entre eles. Uma vez que a unidade evidentemente está se perdendo no mundo "lá fora", dividida em uma multiplicidade de transações parciais,

Fazer acontecer: dádivas, trocas e intimidade nas relações   137

ela precisa ser compensada por nossos selfs* coesivos. Como Georg Simmel observou, entre o final do século XIX e o começo do século XX, no mundo densamente povoado e matizado que habitamos, os indivíduos tendem a voltar-se para si mesmos na interminável busca de sentido e unidade. Uma vez focalizados em nós mesmos, e não no mundo externo, a avassaladora sede de unidade e coerência é articulada à busca de identidade individual. Essa tensão entre ajustamento e autonomia é traço recorrente da condição humana, demonstrável pela popularidade de livros que tratam justamente desses temas, como, por exemplo, o estudo de David Riesman sobre a natureza mutável daquilo que caracteriza o americano no pós-Segunda Guerra Mundial, intitulado *A multidão solitária*.

Nenhuma das muitas trocas impessoais em que estamos envolvidos será suficiente para suprir a identidade que buscamos porque ela se encontra além de cada uma dessas trocas. Nenhum quadro impessoal pode acomodá-la completamente. Em cada contexto específico estamos, por assim dizer, de alguma forma deslocados: nossos selfs reais, sentimos, estão em algum lugar fora do contexto daquela interação. Só no plano pessoal, com sua difusividade, sua particularidade, sua ênfase na qualidade e com a afetação mútua que a satura, podemos esperar encontrar o que estamos procurando – e ainda assim corremos o risco de nos frustrar na tentativa. Estaria nosso self mais nas ações que praticamos em seu encalço do que em algum estado final em que autonomia e unidade possam ser pressupostas sem questionamento?

Niklas Luhmann traduz a busca de identidade individual em termos de nossa avassaladora e irresistível busca de amor – de amar e ser amado. Ser amado significa ser tratado por outra pessoa como único, como diferente de todos os outros; isso quer dizer que quem ama aceita que os amados não precisam invocar regras universais para justificar as imagens que têm de si mesmos,

---

*Evitou-se aqui usar *selves* no plural, para que o leitor não se afaste do termo empregado por Mead. (N.T.)

nem suas demandas; quer dizer também que quem ama aceita e confirma a soberania de seu companheiro e seu direito a decidir por si próprio e fazer escolhas com sua própria autoridade. E significa, em essência, que concorda com a enfática e obstinada declaração do companheiro: "Eis o que sou, o que faço e onde estou." Ser amado também diz respeito a ser *entendido*, no sentido em que usamos a palavra quando dizemos "Quero que você me entenda!" ou quando perguntamos, angustiados, "Você me entende? Você realmente *me entende*?" Essa extrema imperiosidade de ser compreendido é um clamor desesperado a alguém para que ande por nossas pegadas, veja as coisas por nossos olhos e aceite sem comprovação o fato de que temos um ponto de vista a ser respeitado pelo simples motivo de que seja nosso. O que buscamos nessas situações é a confirmação de nossas experiências próprias, privadas, ou seja, motivações internas; imagens da vida ideal, de nós mesmos e de nossos sofrimentos e alegrias. Isso diz respeito à *validação* de nossa autorrepresentação. Essa validação é solicitada por meio da disposição do outro para, quando falamos de nós mesmos, dar ouvidos com seriedade e atenção. Isso significa que o outro, nas palavras de Luhmann, deve "reduzir o limiar das relevâncias" e aceitar tudo aquilo que se pode considerar relevante e que valha a pena ouvir e pensar a respeito.

Há um paradoxo aqui. Por um lado, um desejo de que o self assuma papel único, oposto a uma coleção deles. Constata-se, assim, a declaração e o desejo de singularidade, e de não ser mera engrenagem na impessoal máquina da vida. Por outro lado, há a consciência de que nada existe só por ser imaginado. A diferença entre fantasia e realidade é desse modo necessária; então, qualquer coisa que exista de fato tem que existir para os outros tanto quanto para nós. Logo, quanto mais as pessoas se sentem bem-sucedidas em desenvolver um único self verdadeiro – tornando únicas suas experiências –, mais elas demandam confirmação social dessas experiências.

À primeira vista, tal confirmação só é possível por meio do amor. Em nossa complexa sociedade atual, em que a maior parte das necessidades humanas recebe atenção de modo impessoal,

Fazer acontecer: dádivas, trocas e intimidade nas relações 139

nossa necessidade de uma relação carregada de amor parece ser mais profunda do que em qualquer outro momento. Como resultado, o fardo que o amor carrega em nossa existência é formidável. As consequências privadas de nossos problemas públicos, como as pesquisas feministas têm demonstrado, levam a pressões ainda maiores, tensões e obstáculos que aqueles que amam precisam enfrentar e tentar superar com diferentes graus de sucesso.

O que torna uma relação amorosa particularmente vulnerável e frágil é a necessidade de reciprocidade. Se buscamos amor, então muito provavelmente nossos parceiros nos demandarão reciprocidade – responder com amor. Isso significa (como dissemos) que atuamos de modo a confirmar a realidade da experiência de nosso companheiro: compreender ao mesmo tempo que buscamos compreensão. Idealmente, cada companheiro se empenhará em ver sentido no mundo do outro. Entretanto, as duas realidades não serão idênticas.

Quando duas pessoas se encontram pela primeira vez, ambas trazem biografias não partilhadas com o outro. Duas biografias produziriam, muito provavelmente, dois conjuntos bastante distintos de experiências e expectativas. Havido o encontro, elas têm de ser renegociadas – pelo menos em algumas dimensões em que os dois conjuntos sejam mutuamente contraditórios. É improvável que ambos os parceiros considerem um e outro reais e aceitáveis sem necessidade de correção e compromisso. Os dois (ou pelo menos um) terão de ceder em algum aspecto pelo bem de uma relação duradoura. Até a rendição contraria a própria razão do amor e a necessidade que se espera que o amor satisfaça. Se há negociações, se ambas as partes se permitem ver pelos olhos da outra, as recompensas são grandes. No entanto, o caminho para o final feliz é espinhoso, e muita paciência e compreensão são necessárias para que se cumpra incólume o trajeto. Apesar da multiplicidade de ocorrências, a distância entre o ideal e o real pode levar a frustrações e tensões, e algumas de suas manifestações resultam em separação, divórcio e às vezes violência doméstica.

140 Viver nossas vidas: desafios, escolhas e coerções

Richard Sennett cunhou a expressão "*Gemeinschaft* destrutiva"* para se referir a relações nas quais os dois parceiros perseguem obsessivamente o direito à intimidade. Isso significa abrir-se para o outro e compartilhar a mais particular e completa verdade sobre sua vida interior por meio de absoluta sinceridade. Nesse modelo, nada é negado ao olhar, por mais perturbadora que a informação possa ser para o parceiro. O resultado é a colocação de um fardo em seus ombros, uma vez que lhe é solicitado concordar com coisas em relação às quais ele não necessariamente demonstra entusiasmo e, por sua vez, ser também sincero e honesto.

Sennett não acredita que uma relação duradoura – em especial uma relação *amorosa* duradoura – possa ser erigida sobre o vacilante solo da intimidade mútua. As diferenças são tão esmagadoras que os parceiros farão demandas um ao outro que nenhum dos dois poderá cumprir (ou não desejará cumprir, dado o preço a ser pago por isso). Nesse processo, eles sofrerão e se sentirão atormentados e frustrados. Com frequência eles decidirão um dia chegar às vias de fato, paralisando a tentativa e promovendo uma retirada. Um ou outro decidirá desistir e buscar satisfazer suas necessidades de autoconfirmação em outro lugar.

Podemos afirmar, a partir dessa discussão, que as exigências de reciprocidade em uma relação amorosa configuram uma faca de dois gumes. Por estranho que possa parecer, menos vulnerável é o amor como dádiva, em que há predisposição para aceitar o mundo do amado, de se colocar naquele universo e tentar compreendê-lo de dentro, sem esperar atuação similar

---

*O termo alemão significa basicamente "comunidade". Sennett parte da abordagem do sociólogo Ferdinand Tönnies, que menciona a passagem da *Gemeinschaft* à *Gesellschaft,* a primeira referindo-se a comunidades pequenas, agrupamentos sociais com características rurais, em contato permanente e próximo, e a outra representando a sociedade moderna, industrializada e impessoal. Sennett, entretanto, critica a historicidade do modelo de Tönnies, argumentando que há no homem moderno a busca do antigo sentimento comunal personalizado. Por isso, ele introduz a ideia de *Gemeinschaft* destrutiva, como obstáculo à solidariedade generalizada da sociedade. (N.T.)

Fazer acontecer: dádivas, trocas e intimidade nas relações 141

em troca nem precisar de negociação, acordo ou contrato. Uma vez apontada para as duas direções, entretanto, a intimidade torna inevitáveis a negociação e o compromisso – exatamente o que pode provocar impaciência excessiva ou preocupação consigo mesmo em um ou em ambos os parceiros, impedindo a suave condução da relação.

Sendo o amor conquista tão difícil e custosa, não surpreende que se busque substituto: alguém que desempenhe a função do amor sem demandar reciprocidade em troca. Nisso repousa o segredo do espantoso sucesso e da popularidade das sessões de psicanálise, aconselhamento, terapia de casal e similares. Pelo direito de se abrir, de revelar a alguém seus sentimentos mais profundos e receber a tão desejada aprovação da identidade, basta pagar por um serviço.

Amor e cuidado, como Lynn Jamieson sinaliza em seu estudo sobre a intimidade na sociedade moderna, não são necessariamente a mesma coisa. Profissionais pagos cuidam de necessidades práticas, mas eles não amam seus clientes, ao passo que "alguns companheiros sentem profundo afeto um pelo outro, afeto esse que eles chamam de amor, mas praticam pouco o cuidado". O pagamento em termos monetários transforma a relação do analista ou terapeuta com seus pacientes ou clientes no modelo impessoal.

Alguém pode pensar em si mesmo e ter suas preocupações partilhadas sem dirigir um único pensamento para as pessoas cujos serviços contratou e que, portanto, tomou para si a obrigação de partilhar como elemento de uma transação comercial. O paciente, desse modo, compra a ilusão de ser amado. Entretanto, uma vez que essa relação está em agudo desacordo com o modelo socialmente aceito de amor, práticas psicanalíticas tendem a ser contaminadas pela transferência. Esse conceito pode ser definido como a tendência do paciente a confundir a conduta "como se" do analista com a expressão de amor e lhe responder ultrapassando os termos impessoais e estritamente comerciais do acordo. Essas ocorrências podem ser interpretadas como forte confirmação do fato de que a terapia tem servido como substituto do amor.

A mercantilização da identidade

Precisamente o mercado consumidor, devido a sua função de aprovação de identidades, oferece outro substituto do amor, talvez menos vulnerável, colocando o indivíduo em meio a vasta gama de "identidades" selecionáveis. Anúncios publicitários empenham-se para mostrar que as mercadorias que tentam vender são parte de um estilo de vida particular, de modo que os potenciais clientes possam conscientemente comprar símbolos dessa identidade pessoal que eles desejariam possuir. O mercado oferece ferramentas de produção de identidade capazes de gerar resultados diferentes, sendo portanto personalizadas. O mercado nos permite organizar os vários elementos de um completo *identikit* para montagem em estilo "faça você mesmo" (FVM) de um self customizado.

Podemos aprender a nos expressar como uma mulher moderna, liberada e independente; uma previdente, sensata e atenciosa dona de casa; um magnata ambicioso e autoconfiante; um camarada tranquilo e agradável; um machão de impecável corpo musculado; uma criatura sonhadora e sedenta de amor, ou qualquer mistura desses tipos! A vantagem das identidades promovidas pelo mercado é que são complementadas por elementos de aprovação social – posto que introduzidas por meios publicitários que as pessoas parecem aprovar –, aplacando assim a agonia da busca de confirmação. A aprovação social não precisa ser negociada, uma vez que foi, por assim dizer, construída desde o começo na forma de um produto de mercado.

Para alguns, como por exemplo o filósofo e sociólogo francês Jean Baudrillard, a busca de um self autêntico no mercado não passa de ilusão. Aparência é tudo de que dispomos, e isso não revela qualquer realidade profunda, fundamentada, em termos do que *realmente* somos. Aparências são fabricadas, ativadas e desativadas na sedução que acompanha o consumo permanente. Com tantas alternativas amplamente disponíveis e em crescente popularidade, o esforço exigido pelo ímpeto de resolução do problema de identidade própria por meio do amor recíproco

Fazer acontecer: dádivas, trocas e intimidade nas relações   143

tem uma possibilidade ainda menor de sucesso. Questionado em uma entrevista a respeito da existência de algo chamado amor, Baudrillard respondeu que há uma "passagem ao ato",* mas que ele não tinha "muito a dizer sobre amor". Se ele estiver correto, entretanto, as implicações de sua análise parecem lançar um fardo ainda maior sobre a necessidade de reciprocidade e reconhecimento no interior das relações, posto que as pessoas podem recuar na busca do que sentem como experiências mais autênticas diante das alternativas.

Como vimos, negociar aprovação é experiência atormentadora para os parceiros apaixonados. Sem empenho contínuo e duradouro, o sucesso não é possível. É preciso autossacrifício de ambas as partes. Empenho e sacrifício talvez se demonstrassem mais frequentes e despertassem maior entusiasmo não fosse a disponibilidade de substitutos "fáceis". E com substitutos de tão imediata obtenção – o único sacrifício é intervir com certa quantidade de dinheiro, quando se tem os meios para isso – e tão agressivamente ofertados pelos vendedores, diminui a motivação para se dedicar a algo trabalhoso, que consome tempo e não raro chega a um resultado frustrante. A resiliência, a elasticidade, pode perder o vigor quando confrontada com alternativas comercializadas, sedutoramente menos exigentes e "à prova de falha".

O primeiro obstáculo, o primeiro revés na relação amorosa vulnerável e em desenvolvimento costuma ser suficiente para os parceiros (ou um deles) desejarem reduzir a velocidade ou mesmo abandonar definitivamente a viagem. De hábito, os substitutos são em primeiro lugar buscados com a intenção de "complementar" e, a partir de então, visando a fortalecer ou ressuscitar a relação amorosa problemática. Mais cedo ou mais tarde, no entanto, esses mesmos substitutos podem retirar aquela relação de

---

*Baudrillard usa a expressão francesa *passage à l'acte* (*acting-out*, em inglês), tomando-a emprestada da psicanálise, em que – a partir do uso por Freud do verbo alemão *agieren* na análise da histeria – se refere a um comportamento compulsivo que promove a expressão de conteúdos emocionais até então reprimidos. Baudrillard usa o fenômeno como possível forma de passagem do virtual ao real, abortada, no entanto, pelo autocontrole contemporâneo. (N.T.)

144 Viver nossas vidas: desafios, escolhas e coerções

sua função original e drenar a energia que impelia os parceiros para a tentativa de revigorar o relacionamento. Uma das manifestações de tal desvalorização do amor, que foi discutida por Richard Sennett, é a tendência a destituir o *erotismo* em favor da sexualidade. O primeiro denota o desenvolvimento do desejo, objetivando o próprio intercurso sexual como centro em torno do qual a relação amorosa duradoura é construída e mantida: uma parceria social de tipo estável, trazendo todos os aspectos previamente atribuídos a relações pessoais multifacetadas. Já a sexualidade significa a redução do intercurso sexual à única função de satisfazer o desejo sexual – com frequência suplementada por precauções especiais determinadas a prevenir que a relação sexual propicie o surgimento de obrigações e afeto mútuos e, assim, evolua para um relacionamento pessoal plenamente desenvolvido. Sem o peso do amor, o sexo é reduzido a uma descarga de tensão, na qual um parceiro é usado como meio essencialmente descartável para um fim. Outra consequência, entretanto, é a emancipação da sexualidade do quadro do erotismo enfraquecer consideravelmente as relações amorosas, que então carecem de (ou têm que partilhar) uma das mais poderosas de suas fontes, tornando-se a manutenção de sua estabilidade ainda mais dificilmente defensável.

O relacionamento amoroso está, assim, exposto a duplo perigo: pode entrar em colapso sob a pressão de tensões internas ou recuar no sentido de se tornar carregado de muitas das marcas das relações impessoais – uma relação de troca. Observavamos uma forma típica da relação de troca quando falamos da transação do cliente com o gerente de banco. Notamos que a única coisa que conta nesse caso é a passagem de um produto ou serviço em particular de um dos lados da transação para o outro – um objeto troca de mãos. As pessoas de carne e osso envolvidas no processo não fazem muito mais do que desempenhar os papéis de portadores e mediadores, no que incitam e facilitam a circulação de bens. Embora seus olhares estejam fixados em seus respectivos parceiros, eles só atribuem relevância ao objeto da troca, enquanto outorgam ao outro importância secundária, derivada, no sentido de fazer dele o detentor ou a porta de entrada para os bens que desejam. Veem o que desejam através do outro.

Sentimentos ternos ou paixões espiritualizadas de seus pares configuram a última coisa que esses parceiros levarão em conta. O motivo supremo de suas ações é gastar o mínimo e ganhar o máximo possível, e, assim, ambos perseguem seus próprios interesses individuais, concentrando seus pensamentos exclusivamente na tarefa que têm em mãos. Podemos dizer que, em transações de troca impessoal, os interesses dos atores estão em conflito.

Nada na transação impessoal é feito simplesmente pelo bem do outro. Nesse sentido, há tendência a experimentar o medo onipresente de ser traído e a necessidade de permanecer sempre desperto, cauteloso e vigilante. Quer-se proteção contra o egoísmo do outro. Não há razão para se esperar que a outra parte agirá de modo desinteressado, mas pode haver insistência no estabelecimento de um acordo justo. Por consequência, a relação de troca demanda regra de compromisso e autoridade confiável com a tarefa de garantir do ponto de vista legal a justiça da transação. Essa autoridade terá de ser capaz de impor suas decisões em caso de ato transgressor. Várias associações de consumidores, fiscais e agentes de autorregulação se baseiam nessa demanda de proteção; são entidades encarregadas da difícil tarefa de monitorar a justiça das trocas e pressionar as autoridades quanto a leis que limitem a liberdade de as partes mais fortes explorarem a ignorância ou ingenuidade das que são mais fracas.

Raramente as duas partes de uma transação se encontram em reais condições de igualdade. Afinal, quem produz e/ou vende os bens conhece muito mais as características de seus produtos do que os compradores e usuários jamais estiveram dispostos a aprender, desatentos que são ao número de garantias de qualidade apresentado – pode, portanto, perfeitamente empurrar o produto para clientes crédulos com falsas evidências, a menos que seja por lei obrigado ao contrário. Quanto mais complexo

146   Viver nossas vidas: desafios, escolhas e coerções

e sofisticado for o bem, menos seus usuários serão capazes de avaliar suas reais qualidades e seus valores. Para evitar serem enganados, os potenciais compradores precisam do auxílio de autoridades independentes. Como as partes ingressam em relações de troca apenas na condição de funções dessas próprias trocas, como portadores dos bens, e, assim, permanecem "invisíveis" umas para as outras, elas se sentem muito menos íntimas do que nas relações amorosas. Elas não têm dever ou obrigação que não seja a promessa de respeitar os termos do negócio. Aspectos seus pessoais que não sejam relevantes para a negociação em curso permanecem inalterados e mantêm sua autonomia – dependendo de que lado da transação estejam!

É isso de fato que acontece? Um modo de pensar que no pensamento político e econômico costuma ser admitido sem questionamento considera o trabalho humano mercadoria como outra qualquer, e, como tal, que pode ser tratada como objeto nas trocas. Ao contrário, porém, de bens negociáveis, o trabalho não é separável do trabalhador. Vender nosso trabalho significa concordar com o fato de que nossas ações como pessoa – da pessoa completa por período específico de tempo – ficarão, a partir de então, subordinadas às vontades e às decisões dos outros. A totalidade do self do trabalhador, e não um mero objeto destacável cuja posse ele detenha, é repartida e entregue ao controle de outrem. O contrato aparentemente impessoal aqui ultrapassa, e muito, os limites apropriados para transações de troca. A promessa de pagamento de uma dívida, obrigada por lei, também envolve o compromisso de trabalhar para fazer os pagamentos, claro, com belas taxas de juros.

Síntese

Amor e troca são dois extremos de uma linha contínua ao longo da qual todas as relações humanas podem ser alocadas. Na forma como os descrevemos, porém, eles raramente surgem em nossas

Fazer acontecer: dádivas, trocas e intimidade nas relações   147

experiências – a eles nos referimos como puras formas, modelos. A maioria das relações é "impura" e mistura esses dois tipos em proporções variáveis. Hoje, há bancos e fundos de investimento éticos cujos propósitos são contribuir para fins sociais e ambientais, e, desse modo, não são governados apenas por cálculos instrumentais destinados ao controle e à lucratividade, visando a seus próprios bens.

De maneira similar, as relações amorosas terão elementos de barganhas com aparência de negócio em torno da justa divisão de trocas no estilo "Eu faço isso se você fizer aquilo". Exceto por um encontro casual ou por uma transação comercial do tipo *one-off*, aquelas que ocorrem apenas uma vez entre parceiros que não se conhecem, os atores em relações de troca podem não permanecer indiferentes uns ao outros por muito tempo e, cedo ou tarde, ampliar o envolvimento além de dinheiro e bens. Rotineiramente nos dizem que as transações de mercado são sempre impessoais, mas, como evidencia o estudo das relações socioeconômicas, elas se baseiam em redes de interdependência em que fatores culturais como normas, valores e avaliações que os acompanham são elementos habituais das interações.

Apesar dessas qualificações, cada modelo retém sua relativa identidade, mesmo se mergulhado em relação mista. Cada indivíduo carrega seu próprio conjunto de expectativas e idealizações, e com isso orienta a conduta dos atores em direção específica própria a esses conjuntos. É possível dar conta de grande parte da ambiguidade das relações que estabelecemos com outras pessoas por referência às tensões e contradições entre os dois grupos extremos de expectativas, que são complementares, mas incompatíveis.

As relações puras, modelares, são raras na vida, cuja regra é justamente a ambivalência nas relações humanas. Essa ambivalência (como sugerimos) cria tensões no interior das relações pessoais que respondem a um mundo impessoal. Tais tensões, por sua vez, podem levar à criação de um novo conjunto de serviços impessoais, como o aconselhamento, baseado na troca.

Nossos sonhos e ânsias surgem em tensão entre duas necessidades de tão difícil satisfação conjunta quanto separadamente. Trata-se das necessidades de *pertencimento* e de *individualidade*, às quais temos de adicionar a capacidade de agir em termos de estarmos *posicionado* de diferentes formas em relações sociais. O pertencimento nos incita a buscar laços fortes e seguros com os outros. Expressamos essa necessidade sempre que falamos ou pensamos em conjunção ou comunidade. A individualidade leva-nos a nos relacionar com a privacidade como um estado no qual somos imunes a pressões e livres de exigências, livres para fazer qualquer coisa que consideremos valer a pena.

Essas duas necessidades são poderosas e prementes. Por outro lado, quanto mais alguém se aproxima da satisfação de uma dessas carências, mais dolorosa pode ser a insatisfação da outra. Descobrimos que comunidade sem privacidade pode causar mais sensação de opressão do que produzir pertencimento, ao passo que privacidade sem experiência comunal pode aproximar-se mais da solidão do que do "ser você mesmo". Talvez, então, possamos dizer que somos *nós* com os outros, em diferentes graus, com todas as consequentes alegrias, prazeres, esperanças, desejos, frustrações e coações que acompanham nossos estados de ser. Assim, sermos amigos de nós mesmos significa um estabelecimento anterior aos laços de amizade com outros indivíduos.

Questões para refletir

1. A ideia de "pura" dádiva em uma relação social faz sentido para você?

2. Jürgen Habermas falou a respeito de "colonização" da vida por dinheiro, poder e burocracia. Você acha que essa é uma tendência crescente na sociedade contemporânea? Em caso afirmativo, que efeitos isso tem no cotidiano?

3. Existe identidade fora da mercantilização?

4. A impessoalidade da troca é sustentada por relacionamentos sociais como a ligação emocional e a confiança? Se sim, de que maneiras e o que isso significa para a ideia de "troca"?

Sugestões de leitura

BECK, Ulrich. *Risk Society: Towards a New Modernity*. Thousand Oaks, Sage, 1992.
Descreve a sociedade contemporânea nos termos de sua propensão a produzir riscos com efeitos sobre a maneira como conduzimos nossa vida.

HOCHSCHILD, Arlie Russel. *The Managed Heart: Commercialization of Human Feeling*. Berkeley, University of California Press, 1983.
O título informa bastante sobre o que é o livro, escrito em estilo sedutor.

JAMIESON, Lynn. *Intimacy: Personal Relationships in Modern Societies*. Cambridge, Polity, 1998.
O desejo de intimidade seria necessidade humana básica? Até que ponto ele é moldado por circunstâncias sociais e econômicas? Essas são algumas das principais perguntas suscitadas por esse livro.

LUHMANN, Niklas. *Love as Passion: The Codification of Intimacy*. Stanford, Stanford University Press, 1998.
Inspirada análise do amor, da emoção e do comprometimento por meio de sua evolução no curso da história.

. 6 .

O cuidado de nós:
corpo, saúde e sexualidade

Mencionamos no Capítulo 5 a tensão potencial entre erotismo e sexualidade. Esses temas, como a saúde e o bem-estar de nossos corpos, são aspectos fundamentais da vida cotidiana. Rotineiramente nos vemos diante de comerciais de dietas, exercícios e viagens de férias. Nesse processo, as pessoas podem oscilar entre o desejo de estar junto com os outros e o de ser deixadas em paz, preocupando-se com seus corpos e rejeitando os apelos de vida saudável em favor de orgias gastronômicas. Além disso, elas podem expressar o desejo de ficar perto daqueles com quem se sentem confortáveis e, ao mesmo tempo, "escapar disso tudo", viajando para lugares em que ninguém as incomodará. Tudo isso expressa desejos de romper ou pôr em suspenso uma relação embaraçosa, desajeitada, opressiva, irritante ou apenas exigente demais para oferecer conforto. Assim, como podemos oscilar entre os desejos de intimidade e solidão, também construímos relações com nossos corpos, partes fundamentais de nosso cotidiano.

Em busca de segurança

Já reparamos quão enfadonhas e ao mesmo tempo agradáveis podem ser nossas relações com outras pessoas. Com bastante

152   Viver nossas vidas: desafios, escolhas e coerções

frequência elas são complexas e mesmo confusas, oferecendo-nos sinais contraditórios e demandas de ação nada fáceis de conciliar. Logo, os outros não só nos oferecem segurança que nos proporciona bem-estar, mas também nos causam ansiedade, o que não se pode chamar de agradável – não sendo surpreendente o fato de tantos de nós criarmos estratégias para evitar essas situações. Pois uma vez diante dessa confusão tão difícil de resolver quanto de sustentar, podemos experimentar forte desejo de romper os fios que nos prendem a sua fonte e tentar recuar. Cabe, entretanto, a pergunta: e, então, para onde iremos? Onde encontraremos o abrigo seguro que procuramos?

Para responder essas perguntas, pensemos no mundo que nos cerca – lugares e pessoas que conhecemos e acreditamos compreender – como uma série de círculos concêntricos. A circunferência do maior deles aparece embaçada em nosso mapa cognitivo: é um lugar distante, em meio à neblina, e contém o "grande desconhecido", territórios nunca antes visitados e que não o serão sem a ajuda de um guia confiável, dotado de dicionário de expressões idiomáticas e mapas locais, bem como de seguro contra os riscos que tal aventura possa ocasionar. Os círculos menores são mais seguros e familiares. Quão menores eles ficam, mais seguros parecem. Lá está, primeiramente, um lugar que é nosso país, no qual, se supõe, todo passante é capaz de falar uma língua que entendemos, obedece às mesmas regras que nós e se comporta de maneira compreensível, de modo que sabemos como responder a seus gestos e suas conversas.

O círculo ainda menor pode ser denominado nossa "vizinhança". Nela, conhecemos as pessoas de vista, muitas vezes pelo nome e talvez, além dessas informações, também seus hábitos. O conhecimento dos hábitos das pessoas reduz a incerteza vinda da não familiaridade, e, assim, é possível saber o que esperar de cada um.

Por último, o que em hipótese alguma significa menor importância, há o "círculo do meio", bem pequeno em comparação aos outros, que chamamos de "casa". Idealmente, esse é o lugar em que todas as diferenças entre pessoas, não importa quão profundas sejam, não fazem muita diferença, porque com elas sabemos que podemos contar aconteça o que acontecer. Elas estarão a nosso lado chova ou faça sol e não nos deixarão sem apoio. Ali nada é preciso provar, nem mostrar "a verdadeira imagem" ou esconder qualquer coisa. A casa é em geral pensada e considerada o espaço de segurança, conforto e proteção, em que temos certeza de nosso lugar e de nossos direitos sem lutar ou manter prontidão.

Como em qualquer definição e pressuposto a respeito de nítidas fronteiras, elas só funcionam enquanto se mantêm. Desabrigo doméstico, rompimentos familiares, conflitos de gerações que representam diferentes tradições culturais e crenças parecem não existir enquanto as fronteiras entre os círculos nos parecem claramente demarcadas. Em tal situação, sabemos quem somos, quem são os outros, quais são as expectativas a nosso respeito e, portanto, onde nos localizamos na ordem geral das coisas. Sabemos o que podemos razoavelmente esperar em cada situação e que expectativas seriam ilegítimas e presunçosas. E se a nitidez entre os círculos diminuir ou desaparecer? E se as regras de um círculo vazarem para outro ou mudarem rápido demais, mostrando-se ainda muito nebulosas para que possamos nelas confiar e segui-las? O resultado é a sensação de confusão e incerteza, passando por ressentimento e hostilidade. Onde antes havia clareza, entra a ambivalência, e, por causa da insegurança disso decorrente, o medo pode bater à porta, assim como pode brotar uma atitude reacionária de falta de boa vontade para compreender e se comprometer.

Muito já se comparou passado e presente nesses termos. Nostalgia da tradição em que as pessoas conheciam seus lugares e as expectativas correspondentes neles depositadas. A pesquisa histórica tem questionado a existência dessas confortáveis certezas, que, entretanto, persistem por meio da apropriação dessas comunidades imaginadas de antanho como respostas à condição contemporânea. O mundo que deveria ser familiar e seguro assim não se demonstra mais.

Ao que parece, a velocidade de mudança agora governa as condições em que vivemos, com pessoas em permanente e acelerado movimento. Aqueles que outrora eram intimamente conhecidos desaparecem de nossas vistas, e se apresentam novas pessoas, a respeito das quais pouco sabemos. A sensação é de que, se já pudemos um dia nos definir em termos do lugar e da era histórica em que vivemos, essas possibilidades se evaporaram com as mudanças levadas a cabo por desejos frenéticos aparentemente desprovidos de sentido e propósito.

Assim, se as regras estão supostamente mudando sem aviso e em ritmo rápido, elas também já não possuem a legitimidade que deveria sustentar sua existência. Pouco será indiscutível, e o que obtém sucesso não deve ser considerado duradouro a menos que seja constantemente atualizado por esforço contínuo. A carreira de toda uma vida transformou-se em uma série de momentos transitórios na luta por reconhecimento com que nos deparamos a cada vez que nos candidatamos a uma vaga e somos chamados a fazer uma entrevista de seleção. E mesmo nos círculos mais internos, mais domésticos, exige-se vigilância. À medida que esses processos governam cada vez mais nossas vidas, a mercantilização pode tão facilmente converter aquele lar cheio de segurança em uma casa de comércio, um objeto de troca como qualquer outro.

Obviamente exageramos um pouco para ilustrar o argumento; são muitos, porém, os que não possuem aquilo que supomos proporcionar nossa segurança e sequer são capazes de obtê-lo. Ao mesmo tempo, esses processos afetam as relações, apesar da crença prevalente de que são hermeticamente isolados de influências sociais, políticas e econômicas.

Tomemos como exemplo a mais íntima das relações: a parceria amorosa ou familiar. Anthony Giddens cunhou as expressões "amor confluente" para descrever os sentimentos que mantêm unida a parceria e "relacionamento puro" para caracterizar o tipo de parceria construído em suas fundações. Amor confluente significa apenas que, em um momento específico, os parceiros se amam, se sentem atraídos um pelo outro e dese-

O cuidado de nós: corpo, saúde e sexualidade 155

jam ficar juntos. Para eles, a relação é prazerosa, satisfatória e desejável. Entretanto, não há promessa ou garantia de que essa condição agradável dure "até que a morte nos separe". As coisas que fluem conjuntamente podem também fluir em separado. Se isso ocorre, o próprio relacionamento, desprovido das bases que o mantém coeso – tratava-se, afinal, de uma relação "pura" –, ruirá. Ainda que o amor confluente precise de dois indivíduos, para começar a desmoronar basta que o sentimento de um deles sofra um processo de enfraquecimento. Uma relação pura, mantida coesa por emoções confluentes, é, desse modo, uma construção frágil, vulnerável.

Os parceiros não podem de fato contar com o outro, que pode amanhã declarar não se sentir mais disposto a partilhar a vida e conviver. Pode, talvez, "precisar de mais espaço" e ir buscá-lo em outro lugar. Relacionamentos que não tenham outras bases nunca deixam de estar em "período de experiência", em meio a uma infinita série de testes diários. Essas relações em geral oferecem liberdade de manobra, posto que não prendem os parceiros com compromissos desligados do tempo nem "hipotecam o futuro" de um ou outro. Dito isso, o preço a ser pago pelo que alguns chamam de "liberdade" é alto – incerteza permanente e, portanto, falta de segurança.

Tudo isso pode não resolver, mas certamente influencia o *status* da família – instituição à qual se atribui o papel de fonte de estabilidade e segurança; afinal, ela é vista como uma ponte entre o pessoal e o impessoal e entre a mortalidade de seus membros individuais e sua imortalidade. Mais cedo ou mais tarde alguém morre, mas sua família, sua árvore genealógica e sua linhagem sobreviverão; seu legado perpetuará aquela linhagem de algum modo. Hoje, muitas famílias se desfazem e se rearranjam em diferentes contextos, ou simplesmente se dissolvem em outros relacionamentos – então, nada é dado, e outras tarefas devem ser cumpridas a fim de sustentá-los. Lynn Jamieson chamou esse processo de *intimidade reveladora*. Nela, aquilo que uma vez foi suposto torna-se algo a ser explicitado, a fim de que os vínculos nas relações sejam rotineiramente mantidos.

Em certo nível, cabe dizer que o lugar em que podemos nos sentir seguros está encolhendo. Poucas pessoas, se é que alguém o faz, entram nele e lá permanecem o suficiente para suscitar crença e confiança. Paralelamente, entretanto, há numerosas maneiras segundo as quais os círculos que sugerimos são sustentados na vida cotidiana, com diferentes consequências para os parceiros em um relacionamento.

As práticas de "segmentação" e "integração" envolvendo a casa e o trabalho nessas relações, por exemplo, foram estudadas por Christena Nippert-Eng. Se já se considerou a necessidade de separar o trabalho remunerado e o lar, as novas tecnologias abriram possibilidades em termos do uso de espaço e tempo. Isso, entretanto, exige deparar-se com novas pressões no relacionamento, a fim de que o espaço e o tempo domésticos sejam delimitados para permitir antes de mais nada o trabalho. Se o parceiro não reconhece isso nem os ajustes feitos em conformidade com essa perspectiva, então é provável que os conflitos aumentem.

Devemos, portanto, ser cautelosos na adoção das supostas liberdades recém-descobertas, trazidas até nós pela revolução informacional. Como Christine Delphy e Diana Leonard demonstraram em seu estudo sobre o casamento, as estruturas familiares – e dentro delas as divisões de trabalho entre os gêneros – podem ser extraordinariamente resistentes à mudança.

Entretanto, há outra questão. Quando falamos nas demandas das pessoas sobre seu "espaço próprio", o que isso significa? Se elas o conseguem, o que resta? Afinal, se deixam os outros de fora e estão assim aparentemente livres daqueles que "lhes dão nos nervos", fazendo "demandas sem sentido", o que delas resta e qual é a base dessa demanda? Como argumentamos ao longo deste livro, nós nos conhecemos por meio dos outros. Então, o que significa se conhecer e a que estamos aludindo quando fazemos tal afirmação? Uma resposta pode estar em nosso self *corporificado*, isto é, na referência a nós como um "corpo".

O cuidado de nós: corpo, saúde e sexualidade   157

Self corporificado: perfeição e satisfação

Façamos uma pausa para refletir. Este livro trata do efeito que o viver em sociedade tem sobre o que fazemos, como nos vemos e como vemos os objetos e os outros, e o que acontece em consequência disso tudo. "Herdamos" nossos corpos, inteiramente feitos por genes, não sendo, portanto um "resultado" da sociedade. Equivocada, entretanto, é a crença em tal imutabilidade. Como tudo a nosso respeito, a condição de viver em sociedade faz uma enorme diferença para nossos corpos. Ainda que, independentemente de tamanho e forma, nossos corpos e suas outras características tenham sido determinados por genes, e não por nossas próprias escolhas e ações intencionais – pela natureza, e não pela cultura –, as pressões sociais são tais que fazemos o possível e o impossível para levá-los a uma condição reconhecida como certa e apropriada.

Esse processo depende do tipo de sociedade em que vivemos e da eventualidade de estarmos em paz com o corpo, que podemos considerar uma empreitada – algo a ser trabalhado, exigindo cuidado e atenção diários. Uma vez que desenvolver o corpo vem se tornando um dever, a sociedade estabelece os padrões para uma forma desejável e, como tal, aprovada, em relação à qual cada corpo deve atuar para se aproximar daqueles padrões. A falha em cumprir essas exigências pode induzir a sensação de vergonha quando quem não as cumpre se encontre sujeito a rotineira discriminação, por exemplo, em atitudes prejudiciais em relação a deficientes motores, como as fartamente manifestas nos projetos dos edifícios. Por estranho que possa parecer à primeira vista, nossos corpos são objeto de condicionamento social. Por conseguinte, seu lugar em um livro dedicado a "pensar sociologicamente" é inteiramente legítimo.

Michel Foucault interessou-se pelo que chamou de "tecnologias do self"* e pelo modo como nossa relação com nosso self

---

*Essa expressão tem sido usada em português, nos estudos da obra de Michel Foucault, tanto nessa forma quanto como "tecnologias do eu". Preferimos a primeira para manter a coerência com o uso do conceito de "self" ao longo do livro. (N.T.)

e, com isso, nosso corpo mudaram ao longo do tempo. A maneira como atuamos sobre nossos corpos e cuidamos de nós não é, naturalmente, assunto que possa ter lugar em um vácuo social. Assim, no que diz respeito ao cuidado com o corpo, acontece de nossa sociedade ser particularmente exigente. Dado o grande volume de risco e incerteza no "mundo lá fora", o corpo emerge como o que esperamos ser a última linha de defesa de nosso conjunto de trincheiras. Ele pode transformar-se em abrigo confiável, pois é um local que podemos controlar, permitindo-nos, assim, nos sentir seguros, protegidos contra aborrecimentos ou agressões.

Dado o hábito de as partes supostamente mais estáveis e duráveis do "mundo lá fora" manterem em segredo todo tipo de surpresa – visando desaparecer sem deixar rastro ou mudar para o irreconhecível –, o corpo parece o menos efêmero, o mais permanente componente vivo de nossas vidas. Apesar das grandes mudanças à nossa volta, ele estará sempre conosco! Se investimento, esforço e despesas trazem risco, isso pode ser reembolsado em nossos corpos e, similarmente, punido com nossa falta de cuidado e nossa negligência. Como resultado disso, grande peso repousa sobre os ombros do corpo, às vezes mais do que lhe é possível carregar.

Conferir enorme atenção ao corpo tem suas vantagens. Eis aí um espaço de atividades que pode produzir resultados reais e tangíveis, bastando observar e então medir esses resultados. Não faltam equipamentos de saúde para apoiar esse processo: medidores de pressão sanguínea e monitores cardíacos, além de uma fartura de informação dietética, para mencionar apenas alguns. Não há necessidade de se tornar um alvo inerte para as cartas de baralho que o destino distribui para o corpo, que se pode transformar em objeto de desejo. Nada fazer provoca sensação pior – de devastação e humilhação – do que fazer algo, ainda que isso se prove, a longo prazo, menos eficaz do que se desejou.

Mas, apesar de tanto cuidado e atenção devotados ao corpo, como saber se eles são suficientes? As fontes de ansiedade que nos levam a essas preocupações não desaparecerão, pois deri-

O cuidado de nós: corpo, saúde e sexualidade   159

vam de algo externo à relação com nossos corpos – as sociedades em que vivemos. As razões para a busca de abrigo estarão sempre conosco, e, assim, as exigências podem ser insaciáveis. Isso nos coloca diante de diversas possibilidades. O sentimento da satisfação que podemos extrair do sucesso de um ou outro esforço por melhoria, por exemplo, pode ser momentâneo e evaporar-se a qualquer momento, substituído por autocrítica e autorreprovação. Em vez de curar as feridas abertas por aquele incerto e instável "mundo lá fora", nosso corpo pode antes transformar-se em mais uma fonte de insegurança e medo. Convertido em cerca defensiva, todo o território em torno, assim como as estradas que a ele conduzem, tende a constituir objeto de intensa vigilância. Devemos estar permanentemente atentos: o corpo está no ataque ou pode estar sob assalto a todo instante, mesmo que o inimigo ainda não se tenha mostrado. É preciso cercar a fortaleza com fossos, torres e pontes levadiças, e mantê-la sob nosso olhar 24 horas por dia.

Alguns invasores "se estabelecem" e fingem ser parte do corpo, quando na verdade não são – "no interior" se reassumem como estranhos. A gordura, que interpretamos como "no corpo", mas não "do corpo", é um bom exemplo desse processo. Essa habilidosa e enganadora atocaiada deve ser vigiada de modo que possa ser "removida do sistema" e "retirada de circulação". Não faltam serviços oferecendo cercá-la, limpá-la, deportá-la, extirpá-la do corpo.

Nunca, entretanto, a totalidade dos estilos de vida é assunto de reflexão, debate e potencial transformação, porque o projeto inteiro é baseado na individualização e, desse ponto em diante, na internalização de questões sociais. As colônias de férias para crianças com excesso de peso tornam-se a resposta, em lugar das dietas, dos estilos de vida e dos padrões de consumo de grupos inteiros de pessoas.

A "interface" entre o corpo e o resto do "mundo lá fora" tende a se tornar a mais vulnerável das linhas de frente a defender em nossa luta interminável por proteção e segurança. Os pontos de checagem da fronteira – os orifícios do corpo, as passagens para "o interior do sistema" – são locais precários. Devemos prestar atenção ao que comemos, bebemos e respiramos. Qualquer alimento ou ar pode provocar dano ao corpo ou se provar extremamente venenoso. Não é surpresa, portanto, a existência de uma completa indústria e de um conjunto de técnicas de marketing como parte dos discursos sobre o corpo. Por exemplo, há alimentos "bons" e outros "ruins" para nós. Devemos selecionar o tipo correto de dieta – abundante daqueles e intolerante e severa com estes – em meio aos muitos oferecidos para satisfazer esses desejos.

Tudo isso é mais fácil de dizer do que de fazer. Eventualmente descobre-se que algum tipo de nutriente antes considerado inofensivo ou até benéfico ao corpo produz desagradáveis efeitos colaterais ou mesmo doenças. Tais descobertas nos chegam como choques, uma vez que muito habitualmente elas são feitas depois do fato, quando o dano já foi produzido e não pode ser reparado. Esses choques ferem indelevelmente a confiança: quem sabe qual dos alimentos agora recomendados pelos peritos será condenado no futuro como danoso? Qualquer um deles. Assim, não há "refeição saudável" que se possa consumir absolutamente sem apreensão.

Não surpreende que dietas "novas e melhoradas" surjam imediatamente depois de outras antes preferidas, mas logo desacreditadas, e que alergia, anorexia e bulimia, todas afloradas na interface entre o corpo e o "mundo lá fora", tenham sido descritas como doenças específicas de nossa era. A alergia, como Jean Baudrillard observou, tem "pontos de contato", sendo, assim, de difícil localização. Isso combina com a condição da ansiedade difusa e indeterminada encontrada na base das preocupações atuais com a defesa do corpo.

Se o cuidado com o bem-estar de nossos corpos – compreendido como vigilante prevenção contra a contaminação e a degeneração – fosse o único motivo a guiar nossa ação, então a extrema reticência que cerca o jejum seria estratégia razoável a se levar a cabo. Reduziríamos assim o "tráfico de fronteira" a um mínimo visível, abstendo-nos da indulgência e recusando consumir alimentos além dos absolutamente necessários para nos manter vivos.

Para muitos, essa escolha não funciona, pois eles não têm certeza de obter o alimento diário com regularidade. Como solução para quem tem garantido esse acesso, entretanto, isso é dificilmente aceitável, porque despiria o corpo da principal atração que tem para seu "dono". Muito simplesmente, o corpo é o local da ansiedade, mas também do prazer, e, mais uma vez, uma indústria nos incita a procurar sensações: filmes, novelas, revistas de luxo, comerciais, livros e vitrines de loja nos seduzem para experiências cuja ausência pode diminuir o princípio do prazer. Comer e beber são ocasiões sociais capazes de induzir sensações agradáveis e experiências emocionantes. Fazer cortes no alimento e na bebida é reduzir o número dessas ocasiões e, portanto, das interações que elas promovem. É por acaso surpresa encontrar na lista dos 20 livros mais vendidos, com aqueles sobre emagrecimento e dieta, títulos de culinária, com receitas dos pratos mais refinados, exóticos e sofisticados?

Há um choque entre dois motivos mutuamente contraditórios, variáveis de acordo com nação e gênero, raça e classe. Com a crença de que a biologia é o destino de mulheres e homens que tendem a enfatizar o controle e o desempenho, para quem esses livros se dirigem e por quê? O corpo costuma ser pensado como mais próximo da natureza que da cultura, e sistemas completos de pensamento manifestaram essa imagem do corpo como uma fonte de desconfiança. Assim, a busca de prazer nele é algo a ser confessado a alguma autoridade mais elevada a quem nos devemos submeter. No processo, parte do que somos é negada.

Esses e outros modos de pensar somam-se às modalidades de inclusão e exclusão que cercam o que podemos realisticamente esperar em nossas vidas. A habilidade de apreciar a comida e refletir a seu respeito é ao mesmo tempo a capacidade de cultivar o hábito, removendo-o da esfera da necessidade de busca de alimento para a sobrevivência. De modo similar, arregimentar um ou vários integrantes dos crescentes exércitos de

162 Viver nossas vidas: desafios, escolhas e coerções

técnicos do corpo – *personal trainers* e nutricionistas, por exemplo – é prática que se sustenta nas mesmas capacidades.

Para outros, a "solução" pode vir como celebração do que é em geral considerado vergonhoso – esses se mostram determinados a viver com seus corpos como são, sem os transformar em objetos de manipulação de acordo com caprichos em voga. Surge, então, a pergunta: será tudo isso saudável?

A busca de saúde e boa forma

Se nos perguntam o que buscamos conquistar quando tomamos medidas de proteção de nosso corpo, quando treinamos e nos exercitamos, podemos responder que desejamos ser mais saudáveis e ter boa forma. Ambos os alvos são recomendáveis. O problema é que eles são diferentes, e seus propósitos, às vezes, incompatíveis.

A ideia de bem-estar, de saúde, por exemplo, supõe uma *norma* à qual o corpo humano se deve adequar, e os desvios significam sinais de desequilíbrio, doença ou perigo. As normas têm seus limites superior e inferior, e, assim, podemos dizer que ultrapassar o nível superior é, a princípio, tão perigoso e indesejável quanto ficar aquém do nível mais baixo – por exemplo, no caso da pressão sanguínea muito alta (hipertensão) ou muito baixa (hipotensão). Ambas sugerem intervenção clínica. Os médicos se preocupam quando há poucos leucócitos no sangue, mas também acionam o alarme quando há um número muito elevado deles, e assim por diante.

Permaneceríamos saudáveis se, e somente se, permanecêssemos na faixa de tolerância de uma norma. A noção de saúde sugere a preservação de um "estado constante", com permissões apenas para leves flutuações ao longo do tempo. A partir do momento em que sabemos, genericamente, como é o estado normal e, dessa maneira, podemos medi-lo com alguma precisão, temos em mente o que ambicionar como "estado final". Tomar conta de nossa saúde pode consumir bastante tempo e ser exasperador,

O cuidado de nós: corpo, saúde e sexualidade   163

gerando com frequência bastante ansiedade. Mas pelo menos sabemos qual é o tamanho do percurso e que pode haver um final feliz para nossos esforços. Uma vez nos sabendo de volta à "norma aceitável", só nos tranquilizamos de fato comparando os índices de nosso corpo e suas funções com as estatísticas das "médias" para sexo e idade iguais aos nossos. A ideia e a prática de busca da boa forma configuram história diferente. Pode até haver uma linha inferior, mas, quanto à superior, o céu é o limite. O *fitness* diz respeito à transgressão de normas, não à adesão a elas. A saúde tem a ver com a manutenção do corpo em uma condição normal para que funcione, permitindo ganhar o sustento, ter mobilidade, engajar-se em algum tipo de vida social, comunicar-se com outras pessoas e usar as instalações que a sociedade fornece para várias tarefas da vida. Quando se trata da boa forma, entretanto, a pergunta não pode ser o que o corpo deve fazer, mas o que o corpo é capaz de fazer em seu limite. O ponto de partida é o que ele pode fazer em seu estado atual, sabendo-se que "mais" sempre pode e deve ser alcançado em nome da boa forma; não há, portanto, ou parece não haver nenhum fim à vista quanto ao cuidado com a boa forma, o *fitness* de nossos corpos.

Esse ideal toma o corpo como um *instrumento* para o alcance do tipo de experiência que faz a vida agradável, divertida, excitante e, em síntese, "boa de se viver". A boa forma representa a capacidade do corpo de absorver o que o mundo tem a oferecer agora e o que mais poderá incluir adiante. Um corpo flácido, acomodado, insípido, sem vigor e apetite para a aventura é pouco susceptível de dar conta de tais desafios. Sobretudo, tal corpo não desejaria novas experiências, e é isso que torna a vida excitante. Um antigo provérbio sugere que é melhor viajar esperançosamente do que chegar. Podemos dizer portanto que, em sociedades de consumo, é o desejo que conta, não sua satisfação. Muito simplesmente, o que o desejo deseja é mais desejo ainda. Um corpo em forma é hábil e versátil, ávido de novas sensações, capaz de buscá-las e encontrá-las ativamente, "vivendo-as ao máximo" tão logo apareçam.

A boa forma é um ideal-chave segundo o qual é avaliada a qualidade geral do corpo. Uma vez que o corpo também transporta uma mensagem, não lhe basta estar em forma; ele precisa *parecer* em forma. Para disso convencer quem o observa, ele deve ser magro, elegante e ágil, e, assim, portar a imagem de um "corpo atlético", pronto para toda sorte de exercício e para qualquer quantidade de tensão que a vida vier a lançar sobre ele. Novamente, os fornecedores de bens comerciais estarão ansiosos para ajudar o corpo a assumir tal aparência e a portar a impressão de boa forma. Assim, deparamos com uma vasta e crescente gama de escolhas entre roupas de academia, *jogging* ou agasalhos de ginástica, além de tênis de treinamento, a fim de documentar o devotamento do corpo pelo exercício e sua versatilidade. Cabe aos proprietários do corpo encontrar lojas apropriadas com os produtos certos para suas compras adequadas.

Nem todas as etapas de uma apresentação convincente da boa forma corporal são tão simples e diretas. Há muito da alçada dos proprietários; por exemplo, treinar com aparelhos, correr e praticar esportes, que são as tarefas mais preeminentes. Mesmo nesses casos, os fornecedores comerciais estão afiados para direcionar as decisões. Há uma profusão de manuais de aprenda sozinho e faça você mesmo oferecendo regimes patenteados e enorme variedade de alimentos enlatados, pré-cozidos ou em pó, especialmente preparados para ajudar quem faz musculação e frequenta academia em seus esforços solitários. Neste, como em outros casos, a prática de fazer coisas pode muito facilmente ficar em segundo lugar diante da arte da compra.

Testemunhamos a busca de sensações novas. O problema com qualquer sensação, embora mais pronunciado com prazeres sensuais, é que elas são conhecidas, por assim dizer, apenas "de dentro". Experimentadas subjetivamente, elas não são "visíveis" para os outros, sendo também difícil descrevê-las de um modo que lhes faculte a compreensão. Há, por exemplo, sinais visíveis de sofrimento – como expressões faciais de tristeza, lágrimas nos olhos, suspiros de dor ou silêncios depressivos – e de felicidade – sorriso, gargalhada, alegria e eloquência repen-

O cuidado de nós: corpo, saúde e sexualidade   165

tina. É possível imaginar esses sentimentos recordando nossas próprias experiências "similares"; mas não podemos *sentir* o que os outros experimentam.

Amigos íntimos, que desejam compartilhar todas as experiências vividas separadamente, com frequência perguntam um ao outro, de maneira impaciente e com ar de desespero: "Você *realmente* sabe o que estou sentindo?" Suspeitam, com boa razão, não haver maneira de descobrir o quanto os sentimentos de duas pessoas diferentes são "iguais" ou pelo menos "similares".

Embora tenhamos acabado de sugerir que as sensações corporais sejam experimentadas subjetivamente, e não por meio da disponibilidade para os outros nos termos de alguma capacidade deles para senti-las, essas sensações variam de acordo com a história e as culturas. Como notam Rom Harré e Grant Gillett em seu estudo *A mente discursiva: os avanços na ciência cognitiva*, a pesquisa histórica mostrou que as sensações corporais não tiveram papel muito relevante nas noções emocionais entre falantes de língua inglesa no século XVII. Seguindo pensadores como o filósofo austríaco naturalizado britânico Ludwig Wittgenstein, que desafiou a ideia de haver um inacessível mundo interior de experiências em todos nós (e não uma "vida interior"), a linguagem torna-se nosso meio de expressar sensações e emoções. As sensações não são simplesmente o resultado de algum estímulo sobre o corpo, mas também um conjunto de expressões de julgamentos, via linguagem, que fazemos sobre nosso estado de ser. Nessa medida, temos de aprender maneiras de expressar tais emoções, e a compreensão de seu significado está disponível aos outros por meios de demonstração e expressões culturais e locais. Assim, até a demonstração de emoções constitui ato social variável de acordo com o repertório de palavras e ações disponíveis em cada cultura. Dada essa variação, devemos também ser sensíveis às culturas sobre as quais falamos a fim de compreender a ideia de *fitness*.

Notamos que os índices definitivos da boa forma, diferentemente daqueles da saúde, não podem ser medidos. Por consequência, o potencial para a comparação interpessoal torna-se problemático. Além disso, há maneiras de medir nossa boa forma, por exemplo, monitorando a frequência cardíaca durante um exercício árduo. Embora possa ocorrer comparação em uma prova de corrida ou em uma competição de *bodybuilding*, sempre haverá espaço para melhorar ainda mais. A pergunta que surge então com a boa forma, quanto a sua diferença em relação à saúde, é: "Até onde vamos?" Será que tiramos desta ou daquela experiência tudo que outras pessoas conseguiram tirar e poderíamos ter feito nós mesmos?

Na busca de alvos ainda maiores, essas perguntas estão condenadas a permanecer sem resposta, o que não significa que cessaremos de procurá-la. Assuma a nossa preocupação com o corpo a forma de cuidado com a saúde ou a de treinamento para a boa forma, o resultado geral pode ser similar: mais ansiedade, e não menos, mesmo que o principal motivo que tenha atraído nossa atenção e nosso esforço em relação ao corpo tenha sido nossa ânsia pela certeza e pela segurança que tão evidentemente faltam no "mundo lá fora".

Corpo e desejo

O corpo é não somente o local e a ferramenta do desejo, mas também um *objeto* desse desejo. É nosso corpo e ao mesmo tempo o que os outros veem de nossa pessoa. Como o filósofo francês Maurice Merleau-Ponty sugeriu, "o corpo deve tornar-se o pensamento ou a intenção do que ele significa para nós. É o corpo que indica e fala".

O corpo é o local de nosso self em permanente exposição, e as pessoas tendem a julgar pelo que podem ver. Mesmo que o corpo não passe de um invólucro do que tomamos como nossa "vida interior", são a atração, a beleza, a elegância e o encanto da embalagem que seduzirão o outro. Como dominar nosso corpo é algo que aprendemos paralelamente ao fato de que o modo como os outros nos veem é também produto de expectativas comuns. Desvios em relação a isso podem causar a reflexão e a reação

O cuidado de nós: corpo, saúde e sexualidade 167

alheia, deixando em desvantagem quem é identificado como diferente, apesar das evidentes competências, habilidades e contribuições que possa por outro lado ter feito à sociedade. Assim, a forma do corpo, a maneira como nos vestimos e arrumamos, além de nosso modo de andar, são mensagens para os outros.

Quer consideremos fácil ou difícil o relacionamento social e quer os outros estejam dispostos ou não a se relacionar conosco, isso depende de vários fatores – a mensagem escrita por nossos corpos é uma entre muitas. Se as pessoas nos evitam, se não somos um "sucesso social", se aquelas com quem gostaríamos de nos associar parecem não apreciar nossa companhia ou evitam a possibilidade de um relacionamento durável, pode haver algo de errado com nosso corpo-mensageiro. Talvez, indo mais diretamente ao ponto, haja algo errado conosco como seus proprietários, treinadores e guardiães. Estará sendo apresentado um tipo errado de mensagem? Ou seria a mensagem correta, mas pouco notável ou completamente incompreensível? Podemos ter lido equivocadamente as pistas em nossos ambientes sociais. Mesmo a maneira de segurar garfos e facas e gestos corporais gerais ao comer insinuam diferentes expectativas.

Agora fechamos o círculo. Podemos ter desenvolvido nossos corpos para facilitar as relações aborrecidamente confusas e incertas com outras pessoas, mas achamos agora que o próprio corpo se transformou em fonte de problema. Com ele como lócus de representação de nós mesmos, podemos agora ter de retornar à mesa de criação para considerar outra mensagem a escrever ou encontrar a maneira de tornar a mensagem atual mais inteligível. O que importa, acreditamos, é a mensagem, e nada há que nos impeça de escrever qualquer uma que consideremos correta e apropriada. No repertório disponível, não faltam frases feitas em oferta. Certamente, nossa sociedade orientada para o consumo oferece uma multidão de "eus apresentáveis" para você mesmo montar.

O filme *Elisabeth** é centrado nos primeiros anos do reinado de Elisabeth I, talvez a maior monarca da história inglesa, e

---

*Filme de 1998, dirigido por Shekhar Kapur. (N.T.)

que contudo encontrou excessiva dificuldade para convencer os cortesãos e outros homens nobres e poderosos de que, sendo mulher, era a herdeira apropriada à glória de seu pai, Henrique VIII. Procurou convencê-los de que tinha todas as habilidades e o entendimento necessários para governar o país com sabedoria. Os poderosos ministros reais, porém, recusaram-se a tratá-la seriamente, pois a seus olhos Elisabeth era apenas uma noiva potencial, aguardando o tipo certo de marido que, uma vez casado com ela, seria o verdadeiro rei da Inglaterra.

Significativamente, Elisabeth vestia-se de acordo – como se supunha que jovens esperançosas de atrair um "príncipe encantado" devessem se vestir. Entretanto, em um momento do filme, dá-se uma prodigiosa, espantosa reencarnação: uma Elisabeth transformada adentra o grande salão do palácio real, e todos os cortesãos e barões caem de joelhos em reverência. Assim fazendo, eles reconhecem a monarca de cuja realeza já não podem mais duvidar e cujo direito a governar já não discutem. Como isso foi conquistado?

Elisabeth mudou sua *aparência*. Tinha cortado curto seu longo cabelo, comprado enormes frascos de pintura para cobrir seu rosto jovem com espessa máscara que lhe disfarçava as emoções. Envergou um vestido escuro e sóbrio e conseguiu banir o sorriso de seu rosto. Nós, espectadores do filme, não sabemos se Elisabeth mudou propriamente, mas estamos cientes de que manteve seu "projeto de vida", isto é, sua firme intenção de governar a Inglaterra de acordo com suas próprias ideias e com o melhor de suas habilidades. Nossa única certeza, entretanto, é que o recado emitido aos outros por sua aparência foi alterado. Elisabeth, ao que tudo indica, havia transmitido mensagens erradas e falhado de modo recorrente; uma vez, porém, apresentada com a aparência a informação adequada, foi bem-sucedida em sua empreitada.

Ouvimos repetidamente histórias assim de todos os tipos de autoridade – muitos deles não consideram necessariamente o olho no olho quando se trata de selecionar conteúdo, mas todos concordam que, independentemente do conteúdo, é a mensa-

O cuidado de nós: corpo, saúde e sexualidade 169

gem que faz a diferença entre o sucesso e o fracasso. Com o corpo como informação primária, imediatamente visível, a exibição do self ao olhar público e ao escrutínio tende a ser carregada com a enorme responsabilidade sobre os altos e baixos da vida social. A maneira como aspectos de nossos corpos são interpretados e dotados de efeitos particulares de significado afeta a maneira como nos vemos e como os outros nos veem. Nosso corpo, como objeto de desejo, não é mero instrumento deixado à manipulação de algum "self interior" da mente, mas parte de como somos constituídos como self por meio da reação dos outros a nossas ações e, daí, de nossa antecipação àquelas respostas.

Nesse processo, nenhum aspecto do corpo pode escapar de nossa atenção e ser deixado, por assim dizer, a seu bel-prazer. Somos responsáveis pelas partes e funções de nossos corpos, por tudo ou quase tudo com potencial de ser mudado para melhor. Isso pode ser ou não verdadeiro, em particular se pensamos no processo de envelhecimento, mas até ele, supõe-se, está sujeito a mudanças ou à postergação mediante intervenções específicas.

Por conseguinte, se o corpo é foco de atenção constante e aguda, seu proprietário não parece ser afetado pela verdade ou pela inverdade dessa crença. O que importa é que se algo em nosso corpo, especialmente em sua aparência, se aproxima do ideal, a reparação do caso parece permanecer em nosso poder de mudança. Dessa maneira, nossos corpos flutuam entre a posição de objetos de desejo e orgulho e a de fontes de aborrecimento e vergonha. Em alguns momentos, nós os premiamos por serviços leais, em outros, nós os punimos por nos deixarem por baixo.

Corpo, sexualidade e gênero

No clima atual, um aspecto de nosso corpo que vem pedindo intensa e particular atenção, bem como demandando cuidados, é o sexo. Nossa "atribuição sexual", como qualquer outro elemento referente ao corpo, não é qualidade determinada no nascimento. Vivemos no período do que Anthony Giddens de-

170 Viver nossas vidas: desafios, escolhas e coerções

nominou "sexualidade plástica". "Ser masculino" ou "ser feminino" é uma questão de arte que precisa ser aprendida, praticada
e constantemente aperfeiçoada. Além disso, nenhuma das duas
circunstâncias é autoevidente, amarrando-nos ao longo de nossas vidas, e nenhuma das duas oferece parâmetro claramente
definido de comportamento.

No que diz respeito à identidade sexual, o corpo – sejam
quais forem seus traços biológicos herdados – aparece como um
conjunto de possibilidades. Há opções a escolher em termos de
identidade sexual, com abertura para a experimentação, permitindo, assim, que algo seja retirado e substituído por outro algo.
A original e aparente fixidez da "atribuição sexual" por todo o
tempo não é uma sentença do destino. Nossa sexualidade, como
outros aspectos de nosso corpo, é tarefa a ser desempenhada. É
fenômeno complexo que inclui não apenas relações e práticas
sexuais, mas também linguagem, discurso, indumentária e
estilo. Em outras palavras, examinar como a sexualidade é mantida, e não simplesmente dada.

A sexualidade não é considerada produtiva, nos termos de
uma "essência". Isso implica um questionamento do que é
conhecido como abordagem "essencialista" da sexualidade. O
sociólogo britânico Jeffrey Weeks definiu esse quadro no sentido de procurar explicar "as propriedades de uma realidade complexa por referência a uma suposta verdade interior ou a uma
essência". O fato de a sexualidade não ser puramente "natural",
mas também um fenômeno cultural, não é, entretanto, novidade
de nosso tempo. Os seres humanos sempre nasceram com órgãos
genitais de macho ou de fêmea e características corporais secundárias de macho ou fêmea. Mas, em todas as épocas, os hábitos
e os costumes culturalmente modelados, ensinados e aprendidos
definiram o significado de ser "masculino" ou "feminino". Não
obstante, o fato de "masculinidade" e "feminilidade" serem cons-
truções humanas, não naturais e, como tais, abertas à mudança,
foi suprimido na maior parte da história da humanidade.

Nessa revelação histórica, a cultura surgiu na máscara da
natureza, e as invenções culturais foram consideradas no mes-

O cuidado de nós: corpo, saúde e sexualidade   171

mo nível que as "leis naturais". Homens foram feitos para ser homens; mulheres, para ser mulheres, e ponto final. Nada restara à vontade e à habilidade humanas senão obedecer e viver de acordo com a "verdadeira" natureza de cada um. Afinal, o que a natureza decidiu, nenhum homem (e em particular nenhuma mulher) pode alterar! Quem falou em nome da natureza raramente foi contestado – embora tenha havido exceções, elas em geral foram silenciadas na história. Em 1694, por exemplo, Mary Astell escreveu *A Serious Proposal to the Ladies*, em que argumentava não estarem as diferenças entre os sexos baseadas em ideias não examinadas de "natureza", mas no poder que os homens mantêm sobre mulheres na sociedade.

Em grande parte da história da humanidade, distinções hereditárias em corpos humanos foram empregadas como materiais de construção para sustentar e reproduzir hierarquias sociais de poder. A prática persiste em relação à categoria "raça", sempre que a cor da pele é definida como sinal de superioridade ou inferioridade e usada para explicar e justificar desigualdades sociais. O princípio se aplica às diferenças sexuais. Nelas, encontramos distinções biológicas dos sexos conformando a base para a desigualdade de gênero. "Gênero" é categoria cultural que envolve a totalidade das normas às quais os membros das duas categorias sexuais são obrigados a se conformar em suas performances de masculinidade e de feminilidade. O gênero classifica, divide e separa por meio da estipulação das atividades sociais consideradas apropriadas ou impróprias para cada categoria.

Com base em tal história, as mulheres costumam ser excluídas das áreas da vida social reservadas aos homens, ou nas quais barreiras bloqueiam o caminho de sua participação, como, por exemplo, na política ou nos negócios. Ao mesmo tempo, aquelas atividades fundamentais à sociedade, como reprodução, tarefas domésticas e criação de filhos, foram colocadas à parte, como domínio exclusivamente feminino, e, de modo compatível, desvalorizadas. Essa não é uma divisão de trabalho dada simplesmente por funções reprodutivas diferenciadas. Ela sustenta relações de poder que tendem a favorecer os homens.

172   Viver nossas vidas: desafios, escolhas e coerções

Por exemplo, dentro das organizações, como lembra a sociéloga italiana Silvia Gherardi, a posição de subordinação decorrente do fato de ser membro do segundo sexo é reforçada nos rituais em torno da gerência do corpo. Isso pode ser constatado quando o chefe deixa o escritório para uma reunião, acompanhado por sua secretária, que segue alguns passos atrás.

O movimento feminista desafiou as desigualdades sociais baseadas em características sexuais do corpo. Sua longa campanha trouxe resultados, mas mudanças na legislação não são capazes de conquistar a igualdade. O máximo que podem fazer é reabrir para a negociação aqueles casos previamente considerados "não problemáticos". Não há nenhum limite sexualmente estabelecido a que as mulheres ou os homens devam confinar suas aspirações de vida e reivindicações em termos de posição social, mas a questão de saber qual deles finalmente se realiza costuma ser deixada para a engenhosidade e a persistência individuais, sendo os efeitos de responsabilidade dos indivíduos envolvidos.

Não está totalmente claro o que os efeitos de um deslocamento de atitudes sexuais representa para o quadro individual de mente e sentimentos. Alguns observadores, por exemplo o sexólogo alemão Volkmar Sigusch, expressaram sua preocupação nos seguintes termos:

> As sombras moldadas por sentimentos de ansiedade, aversão, vergonha e culpa tornaram-se tão grandes e obscuras que muitas mulheres, e, consequentemente, também muitos homens, não enxergaram mais nenhum raio de luz. Os sentimentos de estagnação, alegria, ternura e conforto aparentemente foram condenados ao sufocamento em... pesada nuvem carregada de ódio, raiva, inveja, amargura, vingança, medo e susto.*

Se essas circunstâncias predominam, então a "realização do potencial sexual do corpo" torna-se tarefa mais difícil e trans-

---

*Publicado em *Archives of Sexual Behavior*, vol. 27, 1998, no artigo "The Neosexual Revolution". (N.T.)

forma o sexo, e a maior parte das ligações humanas com ele, em outra fonte de insegurança e medo, ao contrário de seu potencial para maiores segurança e satisfação.

Síntese

Como com os outros tópicos que analisamos, o cuidado de nós por meio de nossos corpos, assim como de sua exposição como objetos de desejo dos outros, guarda tom esperançoso quanto à obtenção de segurança, mas é também domínio em que podemos nos sentir inseguros. Isso, por sua vez, é infundido com os significados produzidos nos contextos culturais, que não são simplesmente separados das categorias biológicas, mas interagem e constroem o que somos, fomos e viremos a nos tornar com o potencial que possuímos. Com isso instala-se o poder para definir o que pode ser fonte de conforto, mas também algo para se resistir em sua invocação das normas que reprimem a diferença.

Por isso, tais diferenças são frequentemente traduzidas como desvio, mais do que compreendidas em seus próprios termos e consideradas desafiadoras para as maneiras dominantes, segundo as quais o corpo é considerado, atuado e desdobrado como forma de comunicação. As relações sexuais transformam-se, então, em áreas de intensa negociação, com resultados tantas vezes imprevisíveis. Em torno de tudo isso, entretanto, está a necessidade de tolerância com relação à diferença.

Questões para refletir

1. Na busca de segurança estamos à procura do inatingível?

2. Como se relacionam os hábitos e as posturas e maneirismos corporais? E como se manifestam na vida cotidiana?

3. De que maneiras os corpos são representados na mídia popular, por que razões e utilizando que meios?

174 Viver nossas vidas: desafios, escolhas e coerções

4. As noções de saúde e boa forma são diferentes de acordo com a existência ou ausência de uma "norma" em relação à qual possam ser medidas?

Sugestões de leitura

BURKITT, Ian. *Bodies of Thought: Embodiment, Identity and Modernity*. Thousand Oaks, Sage, 1999.
Esse livro se integra ao vasto campo de discussões sobre a questão corpo/mente e conclui que ter um corpo, agir e se pensar como pessoa são ações inseparáveis.

DELPHY, Christine e Diane Leonard. *Familiar Exploitation: A New Analysis of Marriage in Contemporary Western Societies*. Cambridge, Polity, 1992.
Uma análise comparativa de como a organização da família é relacionada ao trabalho, à produção e ao consumo.

FOUCAULT, Michel. *História da sexualidade – 1: A vontade de saber*. Rio de Janeiro, Graal, 1984.[*The History of Sexuality*, vol. 1, *An Introduction*. Harmondsworth, Penguin, 1979.]
O primeiro dos estudos de Michel Foucault sobre sexualidade não só é acessível como ainda faz o leitor repensar, numa perspectiva diferente, o que muito habitualmente seriam crenças estabelecidas.

NETTLETON, Sarah. *The Sociology of Health and Illness*. Cambridge, Polity, 1995.
Ampla visão geral dos pontos de vista da sociologia médica.

.7.

Tempo, espaço e (des)ordem

"Tempo e espaço estão encolhendo." Esta parece uma declaração bastante curiosa à primeira vista. Ora, tempo e espaço seguramente não encolhem! Do ponto de vista social, pensamos os eventos em termos de sua ocorrência no e por meio do tempo, e, de modo similar, localizados no espaço. Podemos fazer comparações entre ideias, atitudes e ações, traçando um mapa de suas variações históricas nos espaços físicos (em paisagens urbanas ou regionais) e simbólicos (como eles são vistos e que significados se atrelam às relações e aos objetos que neles estejam, quando tomados como "lugares" de interação).

As tecnologias da informação, entretanto, aceleraram nossas comunicações, por exemplo, com o e-mail e a mensagem instantânea, enquanto os meios de comunicação de massa se irradiam por todas as partes do globo, com efeitos sobre como as pessoas percebem a espacialidade e os locais. Nessa medida, espaço e tempo estão *de fato* encolhendo! Como disse Paul Virilio, a questão agora não é em que período de tempo (cronológico) nem em que espaço (geográfico) estamos, mas sim em "*qual* espaço--tempo?" Isso está mudando em velocidade crescente.

A experiência do espaço e do tempo

Essas duas grandezas parecem ser características independentes do "mundo lá fora", mas não são claramente independentes uma da outra no planejamento, no cálculo e na execução de nossas ações. Tendemos a medir distâncias na forma do tempo necessário para atravessá-las, uma vez que nossas estimativas de afastamento ou proximidade de nossos destinos dependem da quantidade necessária de horas, minutos e segundos para alcançá-los. O resultado dessa medição fica, portanto, na dependência da velocidade em que podemos nos mover – que, por sua vez, é compatível com as ferramentas de mobilidade ou os veículos a que temos acesso de forma rotineira. Se o uso desses equipamentos demanda uma paga, a velocidade com que nos deslocamos depende, então, da quantidade de dinheiro de que dispomos.

Nos tempos (não tão antigos, para falar a verdade) em que eram os pés humanos ou as patas de cavalos os únicos equipamentos de viagem, a resposta provável à pergunta "O quão distante é daqui a vila seguinte?" seria "Se partir agora, estará lá por volta do meio-dia"; ou "Você não chegará antes do crepúsculo. É melhor pernoitar na pensão". Mais tarde, uma vez que os "membros artificiais" – os motores construídos pelo homem – haviam substituído os pés humanos e os cavalos, as respostas deixaram de ser tão diretas. A distância transformou-se, então, em uma questão do meio de transporte a ser usado, que não era sempre o mesmo e dependia de ter recursos para viajar de trem, ônibus, automóvel ou avião.

O que acabamos de citar são meios de transporte que carregam e deslocam pessoas e/ou coisas de um lugar para outro. Os meios de comunicação a que nos referimos no parágrafo de abertura, por outro lado, dizem respeito à transmissão e ao repasse de informação. Podemos falar que, durante a maior parte da história da humanidade, não havia muito a distinguir entre transporte e comunicação. A informação era transportada por diferentes carregadores, por exemplo, viajantes, mensagei-

Tempo, espaço e (des)ordem 177

ros, negociantes e trabalhadores manuais alocados ao longo do percurso ou aqueles que se deslocavam de uma vila para outra à procura de esmolas ou de trabalho ocasional. Algumas exceções a essa regra geral incluem as mensagens visuais (sinais de fumaça) dos nativos das planícies americanas ou os tambores-telégrafo da África.

Enquanto era uma raridade, a habilidade de transmitir informação independentemente de portadores humanos ofereceu enorme vantagem para aqueles que tinham acesso a tais meios. Diz-se, aliás, que o uso pioneiro dos pombos-correio permitiu a Rothschild, o banqueiro, ser informado antes de qualquer um da derrota de Napoleão em Waterloo. E o uso dessa informação privilegiada teria multiplicado sua riqueza na Bolsa de Londres. Certamente, apesar de ser ilegal, o mesmo tipo de vantagem ainda torna o chamado *inside-trading*, a negociação a partir de informações privilegiadas, uma forma sedutora para muitos que procuram ampliar suas riquezas nos mercados de ações.

Durante algum tempo, os desenvolvimentos técnicos mais impressionantes respondiam às necessidades do transporte. Assim, foram inventados os motores a vapor, elétrico e de combustão interna, as redes de estradas de ferro, as embarcações para longas viagens marítimas e os carros a motor. Contudo, em paralelo a essas invenções, germinava uma nova era de "software", com descobertas como o telégrafo e o rádio – neles encontramos os meios de transmitir informação pura a longas distâncias sem necessidade de uma pessoa ou qualquer outro corpo físico mover-se de um lugar para outro. Em comparação, o transporte nunca seria "instantâneo", exceto em fantasias de ficção científica. Tomaria sempre o tempo de deslocamento de seres humanos e seus pertences do ponto de partida ao de chegada, operação tanto mais cara e cercada de maior incômodo quanto mais houvesse para transportar e quanto mais longa fosse a distância.

Eis por que em termos de "hardware" o lugar faz a diferença, e isso confere valor ao espaço. Era mais barato e menos incômodo estar "no lugar". Os proprietários das fábricas desejavam produzir cada parte do produto final sob o mesmo teto e manter toda a maquinaria e todos os trabalhadores necessários para produzi-lo no interior dos mesmos muros de fábrica. Isso limitou a necessidade de transporte, e essas economias de escala reduziram os custos. Em torno dessas práticas, emergiram formas de disciplina a respeito do controle do espaço e do tempo. Quanto mais próximos os controladores estavam do controlado, mais completo era seu domínio sobre as condutas diárias. No princípio do século XIX, Jeremy Bentham, um dos cientistas políticos e filósofos mais influentes da época, propôs uma solução para a questão do crescimento populacional, uma ideia distante daquela proposta pelos economistas e suas preocupações com pobreza, alimento e produtividade. Uma de suas sugestões era projetar um edifício enorme, no qual as pessoas estariam sob fiscalização 24 horas por dia, sem, contudo, jamais terem completa certeza de estar sendo ou não observadas. O "panóptico" serviria como padrão ideal para todos os poderes modernos, do nível superior ao inferior.*

Fosse o poder um tipo de panóptico, os objetos da fiscalização constante se tornariam obedientes e se absteriam da insubordinação, deixando de lado os atos de rebelião, pois todo desvio em relação à regra era demasiado custoso para que fosse considerado seriamente como possibilidade. Em consequência, deu-se, no curso da história, parafraseando Michel Foucault, um movimento do olhar do outro para a internalização do olhar, isto é, da disciplina imposta pelos outros às diferentes práticas de autodisciplina.

Os tempos mudaram, porque a informação pode agora mover-se independentemente dos corpos físicos. Com isso, a velocidade das comunicações já não é mantida pelos limites a ela

---

*Bentham, em texto, publicado em 1791, sugeriu o que chamava de "casa de inspeção". O modelo paradigmático era o de uma prisão ideal, o que levou o senso comum (e várias citações traduzidas de sua obra) a supor que ele projetara apenas um modelo de prisão. Mas, se seu projeto era aplicável em particular a prisões, atendia também a "fábricas, oficinas, abrigos e albergues para os pobres, manicômios, leprosários, hospitais e escolas". Ele afirmava, já na capa da publicação, que o modelo servia "a qualquer tipo de estabelecimento". (N.T.)

Tempo, espaço e (des)ordem 179

impostos por pessoas e objetos materiais. Para todos os fins práticos, a comunicação é agora instantânea, e, assim, as distâncias não importam, pois qualquer canto do globo pode ser alcançado ao mesmo tempo. No que diz respeito ao acesso e à propagação da informação, "estar perto" e "estar longe" já não tem a importância de outrora. Os grupos de internet não sentem a distância geográfica como impedimento à seleção dos integrantes de uma conversação. Para quem vive, por exemplo, em Manhattan, comunicar-se com alguém em Melbourne ou Calcutá não tomará mais tempo do que fazer o mesmo com alguém no Bronx.

Se você nasceu na "era eletrônica", tudo isso pode ser um mero dado da realidade que não se questiona e parece insignificante. Esse quadro tornou-se tão integrado à vida cotidiana quanto o nascer e o pôr do sol. Você dificilmente notaria quão profunda foi essa recente *desvalorização do espaço*. Então, nos permitamos fazer uma breve pausa e pensar como a condição humana muda uma vez que a comunicação toma o lugar do transporte como principal veículo da mobilidade, e quando a experiência e a crescente urgência do fluxo informacional já não dependem da distância.

O que, por exemplo, acontece com a ideia de "comunidade"? Como já sugerimos, ela dependente enormemente da noção de conhecimento por contato entre as pessoas em proximidade física. A comunidade é, desse modo, uma criação territorial ou "local" porque é confinada a um espaço com limites estabelecidos pela capacidade humana de se mover. A diferença entre o "dentro" e o "fora" de uma comunidade é, por conseguinte, aquela entre o "aqui e agora" e o "depois lá longe".

A espinha dorsal de toda comunidade era a teia de comunicação entre seus membros em uma rede social conformada pelo território. Assim, a distância sobre a qual tais interações "comunicativas cotidianas" podiam se estender estabelecia os limites comunitários. A comunicação com localidades mais distantes era ruim e cara. Por esse motivo, comparativamente mais incomum. Nesse sentido, o local tinha vantagem sobre o "distante", as ideias nasciam e eram discutidas no plano da localidade.

180 Viver nossas vidas: desafios, escolhas e coerções

Essa situação mudou de maneira significativa. A proximidade e a frequência físicas de uma comunicação já não precisam ocorrer dessa maneira, pois os participantes das interações podem ser mapeados como pontos dispersos no globo. Não se trata de comunidade territorial, porque talvez as pessoas só se encontrem raramente, ou até nunca o façam, permanecendo assim inconscientes da existência dos outros em termos do pertencimento a uma rede espacial definida de pessoas em um local comum.

Uma comunidade desse tipo é conjurada por atividades comunicacionais, e é isso que a mantém unida. Não é necessariamente de seus membros, contudo, que derivamos nossas ideias sobre o mundo. O saber adquirido por descrição, em contraste com o que deriva do encontro com o outro, nas situações do que Erving Goffman chamou de "copresença", pode não advir de quem aqueles pontos no mapa simbolizam. Afinal, lemos os jornais diários e as revistas semanais, dos quais retiramos muito do que conhecemos. Além disso, assistimos à televisão e escutamos rádio sem ter certeza de onde vêm os programas apresentados ou onde foram escritas as matérias divulgadas.

Graças às vozes e às imagens transmitidas eletronicamente, é o mundo que viaja até nós, enquanto permanecemos em nosso lugar. Esse processo de "instalação" e "desinstalação" do conhecimento tem como significado o fato de que não há reciprocidade em nossa comunicação. Vemos pessoas na tela que falam conosco e se apresentam diante de nossos olhos, mas elas não "nos" reconhecem em meio à massa de indivíduos que as veem.

Dessa maneira, o modelo do panóptico pode ser invertido: muitos podem agora prestar atenção a poucos. As celebridades caem no olhar público com sua importância medida pelo número de livros escritos a seu respeito, as avaliações de audiência de seus shows ou filmes ou o número de discos que porventura vendam. As celebridades não são "líderes", mas exemplos de sucesso mantido pelo consumo público. Ao se pensar, todavia, sobre essas imagens e sua transmissão e recepção, ao mesmo tempo que as pessoas permanecem em uma localidade, a informação orientadora de suas experiências pode ser extraterritorial. Assim, ouvimos falar que a informação se tornou *global*, no sentido de se ter libertado de seus vínculos *locais*. Ela viaja livremente entre as localidades, os países e os continentes. Os limites anteriores são desafiados e transgredidos. Sua velocidade é tal que o controle constitui problema; e quem pode ganhar a corrida quando se trata de competir com sinais eletrônicos? Tudo isso tem implicações sobre as maneiras como conduzimos nossa vida, bem como sobre a natureza e a distribuição do poder. Ignorar essas questões não é opção disponível, ainda que responder às perguntas levantadas não seja fácil. Isso, entretanto, não justifica a inércia se pretendemos compreender e atuar sobre as consequências da Era da Informação, em vez de permanecer passivamente em inatividade.

Sociedade de risco

Dadas as questões advindas das transformações nas sociedades, Ulrich Beck propôs a ideia de que hoje vivemos em uma "sociedade de risco". Quando pensamos em risco, vêm à mente perigo ou ameaça relacionados ao que fazemos ou eventualmente nos abstemos de fazer. Diz-se com frequência "Este é um passo arriscado a ser dado", indicando a exposição a uma situação indesejável. Entretanto, em uma sociedade de risco, essas questões derivam não tanto do que cada pessoa faz isoladamente, mas do próprio fato de, por estar isolada, suas ações serem dispersas e não coordenadas. Isso considerado, os resultados e efeitos colaterais – de difícil cálculo e definição – têm potencial para nos pegar de surpresa. Como lidar com esse estado de coisas?

Se tentássemos nos prevenir de todas as consequências indesejáveis, muito certamente avaliaríamos nossas ações num patamar altíssimo e nos condenaríamos à inatividade. Ao mesmo tempo, o risco não é o resultado de ignorância ou falta de habilidade. Na verdade, trata-se do oposto, pois nasce de esforços crescentes visando ao ser racional, no sentido da definição e da

182 Viver nossas vidas: desafios, escolhas e coerções

concentração nos detalhes *relevantes*, julgados significativos por uma ou outra razão. Como ensina o provérbio popular, "cruzaremos a ponte quando a ela chegarmos". Naturalmente essa afirmação pressupõe a existência da ponte, tendo pouco a dizer sobre o que fazer se descobrirmos que ela não está lá!

Tomemos o exemplo dos alimentos geneticamente modificados, isto é, produtos agropecuários cujo padrão genético foi alterado para que cresçam mais resistentes a pragas e doenças, ou apresentem maior rendimento ou vida mais longa nas prateleiras dos mercados. Há quem sugira que o potencial dessas safras está na mitigação da pobreza. Isso, contudo, não é uma questão de avanço científico, mas do que fazer com a distribuição proporcional da riqueza entre o Ocidente e a maioria dos países do mundo denominada "em desenvolvimento" ou "emergente".

Outros suspeitam que, a julgar por experiências anteriores, haverá um preço a pagar por alcançar essas metas, na forma de consequências não pensadas. Eles apontam para efeitos secundários da manipulação de genes em termos de devastação da composição do solo e de danos de longo prazo à saúde e às expectativas de vida dos consumidores. Por conseguinte, o problema pode ser não tanto o aumento da produção, mas, antes, a distribuição de recursos existentes; e, mais que isso, a maneira como as safras são cultivadas e com que efeitos sobre o ambiente. O debate gira em torno da incerteza, no sentido de não se saber o preço a ser pago no futuro por decisões atuais, com opiniões divergentes a respeito dos resultados dessas decisões em curto, médio e longo prazos.

Em situações como essas, as companhias com investimentos nessas tecnologias podem mudar-se para outro lugar ou diversificar-se para outras áreas com potencial de lucro. Como disse Barbara Adam, socióloga que se dedica ao estudo do tempo, quando este se torna mercadoria, a velocidade se transforma em valor econômico. Portanto, "quanto mais rapidamente os bens se moverem pela economia, melhor. A velocidade aumenta os lucros e se apresenta positivamente no PIB (Produto Interno Bruto) de um país".

Tempo, espaço e (des)ordem 183

A nova volatilidade da informação também libera o movimento do dinheiro, com mercados monetários globais especulando (como já assinalamos) em trilhões. Esses são os fatores que contribuem para nossas possibilidades de ter vidas aceitáveis, emprego, instrução e assistência médica, bem como para o potencial de viver em ambientes sem poluição. Enquanto outrora o olhar e a proximidade faziam a diferença no panóptico, a atual tecnologia do poder é capaz de ameaçar a distância aqueles cujo comportamento deve ser regulado. Se, por exemplo, a equipe de uma fábrica ou o grupo de funcionários de um escritório está insatisfeito, sem comando ou exige melhores condições, seria de esperar que a unidade fosse fechada, "fatiada" ou "vendida", mais do que um aumento do nível de fiscalização e a aplicação de regras mais estritas.

A extraterritorialidade dos poderes globais não os vincula a qualquer lugar específico, e eles estão sempre prontos a viajar imediatamente para longe. Como Richard Sennett se referiu a Bill Gates, o presidente da Microsoft, ele "parece livre da obsessão de aferrar-se às coisas". Não obstante, liberdade em um plano não significa liberdade em outro, pois se os "locais" buscassem seguir os "globais", logo perceberiam, como Sennett adverte, que os mesmos "traços de caráter geradores de espontaneidade tornam-se mais autodestrutivos para aqueles que trabalham mais abaixo no regime flexível".

A globalização é considerada um processo que ninguém controla, o que, contudo, é muitas vezes invocado como motivo para a inércia diante daquilo que é visto como um conjunto de forças opressivas e abstratas. As políticas de governo podem (e de fato o fazem) mediar, atenuar e aprimorar esses efeitos em sua resistência ou reproduzi-los em sua passividade e indiferença. A globalização nos afeta no plano individual em variados graus, pois podemos todos experimentar ansiedade e preocupação quando é difícil compreender o que está acontecendo, e nos cabe, de acordo com nosso critério individual, influenciar a direção em que as coisas parecem se mover a nosso redor. Um agente com o potencial de assumir o controle de seus piores efei-

184 Viver nossas vidas: desafios, escolhas e coerções

tos, por outro lado, é algo que se posiciona para além do indivíduo, do grupo e do Estado-nação. A disposição para agir nesse estado de coisas exige que seus beneficiários reconheçam estar assim posicionados só porque outros estão excluídos. Há outro tema a ser considerado em relação ao risco. Podemos ter alguma ideia sobre como satisfazer nossas necessidades, mesmo que os meios para tal satisfação não sejam distribuídos de maneira igual. Entretanto, a necessidade de neutralizar ou reduzir os riscos difere das demais. Isso porque os riscos são perigos do tipo que não vemos nem ouvimos se aproximar e de que não podemos estar inteiramente cientes. Não experimentamos diretamente – não vemos ou ouvimos, nem sentimos odor ou tato – a crescente concentração de dióxido de carbono no ar que respiramos; nem o lento, mas inexorável, aquecimento global; ou a ação daquelas substâncias químicas usadas para engordar o gado cuja carne comemos, mas que podem minar a capacidade de nosso sistema imunológico para lidar com infecções bacterianas.

Sem "especialistas", podemos até nada saber a respeito desses riscos. Essas pessoas aparecem na mídia e interpretam o mundo e as situações em que nos encontramos de tal maneira que superam nossos limitados conhecimentos e experiência. Precisamos confiar em suas informações sobre nosso ambiente, nossos hábitos alimentares e sobre aquilo que devemos evitar. Posto que não há maneira de testar esses conselhos com relação a nossa própria experiência – pelo menos não até ser talvez tarde demais para nos darmos conta de nossos erros –, permanece a possibilidade de suas interpretações estarem erradas. Assim, como Ulrich Beck propôs, os riscos podem ser "eliminados por interpretação" e tornados "inexistentes", de modo que não haja necessidade alguma de sermos estimulados a entrar em ação. Uma reação desse tipo não é incomum. Pode ser potencializada pela crença de que haja uma conspiração na qual aqueles que nos protegem são na verdade porta-vozes daqueles que podem nos prejudicar.

Hans Jonas, filósofo alemão radicado nos Estados Unidos, refletiu sobre as consequências do desenvolvimento tecnológico em escala global. Embora nossas ações possam afetar aque-

Tempo, espaço e (des)ordem 185

les que vivem em outras partes do globo, a respeito de quem pouco sabemos, nosso panorama moral não se adequou a essas transformações. Com que frequência falamos dos eventos considerados além do controle? Isso demanda perguntas sobre como podemos assumir uma ética global que também respeite e reconheça as diferenças entre as pessoas. Sem isso, tais forças não são domadas de acordo com nossas necessidades, mas desencadeadas, e com diferentes resultados. Isso serve para aliviar a raça humana de sua responsabilidade moral diante do outro. Segundo o filósofo alemão Karl-Otto Apel, temos responsabilidade quanto ao modo como as instituições são formadas e remodeladas e, assim, com relação "àquelas instituições que facilitam a implementação social da moralidade".

Ainda que tivéssemos uma declaração de deveres morais similar à declaração de direitos humanos das Nações Unidas, ela exigiria uma grande mudança para ser efetiva. A maioria das pessoas não vê além dos limites de suas vizinhanças mais próximas. Assim, compreensivelmente, tendemos a destacar determinados detalhes, eventos e pessoas mais próximas. Vagos sentimentos de ameaça podem então ser direcionados para alvos visíveis, reais, que estejam ao alcance. Separada ou mesmo solidariamente, muitas vezes parece que pouco podemos fazer para atingir alvos distantes, difusos e talvez ilusórios. Localmente, as pessoas podem formar uma patrulha de cidadãos interessados e ativos visando àqueles que representam ameaça a seus estilos de vida. Câmeras de televisão de circuito fechado, alarmes, fechaduras em janelas e luzes de segurança podem ser instalados para proteger o espaço local – explicações em busca de compreender essas tendências além daqueles limites podem ser excluídas, consideradas irrelevantes e mesmo irresponsáveis.

Não se excluem, entretanto, os efeitos da globalização. Assim, uma insegurança globalmente induzida pode encontrar sua saída na preocupação com segurança produzida no plano local. Teríamos caído na armadilha sinalizada por Ulrich Beck? Ou seja, procuramos a fonte de risco no lugar errado. Uma preocupação criada em plano local voltada para a segurança

186 Viver nossas vidas: desafios, escolhas e coerções

agrava as divisões que separam as pessoas – justamente as divisões que conduzem ao engano e à habilidade de ignorar as consequências da ação sobre as outras pessoas, distantes de nossos mundos. Os que têm recursos para proteger suas propriedades são em geral aqueles que têm algo que outros (a quem faltam meios) desejam ter. Moralmente falando, as distâncias entre as pessoas podem permitir-lhes suportar os efeitos que suas ações têm sobre os outros.

Há um conjunto de consequências, mas a globalização não é apenas uma ameaça, constituindo também uma grande oportunidade. Karl-Otto Apel sugeriu que poderíamos usar nossa razão e nossa vontade para pôr em prática uma sociedade verdadeiramente global, que buscasse ser inclusiva e respeitadora das diferenças e tentasse seriamente erradicar a guerra. Falsas interpretações e atribuições de culpa por riscos podem impedir nossa atuação e levar a divisões mais profundas, assim agravando os problemas sem os enfrentar. Eis por que é tão importante "pensar sociologicamente".

A sociologia, embora não possa corrigir os defeitos do mundo, é capaz de nos ajudar a compreendê-los de modo mais completo e, ao fazê-lo, permite-nos atuar sobre eles em busca do aperfeiçoamento humano. Nesses tempos de globalização, precisamos mais que nunca do conhecimento que a sociologia fornece. Afinal, compreender-nos no presente permite o domínio sobre as condições e as relações atuais, sem o que não há esperança alguma de dar forma ao futuro.

Autonomia, ordem e caos

A fonte de tal esperança pode residir no reconhecimento do caos e de suas razões! Essa declaração é bastante curiosa. Vimos, porém, que fronteiras ativam a ordem e são questionadas pela globalização, determinando diferentes resultados. Pode então se seguir o reconhecimento mais amplo de nossa interdependência, acompanhado, entretanto, de forte desejo de separação. A escolha da rota a tomar (como sugerimos) depende de um esforço combinado passível de começar nas vizinhanças, mas cujos pontos finais se localizariam muito além delas. Assim, em determinado nível, uma tentativa de traçar, marcar e guardar fronteiras artificiais torna-se objeto de crescente preocupação. Em outro plano, aquilo que outrora foi considerado divisões – bem entrincheiradas e resistentes a mudanças – e distâncias "naturais" dissolve-se, e percebe-se o movimento crescente de reagrupamento daqueles que já estiverem separados.

Poderíamos dizer que o esforço para manter e defender uma divisão aumenta em igual proporção sua fragilidade e a extensão do dano que faz à complexa realidade humana. Considera-se que essa situação tenha aflorado com o tipo de sociedade que se estabeleceu no mundo ocidental há aproximadamente três séculos e em que ainda hoje vivemos. Antes desse tempo – com frequência identificado como "pré-moderno" –, a manutenção das distinções e das divisões entre categorias tendia a atrair menos atenção e a potencializar menos atividade do que faz hoje. As diferenças pareciam autoevidentes e atemporais porque eram consideradas imunes à intervenção humana. Foram lançadas ao chão por forças além do controle humano. Assim, um nobre, por exemplo, era um "nobre" desde o nascimento, regra também aplicável aos servos camponeses. Com muito poucas exceções, a condição humana parecia solidamente construída e estabelecida de um só modo no mundo todo. Em outras palavras, não havia distinção alguma entre natureza e cultura.

Foi aproximadamente no final do século XVI que, em partes da Europa ocidental, esse retrato do mundo começou a desmoronar. Com o aumento do número e da visibilidade das pessoas que não se encaixavam nitidamente em qualquer "cadeia divina dos seres",* acelerou-se então o ritmo da atividade legislativa, a fim de regular as áreas da vida que originalmente haviam sido deixadas a seu curso natural. As distinções e as discriminações

---

* Segundo a *Scala naturae* – princípio neoplatônico de uso recorrente no pensamento medieval –, os organismos vivos podem ser organizados em escala linear, contínua e progressiva, do ser mais simples ao mais complexo. (N.T.)

sociais tornaram-se objeto de questionamentos, projetos, planejamento e, o mais importante, de esforços conscientes, organizados e especializados. As ordens sociais emergiram como produções e projetos humanos, passíveis, assim, de manipulação. Desse modo, a ordem humana tornou-se objeto de ciência e tecnologia.

Não podemos dizer que a ordem nasceu nos tempos modernos, mas sim que então se tornaram aparentes a *preocupação* com ela e o medo de que, sem intervenção, a vida decaísse rumo ao caos. Nessas condições, o caos emerge como o resultado perceptível da falha em ordenar as coisas. O que faz algo ficar tão desordenado é a inabilidade dos observadores de controlar o fluxo de eventos para obter a resposta desejada do ambiente e prevenir ou eliminar os acontecimentos não planejados. O caos, nesses termos, transforma-se em *incerteza*, e só os vigilantes técnicos em assuntos humanos parecem ser o obstáculo entre ela e uma condição ordenada de conduta e afazeres. Os limites, entretanto, são controversos e pouco rígidos. A administração da ordem é sempre incerta e estará sempre incompleta. É como erguer um edifício sobre areia movediça. Só conseguimos ilhas de ordem em um fluxo de eventos, o que pode produzir relativa autonomia provisória.

Com isso, estamos diante de uma situação com a qual nos deparamos em inúmeras ocasiões. O simples empenho em impor a ordem leva à incerteza e à ambivalência que mantêm vivo o medo do caos. Os esforços para construir uma ordem artificial sucumbem necessariamente a pouca distância de seu objetivo. Eles invocam ilhas de autonomia relativa, mas ao mesmo tempo podem transformar territórios adjacentes em áreas de ambivalência. As perguntas tornam-se então questão de método, mais do que de propósito, isto é, dizem respeito a como efetivar os limites e, assim, impedir que a maré de ambivalência arraste essas ilhas. Construir ordem é, dessa maneira, fazer guerra à ambiguidade – a que custo, porém?

É possível traçar linhas demarcando fisicamente limites que só podem ser cruzados por aqueles considerados aceitáveis. Por exemplo, os postos de controle de passaporte nas fronteiras. Há também alguns casos mais sutis, como um convite que classifique o destinatário como admitido em uma festa. Quem não puder apresentar passaporte ou convite, provavelmente será obrigado a fazer o caminho de volta. E ainda que consiga entrar sem esses meios oficiais, o medo constante de ser notado e obrigado a se retirar estará sempre presente. A relativa autonomia do enclave foi comprometida e corroída por sua presença, abalando um estado de regularidade e ordem. O sujeito se encontra então fora de uma fronteira física. Mas, como meio de manutenção da ordem, essa é matéria mais simples do que a garantia de conformidade e obediência uma vez dentro dela.

A personalidade de uma pessoa não pode ser simplesmente retalhada em porções, algumas liberadas para entrar, outras devendo permanecer lá fora (embora, como demonstra com grande pungência o filme *Um estranho no ninho* e como Erving Goffman chamou a atenção em *Manicômios, prisões e conventos*, as instituições totais se possam esmerar visando a assegurar a conformidade). Lealdade total a uma organização, por exemplo, é algo notoriamente difícil de se conseguir e em geral inspira a aplicação dos expedientes mais engenhosos e imaginativos. Empregados de uma companhia ou de um escritório, por exemplo, podem ser proibidos de pertencer a sindicatos ou movimentos políticos. Ou ser submetidos a testes psicológicos para detectar qualquer potencial de resistência a receber ordens, ou ainda ser impedidos de discutir questões organizacionais com pessoas não pertencentes à organização.

Bom exemplo disso é a Lei do Sigilo Oficial britânica, que proíbe alguns funcionários públicos de divulgar informações, mesmo que, ao fazê-lo, estejam servindo aos interesses daqueles cidadãos que o próprio Estado deveria proteger. De maneira similar, o desejo das organizações de projetar determinada imagem para o público pode levar a algumas práticas internas que os empregados talvez considerem antiéticas.

No caso do Serviço Nacional de Saúde britânico, determinados empregados de hospitais adotaram a prática conhecida como "dedurar", a fim de expor à atenção do público o que te-

190 Viver nossas vidas: desafios, escolhas e coerções

nham considerado práticas duvidosas. Para que o sistema parecesse eficaz no tratamento e na liberação de pacientes como medida aparente de desempenho da organização, alguns deles eram mandados de volta à comunidade sem ter tido recuperação completa, só para serem readmitidos dias depois. A qualidade do atendimento individual era então considerada fraca pela medição da quantidade de pacientes tratados e liberados.

O desejo de traçar fronteiras desse modo tem efeito sobre dependências e vínculos interpessoais quase sempre de modo involuntário. O que parece ser solução apropriada e racional para um problema constatado numa unidade relativamente autônoma torna-se problema para outra unidade. Como essas unidades, ao contrário de suas simulações, são estreitamente interdependentes, a resolução de problemas repercute afinal sobre a própria agência que originalmente as empreendeu. Isso leva a um deslocamento não planejado e imprevisto no balanço geral da situação, que torna a definição contínua do problema original mais custosa do que se esperava – ou até a inviabiliza. E pode ser ajustado pelos cálculos de eficiência que simplesmente avaliam uma unidade em termos de investimentos e rendimentos – embora em aparência o método seja "racional", nada tem a dizer a respeito dos efeitos das decisões de uma unidade sobre as ações de outras.

O caso mais notório desses efeitos é a destruição do equilíbrio ecológico e climático do planeta. Os recursos naturais da Terra estão sendo esgotados pela busca de lucro, e nada há de inerente em tal busca que opere como restrição sobre esse comportamento. Os grandes petroleiros podem tomar atalhos a fim de entregar suas cargas nos prazos, apesar dos riscos envolvidos, mas não são projetados com "pele"* que impeça o vazamento da carga no caso de colisão. Até porque projetos como este são onerosos para as empresas. Qual é, porém, o custo potencial dessa

---

*Skins ou "peles" são aparatos protetores usados em vários processos de engenharia para prevenir acidentes. Podem ser malhas de fibras resistentes, metal ou outros materiais, e costumam ser vistas ao redor de grandes edifícios em obra. As peles de petroleiros podem evitar que uma carga de óleo que vaze se espalhe pelo oceano. (N.T.)

Tempo, espaço e (des)ordem   191

decisão para o ambiente? Assim, as organizações industriais poluem o ar, a água e, desse modo, criam muitos novos e terríveis problemas para as autoridades de saúde e de desenvolvimento urbano e regional. Em seus esforços para melhorar a organização de sua própria atividade, as companhias racionalizam o uso do trabalho e, ato contínuo, declaram dispensáveis muitos de seus trabalhadores, aumentando os problemas gerados pelo desemprego crônico, como a pobreza e as precárias condições de saúde. A multiplicação vertiginosa de automóveis particulares, estradas, aeroportos e aviões, antes destinada a resolver o problema da mobilidade e do transporte, cria engarrafamentos, poluição atmosférica e sonora, destrói áreas inteiras de assentamento humano e leva a tal centralização da vida cultural e de fornecimento de serviços que torna muitas instalações inabitáveis.

Por sua vez – e como resultado disso –, viajar tornou-se mais necessário que nunca, embora ao mesmo tempo mais difícil e exaustivo. O que outrora prometia liberdade, como os automóveis, contribui agora para o constrangimento da livre circulação coletiva e para a poluição da atmosfera, tanto na geração atual quanto nas futuras. Apesar de tudo isso, a solução indicada para o problema costuma ser justamente a construção de mais estradas.

As raízes disso repousam na aparente autonomia relativa que é prometida ao se destacar do todo uma parte de nossa vida. Como todos habitamos a totalidade, tal autonomia é, no melhor dos casos, parcial; e, no pior, puramente imaginária. Isso é conquistado por não enxergarmos as consequências ou por fecharmos os olhos para as conexões múltiplas e de longo alcance entre todos os atores e entre tudo que cada ator estiver fazendo. O número de fatores considerados no planejamento e na execução das soluções dos problemas é sempre menor que a soma total de fatores que influenciam a situação (ou dela dependem) causadora do problema.

Podemos mesmo dizer que o poder – a capacidade de projetar, reforçar, influenciar e preservar a ordem – consiste na habilidade de desprezar, negligenciar e empurrar para o lado aqueles fatores que, se fossem objeto de questionamento e ação, inviabilizariam a ordem. Ter poder significa, entre outras coisas, ser capaz de decidir o que não é importante e o que não deve ser objeto de interesse. O que repercute, entretanto, é a inabilidade de excluir da existência o que foi chamado de "fatores irrelevantes".

Os temas relevantes e os irrelevantes são contingentes, isto é, não há razão para a linha de relevância ser traçada de alguma maneira em particular, pois várias lhe servem. Isso considerado, a própria decisão está aberta à disputa, e os exemplos são muitos ao longo da história; um deles localiza-se no início da Era Moderna, quando uma das lutas mais seminais pelo poder se desenvolveu em torno da passagem do *mecenato* ao *nexo monetário*.

Confrontados com a insensível indiferença dos proprietários das indústrias com o destino das "mãos da fábrica" (a expressão indicava que esses empregadores só estavam interessado nessa parte da anatomia dos trabalhadores), os críticos do sistema fabril emergente recordaram as práticas das oficinas de artesãos ou mesmo de feudos rurais que se comportaram como "uma grande família", incluindo todas as pessoas. Os mestres das oficinas e os suseranos e senhores podiam ser patrões cruéis, autocráticos e explorar inescrupulosamente a penosa labuta de seus trabalhadores. Em paralelo, porém, esses empregados também esperavam que o patrão cuidasse de suas necessidades e, caso necessário, os protegesse do desastre iminente.

Em aguda oposição a esses hábitos mais antigos, nenhuma dessas expectativas foi aceita como legítima pelos proprietários das fábricas, que pagavam seus empregados pelo trabalho executado em horas no estabelecimento, sendo os demais aspectos de suas vidas de responsabilidade dos próprios trabalhadores. Os críticos e os porta-vozes dos operários se ressentiram desse "lavar as mãos". E declararam que o esforço diário prolongado, exaustivo e sem sentido exigido pela disciplina da fábrica deixava os trabalhadores "mentalmente esgotados e fisicamente desvalidos", segundo palavras de Karl Marx.

Os trabalhadores transformaram-se em mercadorias descartáveis porque, como os demais componentes do produto da fábrica, foram considerados inúteis do ponto de vista do esquema produtivo. Os críticos sinalizavam que o relacionamento entre os proprietários e as mãos da fábrica não era de fato limitado à simples troca de trabalho por salários. Por quê? Porque o trabalho não poderia ser destacado e isolado da pessoa do trabalhador tal como o montante de dinheiro poderia ser separado da pessoa do empregador.

"Dar emprego" significa sujeitar a pessoa inteira, corpo e alma, à tarefa determinada pelo empregador, para quem o trabalhador se torna simples meio para a realização de seus objetivos. Dessa maneira, apesar dos protestos em contrário, os trabalhadores eram solicitados a dar em troca dos salários toda a sua personalidade e a sua liberdade.

Assim, o poder dos proprietários das fábricas sobre os trabalhadores estabeleceu-se segundo essas assimetrias de poder. Decorre daí a observação de Marx quanto ao fato de que, em contraste com o capitalismo, em condições de escravidão, os proprietários tinham algum interesse no bem-estar de seus escravos. Esse relacionamento foi substituído por uma forma abstrata de troca na qual os empregadores não tinham interesse algum no bem-estar físico e mental dos trabalhadores. Os empregadores definiram o significado do emprego e se reservaram o direito de decidir o que era e o que não era tema de seu interesse – direito que negavam a seus empregados. No mesmo tom, a luta dos trabalhadores por melhores condições de trabalho e maior participação no processo produtivo teve de se transformar em luta contra o direito de o empregador definir os limites e os conteúdos da ordem do local de trabalho.

O conflito entre trabalhadores e proprietários de fábricas quanto à definição das fronteiras do sistema fabril é mero exemplo do tipo de contenda que as definições da ordem devem necessariamente provocar. Uma vez que toda definição é contingente, e que, feitas as contas, cabe apenas ao poder de alguém forçá-la, então ela permanece a princípio aberta ao questionamento. De fato, ela tende a ser contestada por quem se torna vítima de seus efeitos prejudiciais. Esses debates podem então

194 Viver nossas vidas: desafios, escolhas e coerções

entrar na arena pública como convocações para a ação no sentido de melhorar os efeitos de tais limites. Exemplo clássico é aquele do Estado de bem-estar britânico. Surgido apenas há pouco tempo na história, no final dos anos 1940, sua finalidade era fornecer uma rede de segurança contra os caprichos e flutuações de um sistema desinteressado do bem-estar daqueles que promoveram sua causa. Como um de seus principais fundadores, William Beveridge, expressou: "Se a condição de pleno emprego não é conquistada e mantida, nenhuma liberdade é segura, pois a muitos ela não parecerá valer a pena." Para alguns, aparentemente, esses debates já não são relevantes. Outros, aqueles que esquecem as lições da história, estão condenados a repetir seus erros, negando sua relevância atual.

Hoje ouvimos, de modo recorrente, debates acalorados sobre quem deve assumir o pagamento, por exemplo, dos prejuízos provocados pela poluição das fontes de água doce, pelos despejos de lixo tóxico ou pelos danos causados à paisagem por novas minas a céu aberto ou estradas. O lixo de um pode tornar-se relevante elemento da condição de vida de outro. Os objetos de disputa parecem diferentes, dependendo do ponto de vista pelo qual são contemplados e de seus significados derivados do lugar que ocupam naquelas ordens parciais. Golpeados por pressões muitas vezes contraditórias, eles podem assumir forma que ninguém tenha planejado nem considere aceitável. Afetado por muitas ordens parciais, ninguém parece assumir a responsabilidade por sua existência e suas consequências.

Nos tempos modernos, o problema tendeu a tornar-se sempre mais agudo, uma vez que o poder de instrumentos tecnológicos da ação humana cresceu – e, com ele, as consequências de sua aplicação. Enquanto cada núcleo de ordem se torna mais organizado, racionalizado, mais bem-supervisionado e efetivo em sua performance, a multiplicidade de ordens parciais aperfeiçoadas pode configurar o caos total. Resultados distantes de ações planejadas, propositais, racionalmente projetadas e monitoradas com firmeza podem produzir respostas sob a forma de catástrofes imprevisíveis, incontroláveis. Pense no panorama do efeito estufa. Trata-se do resultado não antecipado de numerosos esforços para mobilizar cada vez mais energia em nome da eficiência e da produção crescentes. Cada esforço isoladamente pode ser aclamado como uma descoberta e um avanço tecnológico, justificados de acordo com objetivos de curto prazo. De modo similar, as descargas de substâncias tóxicas na atmosfera ou nos rios podem ser justificadas como eventos raros em processos conscientes e seguros, celebrados como benéficos para o bem público. Cada um desses aspectos pode ser indicativo da firme busca da melhor e mais "racional" solução para uma tarefa específica enfrentada por esta ou aquela organização relativamente autônoma. Cada novo vírus e bactéria projetados têm finalidades definidas e trabalho útil concreto a executar – até que à sua aplicação sejam atribuídos efeitos colaterais indesejáveis.

Muito da argumentação em torno dessas consequências cai no domínio da "propriedade". Enquanto a empresa é considerada capaz de produzir os resultados em geral benéficos – julgando pela forma como alguns parecem desafiar esse pressuposto –, tais motivações podem ser questionadas pelos governos democraticamente eleitos. Uma área que serve como exemplo é o mapeamento do genoma humano e seu potencial para a manipulação. As grandes companhias farmacêuticas argumentam que agem, em última instância, tendo em mira o bem público, mas quem pode se apropriar da patente dos genes humanos? Eles configuram algo que pode ser "possuído", no sentido de que são mercadorias para compra e venda no mercado e manipuladas de acordo com a capacidade de pagamento? Essa ideia está em discussão, com consequências fundamentais para todos nós.

Ao mesmo tempo, os resultados desse trabalho podem ser apontados naquilo que se considera desejável, em alvos imediatos, como, por exemplo, vulnerabilizar uma doença específica. Contudo, mudanças na situação "em questão" afetam aquilo que foi deixado "em segundo plano". Os fertilizantes artificiais usados para melhorar colheitas ilustram essa questão de maneira muito vívida. Os nitratos usados no solo podem produzir seus efeitos nominais porque multiplicam as safras. A chuva, entretanto, arrasta boa parcela dos fertilizantes para os lençóis subterrâneos de água, criando, assim, um novo e não menos sinistro problema, que exige tornar aquele manancial apropriado ao consumo. E, mais cedo ou mais tarde, irá se descobrir que os novos processos têm efeitos poluidores em si próprios, por exemplo, são saboroso pasto para algas tóxicas.

Assim prossegue a luta contra o caos. Não há dúvida de que, considerando a disposição para se pensar e agir de modo diferente, há como reduzir riscos futuros. Não obstante, o caos que se espera conter e dominar no futuro será produto da específica atividade humana de construção da ordem. Ações relacionadas à resolução de problemas podem conduzir justamente à criação de novos problemas e, assim, inspirar a busca de novas soluções. Muitas vezes isso tomou a forma de atribuição da equipe encarregada de encontrar a maneira mais curta, mais barata e "mais razoável" de equacionar o problema. As perguntas e soluções mais incômodas e rigorosas são deixadas fora desse processo; as mais simples, menos custosas e aparentemente mais racionais – pelo menos de acordo com a lógica de curto prazo e de noções peculiares de custo – serão as recomendações oferecidas.

Síntese

Sugerimos que os esforços para substituir o caos pela ordem estão fadados a permanecer inconclusivos, tornando previsíveis e verificáveis as partes de nosso mundo responsáveis pela manutenção das regras. Isso porque a luta pela ordem é em si o obstáculo mais importante a seu próprio sucesso, pois os fenômenos desordenados se manifestam em ações minuciosamente centradas e orientadas para uma tarefa, desenhadas para a solução específica de um determinado problema.

Cada nova tentativa de ordenar uma parcela ou uma área específica da atividade humana cria novos problemas em paralelo à remoção dos mais antigos. Cada tentativa gera novos tipos

Tempo, espaço e (des)ordem   197

de ambivalência e, assim, demanda tentativas adicionais, que podem produzir resultados semelhantes. Dessa forma, a busca de ordens artificiais aparece como a causa dos padecimentos mais profundos e preocupantes. A não administrável totalidade da condição humana é dividida em uma multidão de tarefas pequenas e imediatas – que, por serem pequenas e restritas no tempo, podem ser inteiramente varridas, monitoradas e controladas –, e as ações humanas tornaram-se mais eficientes do que nunca. Quanto mais precisa, limitada e claramente definida é a tarefa a ser executada, melhor ela o será. Essa maneira de realizar trabalhos é bastante superior a qualquer outra que já tenha existido – contanto que seja medida em termos de valor monetário e expressada como definições particulares de custo e benefício. Este é o significado do que as pessoas costumam chamar de racional. Trata-se de razão instrumental que mede os resultados reais em comparação com os fins pretendidos em termos de investimentos e retornos particulares.

Esses cálculos parecem alheios, em seu exercício da racionalidade, aos custos que enfaticamente demandam atenção – aqueles pagos pelos atores não partidários de sua concepção e aqueles resultados não monitorados para comprovar eficiência –, assim como o ambiente como um todo. Se, de um lado, fosse considerada uma medida mais inclusiva de perdas e ganhos, a superioridade da forma moderna de fazer as coisas pareceria menos certa. Pode bem suceder que o resultado final da multiplicidade de ações racionais parciais independentes seja mais, e não menos, irracional. Essa é uma tensão irritante, mas inelutável, da busca de ordem, posto que foi a luta contra a ambivalência que marcou a história da humanidade na Era Moderna.

O binômio problema-solução constitui característica da condição humana. O que deve ser perguntado, do ponto de vista sociológico, é: para quem isso é um problema? Por que é um problema para alguém e quais são as consequências dessa problematização e de suas correspondentes soluções?

Todos somos treinados para pensar nossas vidas como uma coleção de tarefas a executar e de problemas a resolver. Costumamos pensar que, apontada uma questão, cumpre defini-la para torná-la objeto de intervenção imediata de acordo com determinado critério. Supomos que, uma vez isso feito, livrar-se de um problema irritante é apenas questão de encontrar os recursos adequados e aplicá-los com diligência à tarefa. Se nada acontece, e o problema não é solucionado, culpamo-nos por ignorância, negligência, preguiça ou inépcia, ao passo que, se nosso humor continuar em baixa, proporemos a explicação com base em nossa própria falta de resolução para combater a tristeza, ou no erro de definição de sua causa – o "problema" com que lidar.

Nenhuma quantidade de desapontamento e de frustração, entretanto, está apta a minar a crença de que cada situação, seja qual for sua complexidade, pode ser desmontada em um conjunto finito de problemas e que alguns deles podem ser tratados, de modo eficaz, pela aplicação de conhecimento, habilidade e esforço apropriados. Em resumo, é possível dividir os negócios da vida em problemas discretos, com soluções pontuais, dada a apropriada aplicação de um método, o que muito facilmente agrupa questões mais gerais de finalidade.

Não há dúvida de que os tempos modernos produziram realizações espetaculares. Negá-lo está fora de questão. O problema é que agora estamos diante não apenas dos benefícios, mas também dos custos do progresso tecnológico. Eles não se restringem aos pequenos enclaves de ordem, pois afetam todo o nosso futuro. Torna-se necessária agora alguma compreensão da fraqueza e da força das maneiras segundo as quais nos vemos mutuamente, de nossos modos de pensar e agir e dos ambientes que todos habitamos.

Nesse processo de revisão, as formas estabelecidas de ver o mundo podem ser questionadas por novos conjuntos de condições que demandem outros modos de pensar. Para alguns, isso parece ameaça, para outros, oportunidade de satisfação. Contudo, há uma urgência estabelecida por aquelas condições, e elas exigem disposição para a mudança. Naturalmente não mais do que a humanidade tem mudado no curso de sua história.

Questões para refletir

1. Fala-se em tempos do "hardware" e do "software". O que isso significa e que consequências tem para as maneiras como conduzimos nossa vida?

2. As comunicações estão libertadas dos limites que lhe são impostos por "pessoas e objetos materiais"?

3. A designação "ameaça" é endereçada àquilo que se encontra no interior de uma vizinhança, mas cuja fonte real está mais distante?

4. Quais são as relações entre a atividade de resolução de problemas e as fronteiras?

Sugestões de leitura

ADAM, Barbara. *Timewatch: The Social Analysis of Time*. Cambridge, Polity, 1995.
Uma das primeiras teóricas sociais do tempo, Barbara Adam se debruça sobre as maneiras como o tempo conforma nossas vidas em muitas áreas, por exemplo, na saúde e no trabalho.

BAUMAN, Zygmunt. *Modernidade líquida*. Rio de Janeiro, Zahar, 2001. [*Liquid Modernity*. Cambridge, Polity, 1995.]
Uma análise da fluidez da vida, que discutimos aqui, com relação a tópicos como trabalho, tempo e espaço, comunidade, emancipação e individualidade.

WATERS, Malcolm. *Globalization (Key Ideas)*. Londres/Nova York, Routledge, 1995.
Boa visão geral do conceito de globalização e de suas implicações para nossa vida.

WILLIAMS, Raymond. *Cultura*. São Paulo, Paz e Terra, 2000. [*Culture*. Londres, Fontana, 1989.]
Raymond Williams devota sua atenção à ideia de cultura e ao motivo por que ela se tornou tão importante para uma compreensão das relações sociais, assim como analisa o quanto ela se relaciona a sua posição teórica, denominada "materialismo cultural".

. 8 .

Traçar fronteiras: cultura, natureza, Estado e território

No final do Capítulo 7, abrimos de maneira explícita um debate que vínhamos tratando implicitamente até então e que pode ser expressado nos seguintes termos: a própria maneira como pensamos um problema e o analisamos originará as soluções que serão consideradas a ele adequadas. Por esse ponto de vista, pensar diferente não é atividade complacente. Pelo contrário, costuma ser o primeiro passo para a construção de soluções mais práticas e duradouras para as questões que enfrentamos no mundo contemporâneo.

Natureza e cultura

Considere as ideias debatidas no Capítulo 7 a respeito de um modo "moderno" de pensar as diferenças entre natureza e cultura, assim então posicionadas de maneira agudamente distante. Pode-se dizer que a natureza e a sociedade foram "descobertas" ao mesmo tempo, embora o que foi descoberto na verdade não tenha sido nem a natureza nem a sociedade, mas a *distinção* entre elas e, em especial, a diferenciação das práticas que cada uma permite ou origina. Como as circunstâncias humanas pareceram cada vez mais produtos de legislação, administração e intervenção em geral, a "natureza" assumiu o papel de um enorme depósito para tudo que os poderes humanos não poderiam ainda ter moldado ou que para tal nem teriam ambição. Esse "tudo" significa o que se considera ser governado por sua própria lógica e deixado pelos seres humanos a seus próprios expedientes. Mudanças no pensamento social também se deram nessa época. Os filósofos começaram a falar sobre "leis da natureza" para fazer analogia com as leis promulgadas por reis ou parlamentos, mas também para delas as distinguir. Equiparáveis às dos reis, as "leis naturais" eram, portanto, obrigatórias, mas ao contrário dos decretos reais, não tinham autor humano concebível. Sua força era portanto "sobre-humana", fossem estabelecidas pela vontade de Deus e seus propósitos inescrutáveis, fossem causal e diretamente determinadas, por incontestável necessidade, pela maneira como foram arranjados os assuntos cósmicos.

Essas distinções (como já sugerimos) também estabeleceram um modo de formação de fronteiras sociais – por exemplo, a suposição de que os homens eram "racionais" e, assim, capazes de transcender as demandas da natureza, enquanto as mulheres eram "emocionais" e sujeitas a forças impulsivas da natureza. Por equivalência, havia países desenvolvidos, que exibiam determinados princípios capazes de distingui-los de outros, chamados, segundo sua perspectiva, de "não civilizados".

Essas mudanças causaram transformações tanto em nossas maneiras de ver quanto de agir. Consideremos, por exemplo, as distinções que estabelecemos entre o que supostamente está submetido ao "poder humano" a fim de alterá-lo de acordo com nossos desejos, ideais e objetivos. Elas são conformadas pela existência de algum padrão ou norma a que esse "algo" deva submeter-se. Há, portanto, o que pode ser mudado pela intervenção humana e ser formado de acordo com expectativas particulares. Essas coisas devem ser tratadas de modo diferente de outras, que permanecem além do poder humano. As primeiras denominamos *cultura*, as outras, *natureza*. Assim, quando pensamos que algo é uma questão de cultura mais que de natureza, estamos inferindo que se trata de algo manipulável e, além disso, que há um fim desejável, "apropriado", para tal manipulação.

Cultura diz respeito a modificar coisas, tornando-as diferentes do que são e do que, de outra maneira, poderiam ser, e mantê-las dessa forma inventada, artificial. A cultura tem a ver com a introdução e a manutenção de determinada ordem e com o combate a tudo que dela se afaste, como indicativo de descida ao caos. Tem a ver, então, com a substituição ou complementação da "ordem natural" (o estado das coisas sem interferência humana) por outra, artificial, projetada. E a cultura não só promove, mas também avalia e ordena.

Assim, a "solução" vendida para muitos negócios em nome da produtividade é uma introdução da cultura "correta" em um sistema que, por sua vez, permeia toda a organização, permitindo a cada pessoa avaliar-se de acordo com suas habilidades de corresponder às expectativas. Nesse processo, o que não está de acordo com os ideais conformadores dessas transformações ou que chega mesmo a questioná-las é considerado impedimento "desordeiro" à perseguição de objetivos como "qualidade", "eficiência" e "efetividade".

O ponto exato da linha divisória entre natureza e cultura depende, naturalmente, de habilidades, conhecimentos e recursos disponíveis, e da existência ou não de ambição de estendê-los para finalidades previamente não testadas. Em geral, o desenvolvimento da ciência e da tecnologia amplia o espaço de manipulação possível e, portanto, o domínio da cultura.

Retomando um de nossos exemplos originais, o know-how e a prática da engenharia genética, somados à indústria química e aos membros da profissão médica, podem bem transferir os padrões conformadores do que seja um ser humano "normal". Dando-se um passo à frente nessa hipótese, se o controle genético é aplicado à regulação da altura, poderão os pais decidir quão alta sua prole será? Ou uma lei aprovada e endossada pela autoridade estatal determinará a altura normal e, portanto, aceitável dos cidadãos? Nesse sentido, a cultura pode parecer ao indivíduo algo muito próximo às leis da natureza: destino contra o qual ele não se pode revoltar, sendo a rebelião, em última análise, um gesto fútil.

Observemos em maiores detalhes os "elementos feitos pelo homem" com que lidamos em nossa vida. Eles podem penetrar o espaço que ocupamos de duas maneiras. Em primeiro lugar, regulam e mantêm em ordem o contexto em que são conduzidos nossos processos individuais de vida. Em segundo lugar, podem dar forma aos motivos e às finalidades desses mesmos processos. Um nos permite racionalizar nossas ações, tornando-as um pouco mais sensíveis e razoáveis em comparação a outras formas de conduta. O outro nos orienta em termos de selecionar determinados motivos e finalidades em meio aos inumeráveis outros, que podem até estar além de nossa imaginação. Eles não são distintos de outros ambientes com que nos deparamos, pois cada uma de nossas ações tem efeitos sobre outros ambientes que habitamos e com que interagimos em nosso cotidiano. Para tomar um exemplo em termos de tecnologia moderna, a introdução dos telefones móveis teria oferecido ao usuário recursos de melhor qualidade para sua comunicação, ainda que em alguns contextos seu uso tenha sido considerado antissocial e até prejudicial.

Podemos distinguir a ordem possibilitada pela intervenção cultural da aleatoriedade ou do caos observando que em situação de ordem nem tudo pode acontecer. De um conjunto virtualmente infinito de eventos concebíveis, só um número finito pode ocorrer. Assim, diferentes eventos apresentam diferentes graus de probabilidade, deixando como critério do sucesso para o estabelecimento da ordem a transformação do outrora improvável em necessário ou inevitável. Nesse sentido, projetar ordem significa manipular a probabilidade dos eventos. Informam esse processo preferências e prioridades de acordo com valores particulares velados e depois incorporados a todas as ordens artificiais. Uma ordem entranhada, sólida e segura, sua verdade pode ser esquecida, posto que a ordem passa a ser percebida como a única imaginável.

Na condição de seres humanos, todos temos cotas de interesse na criação e na manutenção de um ambiente ordenado. Isso decorre do fato de a maior parte de nosso comportamento

Traçar fronteiras: cultura, natureza, Estado e território 205

ser aprendida e esse aprendizado acumular-se ao longo do tempo graças à memória transmitida por meios como narrativas e arquivos documentais. Esses conhecimentos e habilidades acumulados permanecem benéficos enquanto o contexto em que se formaram permanecer inalterado. É graças à constância do mundo à nossa volta que as ações antes bem-sucedidas permaneçam, caso repetidas hoje e amanhã. Imagine que estrago seria produzido se, por exemplo, os significados das cores dos sinais de trânsito fossem mudados sem aviso. Em um mundo aleatoriamente mutável, memória e aprendizado se transformariam de bênção em maldição. Nesse contexto, aprender com a experiência anterior seria de fato um ato suicida.

A ordem do mundo que nos cerca tem suas contrapartidas na disposição ordenadora de nosso próprio comportamento. Em geral, escolhemos vias diferentes para andar e dirigir. Não nos comportamos em uma festa da mesma maneira que em um seminário acadêmico ou em uma reunião de negócios. Conduzimo-nos de modo diferente na casa de nossos pais durante as festas e em uma visita formal a pessoas que não conhecemos. Usamos tom de voz e palavras diferentes se estamos falando com nosso chefe ou conversando com nossos amigos. Há palavras que dizemos em uma ocasião, mas evitamos em outra. Há coisas que fazemos em público, mas algumas atividades "privadas" só praticamos quando temos certeza de não estarmos sendo observados.

Digno de nota, porém, é o fato de que, tendo escolhido uma conduta "apropriada" para determinada ocasião, nos encontrarmos em companhia de outros, que se comportam exatamente como nós. Assim, não são frequentes os afastamentos em relação às aparentemente regras, e isso confere certo grau de *previsibilidade* a nossas condutas, à dos outros e à das instituições com que tratamos e que orientam nossas vidas.

A cultura, como o trabalho que inventa a ordem artificial, exige distinções, ou seja, separar coisas e pessoas por meio de atos de segregação e discriminação. Em um deserto intocado pela atividade humana e indiferente aos propósitos dos homens, não há placas nem cercas que tornem as partes do solo diferentes. Em outras palavras, ele é amorfo. Em ambientes sujeitos à ação da cultura, entretanto, uma superfície uniforme e plana é dividida em áreas que reúnem algumas pessoas, mas repelem outras, ou em faixas destinadas só a veículos ou apropriadas unicamente a pedestres. O mundo adquire assim uma *estrutura* que orienta as atividades.

As pessoas são classificadas em superiores e inferiores, agentes da autoridade e leigos, os que falam e os que escutam e devem tomar conhecimento do que é dito. De modo similar, o tempo corre em fluxo uniforme por meio de sua divisão segundo determinadas atividades – por exemplo, hora do café, pausa para o cafezinho, hora do almoço, lanche e jantar. Em termos de espaço, a delimitação faz-se de acordo com composição e localização "físicas" de reuniões particulares – estar em um seminário, uma conferência, um festival de cerveja, um jantar ou uma reunião de negócios.

Essas distinções são traçadas em dois planos. O primeiro é a "forma do mundo" na qual a ação tem lugar. O segundo é a própria ação. As partes do mundo são diferentes entre si, assim como diferentes em si próprias, dependendo dos períodos distinguidos no fluxo do tempo (o mesmo edifício pode ser uma escola pela manhã e uma quadra de badminton à noite). As ações nelas praticadas são também diferenciadas. A conduta à mesa varia radicalmente, dependendo do que for servido e em que circunstâncias e companhia se estiver. E mesmo essas maneiras à mesa diferem de acordo com a formalidade ou informalidade da refeição, assim como com o status social dos participantes, como Erving Goffman e Pierre Bourdieu, entre outros, apontaram nos resultados de seus estudos sociológicos. Observamos, entretanto, que a divisão em dois planos é produto de abstração. Afinal, eles não são realmente independentes, posto que não haveria jantares formais se os comensais não se comportassem de maneira formal.

Podemos expressar esses atos de coordenação de outra maneira, observando que tanto o mundo social culturalmente orga-

Traçar fronteiras: cultura, natureza, Estado e território 207

nizado quanto o comportamento de indivíduos treinados pela cultura estruturam-se no sentido de, com a ajuda das oposições, ser "articulados" em contextos sociais destacados. Em resposta, esses contextos clamam por manifestações distintivas de conduta e classificam os padrões de comportamento considerados apropriados para cada ocasião. Além disso, essas duas articulações "correspondem" uma à outra, ou, para usar termo mais técnico, elas são isomórficas. O dispositivo que garante a "sobreposição" de estruturas da realidade social e do comportamento culturalmente regulado é o *código* cultural.

Como você provavelmente já se deu conta a esta altura, o código é sobretudo um sistema de oposições. Colocam-se em oposição nesse sistema os *signos* – objetos ou ocorrências perceptíveis por visão, audição, tato e olfato, como luzes de diferentes cores, elementos de vestimenta, letreiros, declarações orais, tons de voz, gestos, expressões faciais, perfumes e assim por diante. Esses signos vinculam o comportamento dos atores e as figurações sociais por eles mantidas. Eles apontam dois sentidos ao mesmo tempo: para as intenções dos atores e para um dado segmento da realidade social em que eles atuam. Nenhum dos dois é mero reflexo do outro ou ocupa posição de destaque ou secundária. Ambos, permitam-nos repetir, só existem em conjunto, fundamentados nas mesmas instalações do código cultural.

Pense, por exemplo, em um aviso de "proibida a entrada" afixado na porta de um escritório. Ele aparece, em regra, só de um lado da porta, em geral destrancada (fosse a porta impossível de abrir, não haveria necessidade do aviso). Por conseguinte, a mensagem não fornece informação sobre o "estado objetivo" da porta. Trata-se mais de uma instrução, com o objetivo de criar e sustentar uma situação que, de outra maneira, não teria lugar. O que as palavras "proibida a entrada" fazem, na verdade, é distinguir os dois lados da porta, os dois tipos de pessoas que dela se aproximam por lados opostos e os dois tipos de conduta esperados ou permitidos. O espaço localizado atrás da face em que está o aviso é barrado àqueles que dele se aproximam; às pessoas do lado oposto (as de dentro da sala), ao contrário, nenhuma limitação é imposta. O signo representa precisamente essa distinção. Sua façanha é promover a discriminação, num espaço que de outra maneira seria uniforme, entre pessoas igualmente uniformes.

Podemos dizer, portanto, que conhecer o código é *compreender* o significado dos signos, o que, por sua vez, significa saber como proceder em uma situação na qual eles aparecem, além de como utilizá-los para provocar tal situação. Compreender é ser capaz de agir efetivamente e, desse modo, sustentar a coordenação entre a estrutura da situação e nossas próprias ações. Diz-se com frequência que compreender um signo é "captar" seu significado; entretanto, isso não corresponde a invocar um pensamento como imagem mental dentro de nosso cérebro. Um pensamento, manifestado talvez na forma de uma espécie de "leitura em voz alta" do signo em nossa cabeça, pode certamente acompanhar o olhar ou o som do signo; "captar o significado", no entanto, quer dizer saber como agir; nem mais, nem menos.

Resulta daí que o significado de um signo reside, por assim dizer, na diferença que faz sua presença ou sua ausência. Dito de outra maneira, o significado de um signo reside em sua relação com outros signos. Há quem dê, como Jacques Derrida, um passo à frente sugerindo que, derivados exclusivamente da relação entre signos, os significados jamais podem ser fixos ou fixados. Somos inábeis para decidir com base na ideia de *différance*. Nesse sentido, os significados fixados sempre fazem alusão a nós ao longo do tempo, pela necessidade de contínuos esclarecimentos e definições.

Na prática, o signo não costuma conter informação suficiente para fixar uma relação a ponto de potencializar uma ação. Um signo pode ser lido de modo incorreto, e, se isso ocorre, não há o que corrija o erro. Por exemplo, a visão de um uniforme militar revela, em termos inequívocos, que a pessoa diante de nós pertence às Forças Armadas. Para a maioria dos civis, essa informação seria suficiente para "estruturar" o encontro; entretanto, para esse membro das Forças Armadas, com sua complexa hierarquia de poder e distribuição de deveres, a informação veiculada pelo uni-

Traçar fronteiras: cultura, natureza, Estado e território 209

forme pode não ser suficiente, e, assim, outros sinais de demonstração de hierarquia são "empilhados" sobre o signo primeiro e mais geral (o uniforme), a fim de complementar informações. Em determinadas casos, o excedente de signos é tamanho que pouco acrescenta à informação já repassada. Determinadas táticas de marketing, por exemplo, em sua busca de distinção de produtos, simplesmente duplicam a informação já contida em outros signos. Nesses casos, podemos recorrer à *redundância* dos signos. Nela encontramos um seguro contra erros, baseado na eliminação da ambivalência potencial produzida por equívocos de leitura. Não fosse a redundância, a acidental distorção ou omissão mesmo que de apenas um signo poderia disparar o tipo indevido de comportamento. Caberia até sugerir que, quanto mais importantes forem as oposições entre signos para a manutenção e o avanço da ordem estabelecida, mais redundância é esperável. Em certo nível, isso reduz os problemas associados ao signo mal lido e procura reduzir o *mal*-entendido pelo excesso de signos. Esse excesso, contudo, pode ao mesmo tempo aumentar a ambiguidade e tornar mais provável o surgimento de significados alternativos. Assim, quando se busca a efetividade comunicacional para coordenar ações, forçar muito esse empreendimento poderá incluir o risco de introduzir a ambiguidade e, a partir daí, uma comunicação distorcida.

Repetimos: é a *oposição* entre os signos que produz sentido, e não apenas um signo tomado isoladamente. Isso demanda que os significados a serem "lidos" e compreendidos residam no sistema de signos – no código cultural como um todo, nas distinções que faz, e não na suposta ligação especial entre o signo e seu referente. Como foi mencionado em relação aos argumentos de Derrida, os signos têm, em meio a suas características, a *arbitrariedade*, traço que localiza aqueles culturalmente produzidos (todo o sistema de significação humanamente construído) afastados de qualquer coisa que se possa encontrar na natureza. Por isso, o código cultural é algo de fato sem precedentes.

Em termos da maneira como adquirimos o conhecimento de fenômenos naturais, costumamos nos referir a "signos" cuja natureza nos "informa" a respeito deles próprios e que têm de ser lidos a fim de se extrair a informação que contêm. Assim, olhamos para as gotas d'água que escorrem pela vidraça da janela e concluímos: "Está chovendo." Ou observamos o asfalto molhado e supomos que tenha chovido, e assim por diante.

O peculiar em signos como estes é que, ao contrário dos culturais, que apresentamos antes, são todos *determinados*, isto é, são efeitos de suas respectivas causas. A chuva lança gotas d'água na vidraça e molha as estradas; a doença muda a temperatura do corpo e aquece a testa, levando-nos à conclusão de febre. Uma vez conhecidas tais conexões causais, podemos reconstruir os motivos "invisíveis" dos efeitos observados. Para evitar confusão, talvez fosse melhor falar de *índices*, e não apenas de signos quando nos referirmos a indicações determinadas em nosso raciocínio quanto a causas.

Sugerimos que as causas naturais apontadas em nossos exemplos anteriores impõem limitações às interpretações do fenômeno em questão. Antes, porém, precisamos especificar dois aspectos. Em primeiro lugar, os estudos sociais da prática da ciência sugeriram que muito do que aparece como interpretação nada problemática dos chamados eventos naturais é na verdade socialmente produzido. O trabalho realizado em laboratórios científicos, por exemplo, é uma atividade social em que significados sociais desempenham grande e importante papel, ao passo que muitas inferências das ciências físicas são feitas a partir de fenômenos nunca observados. Neste último exemplo, não são colocadas limitações a interpretações possíveis pela observação.

Em segundo lugar, dar-se conta do caráter arbitrário dos signos culturais não sugere que eles não sejam reais em seus efeitos, isto é, eles impõem coerções a nosso comportamento e às possibilidades com que todos somos confrontados na vida social. Nessa medida, eles ao mesmo tempo potencializam e restringem nossas atividades e a maneira como seus efeitos podem

Traçar fronteiras: cultura, natureza, Estado e território 211

variar de acordo com o contexto e nosso eventual poder para alterar esses efeitos.

Ser definido como "pobre", por exemplo, diz respeito não só a uma categoria cultural arbitrária, mas à capacidade demonstrada pelas pessoas, em termos materiais, de ser capazes de possuir dinheiro suficiente para satisfazer suas necessidades diárias de acordo com os padrões básicos da sociedade em que se encontram. Assim, o fato de os signos culturais serem arbitrários não equivale à total liberdade de escolha. Os signos mais livres são os que só realizam sua função discriminatória cultural sem servir a qualquer outra necessidade além da comunicação humana. Trata-se, sobretudo, dos signos da linguagem, sistema de signos especializado na função de comunicação. Na linguagem (e nela apenas), por conseguinte, a arbitrariedade dos signos não impõe coerção alguma.

Os sons vocais que os seres humanos são capazes de produzir podem ser modulados em infinito número de maneiras totalmente arbitrárias, uma vez que existem em quantidade suficiente para produzir as oposições necessárias. As mesmas oposições, em várias línguas, podem ser interpretadas com a ajuda de pares como "menino" e "menina", "quente" e "frio", "grande" e "pequeno", e assim por diante. A linguagem e o poder, como Michel Foucault, Pierre Bourdieu e todos os linguistas críticos apontaram, também se vinculam de modo a limitar o que pode ser falado.

Os sistemas de signos podem estar intimamente relacionados a outras necessidades humanas e, assim, ligar-se por outras funções. O vestir-se, por exemplo, é atividade carregada de signos arbitrários, mas que oferece abrigo contra os caprichos de um clima impiedoso, preserva o calor do corpo, garante proteção adicional às partes vulneráveis da pele e confirma os padrões considerados obrigatórios de decência.

De modo similar, por mais ricas e precisas que sejam as distinções de significação impressas nos vários tipos de alimento e refeição, há limites ao material em que as discriminações culturais podem ser expressas, porque nem toda matéria pode se tornar comestível, dadas as peculiaridades do sistema digestivo humano. Além disso, um chá ou um jantar, sejam formais ou informais, devem, além de representar a natureza específica da ocasião, conter substâncias nutritivas. Afinal, trata-se também de ingestão de alimentos.

Enquanto a capacidade discursiva humana é utilizada apenas para finalidades comunicativas, outros meios de comunicação compartilham sua função *semiótica* (no sentido de carregar e transferir) com a manutenção de outras necessidades. Seu código é, por assim dizer, entalhado na superfície de outras funções não primariamente comunicativas.

Como temos sinalizado, o que provê a possibilidade para a ação é também o que pode servir para confinar nosso potencial ao estabelecer limites às possibilidades. Nessa medida, a cultura é mais eficaz quando disfarçada como natureza. O que é artificial parece enraizar-se na própria "natureza das coisas" e, assim, torna-se algo que nenhuma decisão ou ação humana pode pensar em mudar.

Práticas distintas de colocação e tratamento de homens e de mulheres, inscritas desde sua infância, tornam-se estabelecidas e seguras quando se aceita a ideia de que a relação entre os sexos é de algum modo predeterminada. As diferenças sociais culturalmente produzidas entre os dois gêneros parecem tão naturais quanto as diferenças biológicas em órgãos e funções de procriação de machos e fêmeas.

Tais processos ocorrem se o caráter arbitrário das normas propagadas pela cultura não é exposto. A cultura observa e age como natureza se qualquer convenção alternativa é visível e sabida. Virtualmente, porém, qualquer um de nós sabe que há muitas e diferentes formas de viver. À nossa volta, as pessoas vestem-se, falam e se comportam diferentemente de nós. Sabemos que não existe uma só cultura, mas várias. Assim, o que esse conceito representa é incapaz de manter mão firme sobre a conduta humana, como se isso fosse condição universal, livre das ordens alternativas. Nesse processo, podemos nos deparar com

Traçar fronteiras: cultura, natureza, Estado e território   213

períodos e épocas de dúvida, que exigem explicações e justificações para determinada situação. Essas questões, se podem ser abordadas por uma cultura aberta e questionadora, também são capazes de estabelecer imposição ainda mais vigorosa do que se supõe ser a ordem natural das coisas.

Estado, nações e nacionalismo

Durante um processo de questionamento e de busca de justificações, pode surgir a incerteza – o que raramente constitui condição agradável, não sendo, portanto, raras as tentativas de a ela escapar. A pressão para conformar-se às normas promovidas pelo treinamento cultural pode ser acompanhada de esforços no sentido de desacreditar e denegrir as normas de outras culturas. Em uma ponta do espectro, propaga-se certa "naturalidade", reforçada pela retórica de "pureza" e "contaminação"; e, no extremo oposto, o direito a viver uma cultura, de modo independente das demais.

Ainda que outras maneiras de viver sejam reconhecidas como culturas viáveis em si mesmas, elas podem ser retratadas como estranhas e vagamente ameaçadoras. Talvez aceitáveis para quem exige menos de seus povos, não são, contudo, suficientes para pessoas distintas. O que testemunhamos aqui são graus variáveis de *xenofobia* (aversão ao estrangeiro) ou do *heterofobia* (aversão ao diferente) como métodos para defender alguma ordem contra a ambivalência.

Com as distinções entre "nós" e "eles", "aqui" e "lá", "dentro" e "fora", "nativo" e "estrangeiro", frequentemente assistimos à delimitação de um território para o qual se reivindica regra exclusiva e a intenção de oferecer segurança contra toda competição em nome de uma cultura estabelecida e sem problemas. A tolerância cultural costuma ser exercitada a distância. Quando isso é ameaçado, uma retórica de invasão e pureza em geral se disfarça com sutileza em outra, que proclama o direito de toda pessoa viver sua vida como desejar – contanto que em seu "próprio país".

Tem-se referido a esse tipo de atividade como um processo de *hegemonia* cultural. A expressão indica sutil mas eficaz processo, visando a garantir o monopólio das normas e dos valores sobre os quais se erigem ordens particulares. A partir disso, a cultura pode se transformar em atividade de captação de prosélitos, objetivando a conversão por induzir seus alvos ao abandono de velhos hábitos e opiniões, substituindo-os por outros. Ou, alternativamente, maltratando outras culturas com base na presumida superioridade da sua própria.

Por outro lado, naquelas situações em que os esquemas de cultura coexistem sem linhas claras delimitando seus campos de influência, deparamos com condições de "pluralismo cultural". Nessas situações, a tolerância mútua, exemplificada no reconhecimento da validade e merecimento do outro lado, é atitude necessária para a coexistência construtiva e pacífica.

Cidadania e Estado

Esses tipos de questão vinculam-se ao tema da identidade, por sua vez relacionada à cidadania, que pode ser algo para o qual uma pessoa é qualificada em virtude de seu local de nascimento. Além disso, a cidadania pode ser conferida a alguém em consequência de um pedido formal a um país ou em virtude de alguma associação passada ou serviços prestados que sejam apropriadamente recompensados. Em outros exemplos, as pessoas podem refugiar-se de perseguição pedindo asilo político e residência. A considerar tais questões, cultura, nação e crenças a respeito do nacionalismo conformarão o status conferido a alguém e a concessão ou recusa de seu pedido. Se aceito, pode ocorrer uma ligação entre a identidade pessoal e o pertencimento, no sentido de a pessoa em questão tornar-se parte de uma nação.

Considere todos os formulários que de hábito somos obrigados a preencher ao fazer inscrições ou demandas em geral.

Pedem-nos muitos detalhes sobre nós, incluindo muitas vezes uma pergunta sobre a nacionalidade, à qual respondemos "americana", "alemã", "italiana", "francesa", "portuguesa" e assim por diante. Entretanto, ao responder "britânica", pode-se também responder "inglesa" (ou "galesa", ou "escocesa", ou "irlandesa" ou mesmo "judia" ou "grega"). No desenrolar da história, todas essas respostas são apropriadas à pergunta sobre a nacionalidade, mas se referem a coisas diferentes.

Quando se responde "nacionalidade britânica" indica-se ser um "indivíduo britânico", isto é, um cidadão do Estado chamado Grã-Bretanha ou Reino Unido. Quando a resposta é "inglesa", relata-se o fato de que se pertence à *nação* inglesa. Uma pergunta sobre a nacionalidade faz ambas as respostas possíveis e aceitáveis, e demonstra como as duas sociedades não são claramente distintas uma da outra, podendo ser confundidas. Contudo, embora Estado e nação possam sobrepor-se, são coisas diferentes, e o pertencimento de algumas pessoas as envolve em tipos muito diferentes de relacionamento.

Podemos em primeiro lugar observar que não há Estado sem território específico mantido unido por um centro de poder. Cada residente da área sob autoridade do Estado a ele pertence, verbo que nesse caso tem antes de mais nada um significado legal. "Autoridade de Estado" diz respeito à habilidade de promulgar e fazer cumprir as "leis da terra". Trata-se das regras a serem observadas por todos os submetidos a essa autoridade (a menos que o próprio Estado os isente de tal obediência), incluindo aqueles que, mesmo não podendo ser seus cidadãos, ocupam seu território em virtude da presença física.

Quem não respeita as leis é passível de punição – é forçado a obedecer, goste disso ou não. Parafraseando Max Weber, o Estado detém o legítimo monopólio dos meios de violência. Portanto, reivindica o direito exclusivo de aplicar a força coercitiva (usar armas em defesa da lei, privar o praticante de um delito de sua liberdade e, finalmente, matar, se a possibilidade de recuperação for nula ou se a desobediência à lei for tão grave que a forma de punição seja a própria morte).

216 Viver nossas vidas: desafios, escolhas e coerções

Nessas instâncias, quando as pessoas são executadas por ordem do Estado, a execução é considerada punição legítima, e não assassinato. Essa interpretação, contudo, é passível de forte discussão. O outro lado do monopólio da coerção física pelo Estado é que todo uso de força não atestado por ele ou cometido por quem não seja seu agente autorizado será condenado como ato de violência. Naturalmente nada disso é para sugerir que quem atua em nome do Estado não seja capaz de praticar atos ilegítimos considerados violentos e de terror.

As leis promulgadas e protegidas pelo Estado determinam os deveres e os direitos de seus cidadãos. Um dos mais importante desses deveres é o pagamento de impostos – ceder parte de nossa renda ao Estado, que a toma e aplica aos mais variados fins. Os direitos, por outro lado, podem ser *civis*, em que se inclui a proteção de nossos corpos e de nossas posses – a menos que controladas, de outra maneira, pela decisão de órgãos autorizados do Estado –, assim como o direito de professar nossas próprias opiniões e crenças. Eles também podem ser *políticos* no sentido de influenciar a composição e a política dos órgãos de Estado: por exemplo, participando da eleição do corpo de representantes, que se transformam então em controladores ou administradores das instituições do Estado. E podem também, como sugeriu o sociólogo T.H. Marshall, ser direitos *sociais*, aqueles garantidos pelo Estado em termos de meios de subsistência básicos e de necessidades essenciais que não sejam alcançáveis pelos esforços de determinados indivíduos.

Devemos chamar a atenção neste momento para o fato de que os direitos sociais podem desafiar outros direitos, os de propriedade, com que estão associados, para empregar a famosa distinção proposta pelo filósofo britânico Isaiah Berlin entre dois conceitos de liberdade, "liberdade negativa e positiva". O primeiro denota liberdade em relação à interferência baseada na posse da propriedade. É usado para garantir a uma pessoa o direito a suas terras e posses com mínima interferência do Estado sobre os meios com que dispõe de suas riquezas. "Liberdade positiva", por outro lado, atesta às pessoas certo direitos, inde-

Traçar fronteiras: cultura, natureza, Estado e território

pendentemente da posse, o que pode, claro, ser mero acidente de nascimento.

A doação caritativa é passível de ser associada à primeira forma de liberdade, em que aqueles com riquezas escolhem dar uma pequena proporção de sua renda às causas que consideram merecedoras. Para quem recebe, entretanto, essa doação vem sob a forma de "presente", mais que de "direito" em consequência de sua cidadania. Tais questões dão forma a slogans de campanha que com frequência envolvem a erosão ou a reivindicação de direitos. Por exemplo, "Direitos, não caridade" e "A educação é um direito, não um privilégio".

A combinação de direitos e deveres é o que faz do indivíduo um cidadão do Estado. A primeira coisa que aprendemos a respeito de ser cidadãos é que, por mais que não gostemos disso, temos de pagar imposto sobre a renda, impostos municipais ou sobre o valor agregado. Podemos também, por outro lado, nos queixar às autoridades e buscar seu auxílio se nossos corpos são ameaçados ou nossas posses roubadas. Podemos, ainda, dependendo do país em que vivemos, esperar ter acesso à educação primária e ao ensino secundário, independentemente da possibilidade de pagar, assim como a um serviço de saúde (o Serviço Nacional de Saúde britânico, por exemplo, é instituição extraordinária, estabelecida precisamente para que todas as pessoas tenham acesso a cuidados médicos, assim assegurando uma população mais saudável para o bem-estar econômico e social geral).

Depreende-se do que foi dito o potencial da sensação individual de concomitantes proteção e opressão. Desfrutamos de relativa tranquilidade na vida, que sabemos se dever à força aterradora sempre alerta que repousa em algum lugar, pronta a entrar em ação, a ser mobilizada contra os perturbadores da paz. Em nossa era nuclear, durante a Guerra Fria, esse equilíbrio foi determinado por um processo que chegou a ser conhecido como destruição mutuamente assegurada – MAD (louco) na sigla em inglês.* Pois uma vez que o Estado é o único poder com permissão para manter separados o permissível e o não permissível, e que a aplicação da lei por seus órgãos é o único método de manter essa distinção permanente e segura, acreditamos que, se o Estado retirasse seu punho punitivo, a violência universal e a desordem passariam a imperar.

Acreditamos dever ao poder do Estado nossa segurança e nossa paz de espírito, que, sem ele, não existiriam. Em muitas ocasiões, entretanto, nos ressentimos da inoportuna interferência do Estado em nossa vida privada. Se o cuidado *protetor* do Estado nos permite fazer muito – planejar nossas ações na crença de que os planos podem ser executados sem obstáculo –, sua função *opressiva* soa mais como impedimento. Nossa vivência do Estado é, por conseguinte, inerentemente ambígua: dela podemos gostar e necessitar, e, ao mesmo tempo, desgostar e nos ressentir.

A maneira como essas emoções contraditórias são equilibradas depende de nossas condições. Se somos abastados e para nós dinheiro não é problema, podemos considerar a perspectiva de nos garantir serviço de saúde melhor que aquele oferecido ao cidadão médio. Logo, no contexto britânico, podemos nos ressentir do fato de o Estado nos taxar para manter o Serviço Nacional de Saúde. Se, por outro lado, nossa renda é muito modesta para pagar um plano de saúde privado, podemos bendizer o Estado como dispositivo protetor em períodos de saúde prejudicada.

Assim, podemos não perceber como em geral os sistemas fiscal e de auxílio associados ao Estado nacional afetam de diferentes maneiras as possibilidades de vida. Nosso foco se mantém em nós mesmos e no modo como somos afetados por nossas condições, o que, claro, se compreende perfeitamente. Como, entretanto, alguém teria recursos para pagar um plano de saúde privado no contexto britânico se o Serviço Nacio-

---

*Dizia-se na época "Our peace is MAD", podendo significar tanto "Nossa paz é louca" quanto "Nossa paz é baseada na Destruição Mutuamente Assegurada". (N.T.)

nal de Saúde não treinasse médicos e enfermeiros e, com isso, fornecesse as habilidades e o conhecimento requeridos pelo setor privado? De modo similar, como a economia poderia desempenhar efetivamente seu papel se o setor de educação do Estado não abastecesse o mercado de trabalho com indivíduos competentes? Essa discussão permite sugerir que, dependendo de sua situação, algumas pessoas talvez experimentem aumento na liberdade em consequência das ações do Estado, que assim ampliam seu campo de escolha, enquanto outras poderão considerar a mesma ação opressiva e, como tal, redutora de sua gama de escolhas. Entretanto, no geral, qualquer um preferiria o máximo de potencialização possível e a opressão estritamente necessária. O que é percebido como potencializado e opressivo diferirá, mas não o impulso de controlar ou pelo menos de influenciar a composição da mistura. Quanto maior a parte de nossa vida que depende das atividades do Estado, mais difundido e intenso é provável que seja esse impulso.

Ser cidadão, além de se constituir indivíduo portador de direitos e deveres na forma que o Estado os definiu, significa ter voz na determinação da política do Estado que conforma aqueles direitos e deveres. Ou seja, a cidadania se refere à capacidade de influenciar a atividade do Estado e de participar da definição e da administração da "lei e da ordem". Para exercitar na prática tal influência, os cidadãos devem desfrutar de certo grau de autonomia com referência à regulação. Deve haver, em outras palavras, limites à capacidade do Estado de interferir nas ações dos indivíduos.

Aqui, mais uma vez, defrontamo-nos com as tensões entre os aspectos potencializador e opressivo da atividade do Estado. Por exemplo, os direitos dos cidadãos não podem ser exercidos inteiramente se as atividades do Estado são cercadas pelo sigilo e se as "pessoas comuns" não têm conhecimento algum das intenções e das ações de seus governantes. Um governo que confunda seus objetivos com os do Estado, na forma dos direitos de seus cidadãos, pode minar esses mesmos direitos, negando-lhes o acesso aos fatos que permitam avaliar as consequências reais das ações do Estado.

Por essas e outras razões, as relações entre o Estado e seus sujeitos são muitas vezes tensas, posto que os sujeitos se veem obrigados a empenhar-se para se transformar em cidadãos ou para proteger seu status quando ele é ameaçado pelas ambições crescentes do Estado. Os principais obstáculos encontrados nessa luta são os relativos ao chamado complexo de tutela e às atitudes terapêuticas do Estado, respectivamente.

O complexo de tutela se refere à tendência a tratar os sujeitos como incapazes de determinar o que é bom para eles e agir de maneira que sirva a seus melhores interesses. As atitudes terapêuticas do Estado dizem respeito à inclinação das autoridades estatais a tratar os sujeitos da mesma maneira que os médicos tratam seus pacientes, que se tornam, assim, indivíduos carregados de problemas que não podem eles mesmos resolver. Assume-se, então, que seja necessária orientação de especialistas, com a fiscalização para tratar questões residentes, por assim dizer, "dentro" do paciente. O tratamento é assim instrução e supervisão, a fim de que funcionem em seus corpos de acordo com as ordens do médico.

Disso podemos depreender a tendência, do ponto de vista do Estado, de ver os indivíduos como objetos de regulação. Pode-se então considerar que a conduta desses indivíduos necessita de constante proscrição e prescrição. Se eles não se comportam como devem, então há algo errado com os próprios sujeitos, em oposição ao contexto em que se encontram. Essa tendência a individualizar problemas sociais manifesta-se contra um cenário de relações assimétricas. Ainda que os pacientes tenham permissão para escolher seus médicos, uma vez isso feito, espera-se que quem esteja em tratamento ouça e obedeça. E o médico espera disciplina, não discussão. O Estado justifica sua própria reivindicação para implementar sem contestação suas instruções com referência ao que configura os interesses do cidadão. Isso é o que pode ser denominado exercício de *poder pastoral*, que protege o indivíduo contra suas próprias inclinações.

Nesse processo, pode ser invocada como justificação a necessidade de reter informações para o bem dos cidadãos. Essa prática de confidencialidade cerca as informações detalhadas que o Estado recolhe, armazena e processa, grande parte das quais, naturalmente, é projetada para ajudar na formulação e na execução de políticas. Contudo, ao mesmo tempo, dados sobre as próprias ações do Estado podem ser classificados como "segredos oficiais", cuja traição é punida com processos. Como o acesso a esse tipo de informação é vedado à maioria dos indivíduos, os poucos autorizados detêm vantagem distinta sobre os demais. A liberdade estatal para coletar informações, associada à prática da confidencialidade, pode aprofundar mais ainda a assimetria das relações mútuas.

Dado esse potencial, a cidadania traz em si a tendência a resistir à posição de comando aspirada pelo Estado. Esses esforços podem ser manifestados em duas direções diferentes, ainda que relacionadas. A primeira é o *regionalismo*, em que o poder do Estado pode ser considerado adversário da autonomia local. A especificidade dos interesses e das questões locais passa a ser apontada como razão suficiente para as aspirações à autodeterminação dos negócios locais. Nesse contexto instala-se a demanda de instituições representativas locais, mais próximas das pessoas da área e mais sensíveis e suscetíveis a suas preocupações regionais.

A segunda manifestação é a *desterritorialização*, em que encontramos a base territorial do poder do Estado sendo aberta ao questionamento. Outros traços são então promovidos, considerados mais significativos do que mero espaço de residência. Por exemplo, a afiliação étnica e/ou racial, a religião e a língua podem ser escolhidas como atributos de mais densa relevância na totalidade da vida humana. O direito à autonomia, para colocar a administração à parte, é exigido, então, contra a pressão por uniformidade do poder territorial unitário.

Como resultado dessas propensões, e mesmo sob a melhor das circunstâncias, permanece um resíduo de tensão e desconfiança entre o Estado e os indivíduos que lhe pertencem. O Estado precisa portanto garantir sua *legitimidade*, convencendo as pessoas de que há razões válidas pelas quais elas devem obedecer a seus comandos. Considera-se que a legitimação assegura a confiança dos indivíduos no fato de o que provém das autoridades estatais merecer obediência, com a convicção de que as próprias autoridades também devem ser acatadas. Nessa medida, a legitimação visa a desenvolver incondicional fidelidade ao Estado, transparecendo a segurança no pertencimento a uma "pátria" de cujas riquezas e forças o cidadão individual pode tirar proveito. Daí pode advir o *patriotismo* como guia para ações traduzidas em termos de amor à pátria e desejo geral de mantê-la forte e feliz. Considera-se que a combinação de consenso e disciplina deixará todos os cidadãos em melhor situação, e que ações combinadas, mais do que divisões, são benéficas a todos os cidadãos.

Se a obediência patriótica é exigida em nome da razão, pode-se bem ser tentado a sujeitar o argumento a alguma análise de racionalidade, no mesmo sentido em que todo cálculo sugere uma prova real. É possível comparar os custos da obediência a uma política impopular aos ganhos potenciais de uma resistência ativa. E, então, dar-se conta ou se convencer de que a resistência é menos custosa e prejudicial que a obediência. A desobediência civil não pode simplesmente ser eliminada como aspiração distorcida daqueles que incorreram em algum engano, pois ela tem lugar naqueles espaços criados por esforços de legitimação das atividades do Estado. Como esse processo quase nunca é conclusivo e raramente tem fim, esses tipos de ação podem servir como barômetro para avaliar a extensão em que as políticas se tornam demasiado opressivas.

Esse foi um dos aspectos particularmente destacados por Émile Durkheim ao escrever sobre temas como Estado, crime e desvio. De fato, o grande legado de Durkheim foi a sugestão de que a sociedade é uma força moralizante ativa que, naturalmente, pode ser minada ou promovida por atividades e políticas do Estado, tanto quanto os interesses econômicos.

Nações e nacionalismo

Lealdade incondicional a uma nação, em contraste com o que já argumentamos, está livre das contradições internas que transformam em fardo a disciplina com relação ao Estado. O *nacionalismo* não precisa apelar para a razão ou o cálculo – embora possa recorrer aos ganhos obtidos com a obediência, em geral é caracterizado pela obediência como valor em si. O pertencimento a uma nação é compreendido como destino mais poderoso que o indivíduo. E, como tal, não é qualidade que não possa ser atribuída ou retirada com base na vontade. O nacionalismo implica ser a nação quem concede aos membros individuais sua identidade. Ao contrário do Estado, a nação não é uma associação em que se ingresse a fim promover interesses comuns. Pelo contrário, é a unidade da nação, seu destino comum, que precede toda a avaliação de interesses e, mais, é o que dá significado aos interesses.

Dependendo de sua composição e da situação com que se depara, um Estado nacional pode explorar o potencial do nacionalismo em vez de tentar legitimar-se pela referência ao cálculo de benefícios. O Estado nacional exige obediência com base na ideia de que fala em nome da nação. Dessa forma, a disciplina com relação ao Estado é um valor que não serve a outro objetivo senão à busca de seus próprios propósitos. Nessa situação, desobedecer a esse ente torna-se algo bem pior do que agir contra a lei. Transforma-se em ato de traição da causa nacional – ato odioso, imoral, que arranca toda dignidade dos culpados e os expulsa dos limites da comunidade humana.

Talvez pelas razões da legitimação e, mais geralmente, pelo assegurar da unidade da conduta, configura-se um tipo de atração mútua entre Estado e nação. O Estado tende a cooptar a autoridade da nação para reforçar sua própria demanda de disciplina, enquanto as nações tendem a se constituir em Estados a fim de aproveitar o potencial de reforço que eles têm para a sustentação de seu clamor por lealdade. Isso considerado, nem

224 Viver nossas vidas: desafios, escolhas e coerções

todos os Estados são nacionais e nem todas as nações possuem seu próprio Estado.

O que é uma nação? Essa é pergunta difícil, provavelmente sem resposta que a todos satisfaça. A nação não é uma "realidade" da maneira que o Estado pode ser definido. Ele é "real" no sentido de que possui fronteiras claramente traçadas, nos mapas e no chão. Os limites em geral são protegidos pela força, de modo que a passagem aleatória de um Estado a outro, entrando e saindo, encontra resistência muito real, tangível, o que lhes confere a sensação de si próprios como algo concreto, por meio de suas práticas limitadoras. No interior dos limites do Estado, está montado um conjunto de leis. E, mais uma vez, esse conjunto é real no sentido em que, não obstante sua presença, comportar-se como se não existisse pode "machucar" e "ferir" o acusado em grande medida da mesma maneira que qualquer objeto material.

Isso, entretanto, não pode ser dito sobre a nação. Ela é uma "comunidade imaginária" porque existe como entidade conquanto seus membros "se identifiquem" mental e emocionalmente como um corpo coletivo. Verdadeiras, as nações em geral ocupam território contínuo que com razão elas acreditam lhes emprestar caráter especial. Raramente, entretanto, isso confere ao território uniformidade comparável àquela imposta pela unidade da "lei da terra", promovida pelo Estado. Quase nunca as nações se podem vangloriar de monopólio de residência em algum território. Virtualmente em qualquer território há pessoas que, vivendo lado a lado, se definem como pertencentes a nações diferentes e cuja lealdade é reivindicada por diferentes nacionalismos. Em muitos territórios, nenhuma nação pode realmente pleitear a maioria, menos ainda posição suficientemente dominante para definir minuciosamente o "caráter nacional" da terra.

É também verdadeiro o fato de as nações serem em geral distinguidas e unidas por língua comum. O que, contudo, se considera língua distinta e comum é em grande parte uma questão de decisão nacionalista (e com frequência contestada). Os dialetos regionais tanto podem ser idiossincrásicos em seus vo-

Traçar fronteiras: cultura, natureza, Estado e território   225

cabulários, sintaxes e expressões como quase mutuamente incompreensíveis, e ainda assim suas identidades são negadas ou ativamente suprimidas por medo de comprometer a unidade nacional. Por outro lado, mesmo as diferenças locais comparativamente mínimas podem ser enfatizadas, sua peculiaridade exagerada, de modo que um dialeto possa ser elevado ao posto de língua distinta e, como tal, característica distintiva de uma nação em particular. (As diferenças entre, por exemplo, as línguas norueguesa e sueca, o holandês e o flamengo, o ucraniano e o russo são, argumenta-se, não muito mais conspícuas do que as diferenças entre muitos dialetos "internos" apresentados – se reconhecidos – como variedades da mesma língua nacional.) Adicionalmente, grupos de pessoas podem admitir compartilhar a mesma língua e ainda assim se considerar elementos de nações distintas (pense nos galeses ou nos escoceses de língua inglesa, o uso compartilhado do inglês por muitas nações do antigo *commonwealth* e o uso comum do alemão por austríacos e suíços).

Mas há ainda outra razão pela qual o território e a língua são insuficientes como fatores definidores da configuração da "realidade" da nação. Muito simplesmente, qualquer um pode mover-se para dentro e fora deles. Em princípio, pode-se declarar uma mudança de fidelidade nacional. As pessoas se mudam e adquirem residência em nações a que não pertencem e podem aprender sua língua. Se o território de residência (lembre-se: não se trata de um território com fronteiras guardadas) e a participação em uma comunidade linguística (lembre-se: ninguém é obrigado a usar uma língua nacional pelo simples fato de que nenhuma outra língua é admitida pelos detentores do poder) fossem as únicas características de constituição da nação, ela seria muito "porosa" e "subdefinida" para reivindicar a fidelidade absoluta, incondicional e exclusiva demandada por todo nacionalismo.

Esta última demanda é na maior parte das vezes persuasiva se a nação é concebida como destino, mais do que escolha. Supõe-se então que ela seja tão firmemente estabelecida no passado que nenhuma intervenção humana poderá mudá-la. Embora posicionada para além do que pode ser considerado caráter arbitrário da cultura, os nacionalismos objetivam alcançar essa crença com o uso do *mito de origem* na condição de mais poderoso instrumento para esse fim. Esse mito sugere que ainda que tenha havido em algum momento uma criação cultural, no curso da história a nação se transformou em um verdadeiro fenômeno "natural" e, como tal, em algo além do controle humano. Os membros atuais da nação – assim diz o mito – são ligados por um passado comum do qual não podem escapar. O espírito nacional é considerado propriedade compartilhada e exclusiva, que une as pessoas e também as coloca à parte de todas as demais nações e de todos os indivíduos que possam aspirar a entrar em sua comunidade. Segundo o sociólogo e historiador americano Craig Calhoun, a ideia de nação torna-se então estabelecida "tanto como uma categoria de indivíduos similares quanto como um tipo de 'supraindivíduo'".

O mito de origem ou a reivindicação de "naturalidade" de uma nação e da natureza atribuída e herdada do pertencimento nacional não pode senão enredar o nacionalismo em uma contradição. Por um lado, entende-se que a nação seja veredicto da história e realidade tão objetiva e sólida quanto qualquer fenômeno natural. Por outro lado, isso é precário, porque sua unidade e sua coerência estão sob constante ameaça, em virtude da existência de outras nações, cujos membros podem integrar suas fileiras. A nação responderá então, defendendo sua existência contra as usurpações dos "outros" – não pode, portanto, sobreviver sem vigilância e esforço constantes.

Em consequência disso, os nacionalismos em geral demandam poder – o direito a usar a coerção –, a fim de assegurar a preservação e a continuidade da nação. O poder do Estado é dessa maneira mobilizado, e (como vimos) isso significa monopólio sobre os instrumentos de coerção. Só o poder do Estado é capaz de proteger as regras uniformes de conduta e promulgar as leis a que seus cidadãos se devem submeter. Logo, assim como o Estado precisa do nacionalismo para sua legitimação,

Traçar fronteiras: cultura, natureza, Estado e território   227

o nacionalismo precisa do Estado para sua efetividade. O Estado nacional é o produto dessa atração mútua.

Quando o Estado é identificado com a nação – como seu órgão de autodeterminação –, a perspectiva de sucesso do nacionalismo aumenta bastante. Nesse caso, ele já não tem de confiar apenas no poder de persuasão de seus argumentos, uma vez que o poder do Estado representa a possibilidade de reforçar o uso exclusivo da língua nacional nas repartições públicas, nas cortes e nas assembleias de representantes. Os recursos públicos passam a ser mobilizados para impulsionar as possibilidades competitivas da principal cultura nacional em um plano geral e em particular na literatura e nas artes nacionais. Também significa, sobretudo, controle sobre a educação, tornada ao mesmo tempo livre e obrigatória, de modo que ninguém seja excluído nem tampouco autorizado a escapar a sua influência. A universalização da educação permite a todos os habitantes do território do Estado treinamento nos valores da nação que o domina. Com variados graus de sucesso, busca-se realizar na prática o que foi solicitado na teoria, a saber, a "naturalidade" da nacionalidade.

O efeito combinado de educação, pressão cultural de pensamento ubiquamente difuso e regras de conduta reforçadas pelo Estado é a vinculação ao estilo de vida associado à "filiação nacional". Essa ligação espiritual pode se manifestar em *etnocentrismo* consciente e explícito. O característico dessa atitude é a convicção de que nossa nação, bem como tudo a ela relacionado, é o que há de correto, moralmente louvável e belo. Em termos de estabelecê-la por contraste, isso também é exemplificado pela crença de ela ser muito superior a qualquer alternativa. E, mais ainda, aquilo que é bom para nossa nação deve ter a precedência sobre os interesses de qualquer um e de qualquer outra coisa.

O etnocentrismo não pode ser pregado abertamente, mas permanece bastante difundido para quem chega a um ambiente específico e culturalmente formatado e nele tende a se sentir em casa e em segurança. Por hábito, pode ser perpetuado. As condições que se desviam do familiar desvalorizam as habilidades adquiridas e podem causar sensação de desconforto, de vago ressentimento e mesmo de evidente hostilidade direcionada aos "estrangeiros", que passam a ser responsabilizados pela confusão. É, então, "o jeito deles" o que exige mudança. Nisso podemos ver como o nacionalismo inspira a tendência para cruzadas culturais por meio dos esforços para mudar as maneiras estrangeiras, a fim de convertê-las, forçá-las à submissão à autoridade cultural da nação dominante.

A finalidade geral da cruzada cultural é a *assimilação*, termo emprestado da biologia e que denota como, a fim de se alimentar, um organismo vivo assimila elementos do ambiente e, assim, transforma substâncias "estrangeiras" em seu próprio corpo, fazendo-as "similares" a si – dessa maneira, o que costumava ser diferente torna-se semelhante. Para dizer a verdade, todo nacionalismo tem sempre a ver com assimilação, assim como a nação com que o movimento declara ter "unidade natural" tem que ter sido primeiro criada pelo agrupamento de uma população muitas vezes indiferente e diversificada em torno do mito e dos símbolos da distinção nacional.

Os esforços de assimilação estão em seu grau mais explícito e expõem completamente suas contradições internas quando um nacionalismo triunfante, aquele que conseguiu a dominação do Estado sobre um determinado território, encontra entre os residentes algum grupo "estrangeiro" – ou seja, aqueles que declaram uma identidade nacional distinta ou são tratados como distintos e nacionalmente estranhos por uma população que já tenha atravessado o processo de unificação cultural. Nesses casos a assimilação pode ser apresentada como uma missão de proselitismo, em grande medida da mesma maneira como o pagão deve ser convertido a uma religião "verdadeira".

Paradoxalmente, os esforços de conversão podem ser hesitantes. Afinal, um sucesso exagerado pode carregar a marca da contradição interna sempre presente no olhar nacionalista. De um lado, o nacionalismo reivindica a superioridade de sua própria nação, de sua cultura e seu caráter nacionais. Por conseguinte, a atração que uma nação tão superior exerce sobre os povos vizinhos é algo a ser esperado e, no caso de um Estado nacional, também mobiliza a sustentação popular para a autoridade estatal e mina todas as fontes restantes de autoridade resistentes à uniformidade promovida pelo Estado.

De outro lado, o influxo de elementos estrangeiros para dentro da nação, em particular quando facilitado pelos "braços abertos", a atitude hospitaleira da nação anfitriã, lança dúvidas sobre a "naturalidade" da sociedade nacional e, assim, provoca erosão nas próprias fundações da unidade nacional. As pessoas passam então a mudar sua posição à vontade: "eles" podem se transformar em "nós" diante de nossos próprios olhos. É como se a nacionalidade fosse mera questão de uma escolha que poderia, em princípio, ser diferente do que era e mesmo ser revogada. Esforços eficazes de assimilação põem em relevo o caráter precário, voluntário da nação e da sociedade nacional – situação que o nacionalismo procura disfarçar.

Como um conjunto de práticas, a assimilação produz ressentimentos contra o próprio povo que a cruzada cultural objetiva atrair e converter. No processo, elas são construídas como ameaça à ordem e segurança, pois sua existência desafia o que é considerado poder e controle extra-humanos. Fronteira alegadamente natural é exposta não só como artificial como, pior ainda, permeável. Os atos de assimilação nunca são completados, pois aos olhos daqueles que procuram sua transformação, as pessoas assimiladas aparecerão como potenciais vira-casacas. Afinal, elas podem fingir ser o que não são. Apesar de seus objetivos, o sucesso dessas práticas dá crédito à ideia de que as fronteiras são permanentes e a verdadeira "assimilação" não é de fato possível.

Reconhecimento e respeito pela diferença não se tornam, portanto, opção para aqueles com tendências nacionalistas que, quando confrontados com algum insucesso, podem recuar para uma linha de defesa mais dura, menos vulnerável e mais racista. Diferente da nação, a *raça* é evidente e inequivocamente percebida como elemento da natureza e provê assim distinções nem construídas pelo homem nem sujeitas à mudança por esforços humanos. Amiúde se atribui à raça significado puramente biológico, por exemplo, na ideia de que caráter, habilidade e incli-

230 Viver nossas vidas: desafios, escolhas e coerções

nação individuais são relacionados de modo íntimo às características perceptíveis, extrínsecas e geneticamente determinadas. Em todos os casos, entretanto, esse conceito se refere às qualidades consideradas hereditárias e, assim, quando confrontada com a raça, a educação deve render-se. O que a natureza decidiu, nenhuma instrução humana pode mudar.

Diferente da nação, a raça não pode ser assimilada e, assim, é aparente em meio àqueles que procuram manter ou construir limites usando como bases a linguagem da "pureza" e da "poluição". Para afastar um evento tão mórbido, as raças estrangeiras devem ser segregadas, isoladas e, melhor ainda, removidas para uma distância segura a fim de impossibilitar a mistura e assim proteger a raça de alguém dos efeitos da dos "outros".

Embora a assimilação e o racismo pareçam estar em posições radicalmente opostas, eles provêm da mesma fonte, isto é, das tendências construtoras de fronteiras inerentes às preocupações nacionalistas. Cada um enfatiza um dos polos da contradição interna. Dependendo das circunstâncias, um ou outro lado pode ser desdobrado na forma de táticas na perseguição de objetivos nacionalistas. Ambos, porém, estão sempre potencialmente presentes em toda campanha nacionalista e, assim, mais do que excluir, podem se impulsionar e se reforçar mutuamente.

Nisso também a força do nacionalismo deriva do papel de conexão que desempenha na promoção e na perpetuação da ordem social como definida pela autoridade do Estado. O nacionalismo "sequestra" a heterofobia difusa – o ressentimento do diferente já discutido – e mobiliza esse sentimento a serviço da lealdade e da sustentação do Estado e disciplina para a autoridade estatal.

Utilizando esses meios, o nacionalismo torna a autoridade estatal mais eficaz; simultaneamente, desdobra os recursos do poder do Estado para dar forma à realidade social de tal maneira que novas fontes de heterofobia e, a partir daí, novas oportunidades de mobilização podem ser geradas. Dado que o Estado detém seu monopólio de coerção, ele proíbe, como regra, qualquer

Traçar fronteiras: cultura, natureza, Estado e território 231

conjunto privado de ajuste de contas, tais como a violência étnica e racial. Na maioria dos casos, ele também recusaria e mesmo puniria iniciativas privadas como formas mesquinhas de discriminação. Como seus outros recursos, o nacionalismo poderá ser desenrolado como veículo de única ordem social, sustentada e reforçada ao perseguir concomitantemente suas manifestações difusas, espontâneas e, assim, potencialmente desordenadas. O potencial de mobilização do nacionalismo pode então ser incorporado à política estatal apropriada. Os exemplos de tal atividade incluem vitórias militares, econômicas ou esportivas pouco custosas, porém prestigiosas, assim como leis restritivas de imigração, repatriamento forçado e outras as medidas que ostensivamente refletem, ao reforçar a heterofobia popular.

Síntese

Discutimos várias formas de fronteiras, como são construídas, com que efeitos e mobilizando que recursos. Em todos os casos, elas têm efeitos reais sobre a maneira como vemos os mundos social e natural. A atividade de construção cultural tem como objetivo não só a conquista de unidade em meio a uma população, mas também o controle do meio ambiente. Este, entretanto, tem como nos lembrar de sua força: mediante inundações, terremotos, erupções vulcânicas e crises de fome. As culturas, entretanto, conformam não apenas ações, mas também reações. E dado nosso relacionamento com o planeta que habitamos e seus recursos finitos, fica a pergunta: qual pode ser uma maneira apropriada e sustentável de se viver junto?

Ao examinar esses tipos de questões, encontramos variações extraordinárias em usos nacionais de energia, assim como no acesso a bens que muitos acabam por não poder considerar indiscutíveis, como água limpa para beber. Isso provoca perguntas quanto aos efeitos das culturas sobre o meio ambiente e a distribuição de recursos entre nações. Questões como essas se referem à necessidade de reconhecer diferentes culturas e à distribuição dos recursos entre elas. Logo, não é surpresa que o quanto temos que mudar seja tema acaloradamente disputado, pois ameaça aqueles países que desfrutaram de relacionamento não sustentável com o ambiente.

Quanto à nação, ela e o Estado historicamente se fundiram em grandes partes do mundo. Os Estados têm usado sentimentos nacionais para reforçar tanto sua dominação sobre a sociedade quanto a ordem que promovem. Cada um era autocongratulatório a respeito da ordem que criara, aludindo a uma unidade supostamente natural. A aplicação da força não foi necessária em tais situações. É digno de nota, entretanto, que o fato de a fusão de Estado e nação ter ocorrido historicamente não é prova de sua inevitabilidade. A lealdade étnica e ter um vínculo com línguas e costumes em particular não são redutíveis à função política que lhes foi atribuída por sua aliança com o poder do Estado.

O casamento de Estado e nação não é de maneira alguma predestinado – é antes de conveniência. Como resultado, sua fragilidade pode ser manifestada em atos tanto secretos quanto evidentes de violência e dos quais advêm consequências desastrosas. Entretanto, como esse relacionamento mudou no passado, da mesma forma pode fazê-lo no futuro, e o julgamento a respeito dos efeitos benéficos e prejudiciais de todas as novas configurações será feito no porvir.

Questões para refletir

1. A natureza seria algo mais do que o material sobre o qual a cultura se forma?

2. O controle genético das safras representa um passo à frente no processo de controlar a natureza para finalidades humanas?

3. A que se referem os termos "xenofobia" e "heterofobia"? Dê dois exemplos de cada um na vida cotidiana.

4. Quais são as diferenças entre cidadania, Estado, nação e nacionalismo, e como esses conceitos se relacionam?

Traçar fronteiras: cultura, natureza, Estado e território   233

Sugestões de leitura

CALHOUN, Craig. *Nationalism*. Buckingham/Minneapolis, Open University Press/Minnesota Press, 1997.
A importância das fronteiras nacionais, de Estados, de identidades e do nacionalismo é evidente no mundo contemporâneo. O livro analisa essas questões, sua interação e as diversas maneiras como são utilizadas.

DELANTY, Gerard. *Citizenship In A Global Age: Society, Culture, Politics*. Buckingham, Open University Press, 2000.
Para definir o termo "cidadania", o autor reivindica uma forma "cosmopolita" dele, enquanto analisa as implicações da desterritorialização.

GILROY, Paul. *Entre campos: nações, culturas e o fascínio da raça*. São Paulo, Annablume, 2007. [*Between Camps: Nations, Culture and the Allure of Race*. Londres, Allan Lane/Penguin, 2000.]
Análise de identidade, etnia e raça nos tempos modernos e das questões trazidas por esses temas para nossa melhor convivência com os outros.

SEGAL, Lynne. *Why Feminism? Gender, Psychology, Politics*. Cambridge, Polity, 1999.
Os escritos de Lynne Segal em geral se mostram sintonizados com as principais questões do mundo contemporâneo, e essa coleção de ensaios não é exceção.

. 9 .

Os negócios na vida cotidiana: consumo, tecnologia e estilos de vida

Cada um de nós exibe, em nossas rotinas diárias, habilidades extraordinárias e características distintivas. Comemos, bebemos, nos comunicamos, nos movemos no tempo e no espaço, utilizando nosso corpo de várias maneiras, experimentando felicidade e tristeza, tensão e relaxamento, nos engajamos em atividades de trabalho que demandam vários saberes e, finalmente, descansamos e dormimos. Nesse processo, nos ligamos a nossos ambientes e arrolamos os recursos a que temos acesso em nossas ações.

Como demonstraram os sociólogos da vida cotidiana, nossas habilidades para desempenhar tarefas e interagir uns com os outros exigem um conhecimento tácito, sem o qual a trama da vida social não seria possível. Não questionamos essas coisas, considerando-as indiscutíveis – exceto quando não dão certo. Nessas horas, alguns momentos de reflexão podem nos levar a considerar ou questionar circunstâncias, esperanças, medos, aspirações e desejos conformadores de nossa vida. Esses atos de questionamento podem ser provisórios, simplesmente para nos mandar de volta às rotinas integrantes de nossa experiência, ou produzir efeitos mais profundos e nos levar a alterar as trajetórias de nosso curso vital.

Seja qual for o resultado, ao refletir sobre nossas ações, em geral nos consideramos autodeterminados, isto é, seres autônomos, dotados de habilidade e de capacidade para agir de acordo com os fins que perseguimos. Isso, porém, presume que somos nós que manipulamos nossos ambientes. E se, ao contrário, esses ambientes nos manipularem? E se formos o produto da interação de nós mesmos, os outros e os ambientes em que vivemos?

Tecnologia, expertise e habilidades

Essas questões são de fundamental importância, pois se referem às maneiras pelas quais organizamos nossa vida e podemos ter esperanças – não só para nós, mas também para os outros. Considere, por exemplo, as numerosas tecnologias que cercam os habitantes de países em que esses avanços são hoje considerados dados indiscutíveis da realidade. Utilizamos e manipulamos essas tecnologias a nosso favor, ou elas têm o efeito de nos fazer confiar nelas cada vez mais, a ponto de elas diminuírem nossa independência? Afinal, a maneira como foram projetadas e a necessidade de compra e manutenção nos tornam totalmente dependentes de lojas, usinas e companhias de distribuição de eletricidade que trabalham visando ao lucro. E ficamos dependentes também dos peritos e dos projetistas que as construíram. Adquirimos computadores que ao longo de um mês já se tornam obsoletos pelo aumento da velocidade dos processadores e da capacidade de memória. É possível viver com essas mudanças? Ou, melhor, é possível viver sem elas?

Ao pensar nesses termos, percebemos como nossa dependência das tecnologias cresceu ao longo do tempo. Elas apresentam problemas, e, quando isso ocorre, costumamos nos deparar com vendedores que anunciam novos modelos no mercado e informam que as peças de reposição de produtos "ultrapassados" já não estão disponíveis. Não é raro ouvir que é mais barato comprar um equipamento novo do que reparar o velho. Que noção de custo, porém, é aqui invocada? O preço para o meio ambiente no que diz respeito a matérias-primas e à eliminação do que então se transforma em "entulho" não é fator desses cálculos. Assim, estamos encerrados em um ciclo de compra de bens se os consideramos essenciais a nosso estilo de vida.

Cabe, entretanto, perguntar: isso constitui de fato escolha destinada a aumentar nossa liberdade, ocorrendo independentemente da sedução do consumismo e da enorme indústria que cresceu em torno do marketing de produtos e serviços? Há até estudos sobre a relação entre a música ambiente tocada nos supermercados e os padrões de compra dos consumidores. Hoje, nada no desejo de influenciar os consumidores é deixado ao sabor da sorte. A cada compra tecnológica, novas habilidades são exigidas, e elas podem ampliar nossas capacidades gerais. No entanto, quantas funções um telefone móvel precisa ter? É mesmo necessário que ele ofereça jogos? Da mesma forma, com a chegada de novos softwares ao mercado, há uma constante necessidade de atualizar nossos equipamentos. Entretanto, será o aprendizado de como interagir com as novas tecnologias um meio para alcançar um fim, ou será ele um fim em si mesmo?

Por exemplo, nós dois, Zygmunt Bauman e Tim May, escrevemos em computadores, mas usamos diferentes sistemas operacionais e temos de responder a diferentes demandas. Bauman tem uma máquina mais antiga, projetada para a digitação de textos, e ele não deseja mudar seu sistema. Por quê? Porque isso exigiria aprender a usar novos programas, e seu objetivo é produzir mais textos sobre vários assuntos. A mudança, então, significaria desviar-se dessa finalidade geral.

May, por outro lado, mudou de emprego pouco antes de escrever este livro e também teve alteradas suas exigências institucionais, assim como as expectativas depositadas sobre ele em seu novo posto, e tudo isso lhe exigiu aprender novas formas de interação com a tecnologia. Portanto, embora estejamos os dois comprometidos com os mesmos objetivos, o contexto em que cada um trabalha e suas interações com novas tecnologias são muito diferentes. Não afirmaríamos que essas circunstâncias são apenas o resultado de livre escolha, nem nossas interações com as novas tecnologias constituem uma via de mão

238 Viver nossas vidas: desafios, escolhas e coerções

única. Nossas ações são, em outras palavras, modificadas e impulsionadas de maneiras diferentes por nossas relações com as tecnologias e as situações de trabalho em que nos encontramos. A cada mudança tivemos que adquirir novas habilidades, mas seu impacto sobre nossa vida depende das condições sociais em que nos encontramos. Ao mesmo tempo, ainda temos de nos convencer de que, a cada passo, passamos a "necessitar" de tecnologias mais complexas, sempre mais exigentes em relação a nossas habilidades. Porque temos outras razões para usar essas tecnologias – e não a necessidade de entender seus mecanismos internos de funcionamento –, pouco sabemos sobre sua forma de operação. Assim, não estamos capacitados a repará-los quando apresentam defeito. Por isso, nossa dependência dos outros aumenta proporcionalmente ao número de ferramentas sofisticadas exigidas para esses reparos e manutenções.

Também temos de assimilar as formas de interação com essas tecnologias. Desse modo, elas tornam antiquadas nossas habilidades anteriores, ampliando ainda mais nossa necessidade de mudar a fim de permanecer em sintonia com o ritmo acelerado de seu desenvolvimento. Essas habilidades, centradas em novas ferramentas, cassam nossas "antigas" habilidades, que são assim absorvidas por essas ferramentas de novas tecnologias, sendo pertinente questionar se isso nos leva ao aumento de nossa autonomia ou de nossa dependência.

O aumento na expertise, na especialidade, parece preencher o hiato entre a expectativa e a realidade no emprego das promessas surgidas com a Era da Informação. As habilidades cotidianas, que outrora se consideravam razoavelmente difundidas, ou pelo menos disponíveis, com o passar o tempo ficaram sujeitas a minuciosos estudos científicos. As tarefas foram divididas em partes elementares e cada uma examinada em detalhe, representando um problema com suas exigências intrínsecas. Para cada problema, hoje há uma solução que leva em conta o tempo, o projeto eficaz e a experimentação comparativa. Os novos bens são o ponto culminante dos esforços dos especialistas participantes da fabricação dos produtos finais. Os automóveis,

Os negócios na vida cotidiana   239

por exemplo, têm agora vários dispositivos projetados para maximizar o conforto do motorista e dos passageiros, mas são lançados no mercado também como meios de projeção e de realçar um estilo de vida específico.

Quando se trata da manutenção do carro, entretanto, o aumento do gerenciamento controlado por computador leva à necessidade de equipamento mais complexo de diagnóstico – com despesas crescentes nos reparos. Mecânicos que outrora executavam o trabalho diagnóstico e faziam os reparos pertinentes podem ver-se deslocados por "montadores", que simplesmente substituem componentes inteiros, pois seu reparo não é possível dado o complexo funcionamento e/ou o fato de que se trata de "unidades seladas".

A vida nas sociedades industriais avançadas transformou-se em muitas esferas de atividades cotidianas, por exemplo: varrer o chão, cortar a grama, aparar a cerca, preparar uma refeição ou mesmo lavar os pratos – em toda elas, a expertise, incorporada em instrumentos tecnológicos e em *gadgets* (dispositivos), assumiu o controle, por ter polido e afiado as habilidades antes depositadas nas mãos de todo mundo. Precisamos agora dessa expertise e dessa tecnologia para concretizar qualquer tarefa.

Também precisamos de habilidades novas para substituir as antigas, obsoletas e esquecidas: necessitamos da habilidade para encontrar e operar os instrumentos tecnológicos adequados. Porém, nem toda a tecnologia hoje disponibilizada substitui as tarefas antes realizadas de outras maneiras. Há coisas, consideradas absolutamente fundamentais para a vida de muitas pessoas, que nunca faríamos sem a tecnologia que as viabiliza. Pense nos rádios, nos multitocadores de música e nos aparelhos de televisão. Sua introdução abriu possibilidades antes inexistentes.

Como passar nossas noites assistindo a *sitcoms* e a séries dramáticas não era uma ideia factível, não havia necessidade delas; agora, entretanto, há quem se sinta arrasado se a televisão estiver com defeito. Desenvolveu-se uma *necessidade* onde antes não existia. Nesses casos, a tecnologia parece ter criado sua própria demanda. Esses objetos tecnológicos não substituíram

240 Viver nossas vidas: desafios, escolhas e coerções

as maneiras mais antigas de fazer as coisas porque induziram as pessoas a fazer coisas que não faziam antes. A expertise e a tecnologia não surgem obrigatoriamente como resposta a nossas necessidades. É comum, a quem nos oferece suas especialidades e seus produtos, ter antes de mobilizar grandes esforços para nos persuadir de que temos de fato necessidade dos bens que estão vendendo. Entretanto, mesmo nos casos em que os novos produtos são direcionados a necessidades bem-conhecidas, elas poderiam continuar a ser satisfeitas como até então, não fôssemos tentados pela sedução de um *gadget*. As novas tecnologias não são mera resposta a uma necessidade: de modo algum sua aparição foi determinada pela demanda popular. Trata-se antes de demanda determinada pela disponibilidade da nova tecnologia. Tenha a necessidade existido ou não, a demanda por novos produtos é posterior a sua introdução. Nesse sentido, a suposição de que a demanda cria a oferta é invertida pelos fornecedores, que estimulam ativamente a demanda por meio de suas estratégias de marketing.

Consumo e publicidade

Afinal, o que provoca o surgimento de expertises sempre novas, mais penetrantes, centradas e especializadas e de equipamentos tecnológicos cada vez mais sofisticados? A resposta provável é que o desenvolvimento da expertise e da tecnologia é um processo autoimpulsionado e autorreforçado que dispensa qualquer causa adicional.

Dada uma equipe de especialistas, munidos de instalações e equipamentos de pesquisa, podemos estar bastante certos de que eles aparecerão com produtos novos e novas propostas, guiados simplesmente pela lógica da atividade em uma organização. Essa lógica é caracterizada pela necessidade de sobressair, provar superioridade sobre os concorrentes ou apenas pelo entusiasmo e pelo interesse humano, demasiado humano, no desempenho de nosso trabalho. Os produtos podem se tornar científicos ou factíveis do

Os negócios na vida cotidiana 241

ponto de vista tecnológico antes mesmo que seus usos tenham sido verificados: temos esta tecnologia, como podemos usá-la? E mais: uma vez que nós a temos, seria imperdoável não a usar! As soluções são garantidas antes mesmo de surgirem os problemas, e, assim, procuram-se os problemas que elas podem resolver. Em outras palavras: um aspecto da vida muitas vezes não é percebido como problema, algo que clame por solução, até que a recomendação de um especialista ou um objeto tecnológico reivindique ser essa solução. O projeto de persuadir os possíveis usuários de que o objeto em questão tem valor de uso é então mobilizado. Tais usuários devem ser convencidos disso ou não darão seu dinheiro. Condições de compra "sem juros", anúncios luxuosos mirando grupos especiais, alusões à "escolha" do estilo de vida, táticas para distinguir um produto de outro, além de "brindes" que acompanham as compras feitas até determinada data, estas são apenas algumas das táticas de persuasão mobilizadas nesse processo.

Por meio desses tipos de método, nos tornamos consumidores de expertise, que pode estar sob a forma da instrução verbal ou incorporada no instrumento tecnológico que compramos e estamos usando. Mesmo os especialistas sucumbem a isso quando se arriscam do lado de fora dos estreitos campos de suas próprias especialidades, com muito da expertise entrando em nossa vida sem ser convidada nem tendo pedido nossa permissão.

Pense, por exemplo, na tecnologia cada vez mais sofisticada disponibilizada para fins da vigilância cotidiana. Em um nível, ela é justificada pela maior liberdade de movimento viabilizada por sua presença; mas pode também representar o poder para excluir determinadas pessoas consideradas "indesejáveis", além de representar restrições à livre circulação. Em casos extremos, pode mesmo nos tornar vítimas indefesas das decisões arbitrárias de alguma outra pessoa.

Muito da tecnologia usada no dia a dia, contudo, seria destinado a ampliar, e não a limitar, nossa gama de escolhas. Ela nos é vendida com base na oferta de mais liberdade pelo exercício de mais controle sobre nossa vida. Em geral, damos boas-vindas a novas ofertas tecnológicas, considerando-as libertadoras ou capazes de tornar a vida mais rica e de permitir fazer coisas que fazíamos antes, mas agora mais rapidamente e com menos fatiga, e até mesmo fazer o que nunca tínhamos feito ou que não conseguiríamos fazer sem sua invenção.

Precisamos ser persuadidos desse potencial. Assim, muitos especialistas, armados com numerosas táticas e enormes somas de dinheiro, são rotineiramente mobilizados a fim de transmitir a crença de que podemos confiar no que vemos e ouvimos. Afinal, que outras maneiras temos de saber? No hiato entre os novos produtos e seu potencial para criar e satisfazer necessidades, o marketing caminha no sentido de induzir processo em que se fundem necessidades e desejos – que, se não satisfeitos, levarão os consumidores potenciais à frustração de suas aspirações. Não precisamos nem saber que necessidade o mais recente produto no mercado foi preparado para satisfazer.

Tome, por exemplo, a ideia de algo que é uma ameaça, mas cuja existência esteja além da compreensão de nossos sentidos. Lavando-nos com o sabonete "comum" não conseguimos remover essa "sujeira profunda" que aparentemente pode ser remediada com loções especiais. Que tal aquelas bactérias invisíveis que se acumulam em nossos dentes, sem que a escovação normal possa removê-las e que demandam portanto um líquido especial, a ser bochechado diariamente? Desconhecemos também, talvez, que nossa câmera é absurdamente primitiva e incapaz de responder às exigências "normais" a que é submetida, levando-nos ao desapontamento diante dos resultados. Nesse caso, precisamos de uma nova e automática, capaz de nos tornar melhores fotógrafos desfrutando melhores fotografias, que captam momentos importantes e memoráveis.

Uma vez ditas todas essas coisas, talvez possamos desejar obter os produtos a fim de satisfazer nossas necessidades. E, uma vez que elas sejam identificadas, não agir parecerá errado. Quando as oportunidades são apresentadas, não fazer nada evidenciará nossa negligência e diminuirá de algum modo nossa autoestima e o respeito que podemos esperar dos outros. Esses objetos

Os negócios na vida cotidiana   243

transformam-se em indicativos do que somos e mostram parte daquilo em que podemos nos transformar. Pense nessa relação em termos de escala. Numa extremidade, encontramos objetos a serem utilizados a serviço de nossos objetivos. No meio da escala, essa relação é modificada, à medida que interagimos com os objetos que coconstroem nossas identidades e habilidades, e, como resultado, suas características são alteradas. E, no outro extremo da escala, as coisas são muito diferentes. Essa posição foi descrita por Marshall McLuhan, um dos primeiros e mais importantes analistas e comentaristas do crescimento das mídias eletrônicas e das comunicações, quando observou que não podemos escapar do abraço da nova tecnologia a menos que escapássemos da própria sociedade e, assim, "ao abraçar todas essas tecnologias, inevitavelmente nos relacionamos com elas como servomecanismos".

Na maioria dos casos, obter algo significa comprá-lo. Aquelas coisas fantásticas, engenhosas e possantes tendem a aparecer como mercadorias, condição em que são introduzidas no mercado, vendidas e pagas com dinheiro. Alguém quer vendê-las a nós a fim de obter lucro. Para consegui-lo, em primeiro lugar tem de nos convencer de que gastar nosso dinheiro vale a pena. Isso exige que o produto tenha *valor de uso* que justifique seu *valor de troca*. O valor de uso relaciona-se à utilidade de um produto quanto à satisfação da necessidade humana, e o valor de troca refere-se a seu potencial para ser trocado por outros bens ou serviços. As pessoas que querem vender seus produtos devem procurar alguma distinção para eles, fazendo os mais antigos parecerem vencidos, obsoletos e inferiores. Então, como já indicamos, o desejo por um produto deve ser criado de maneira que todo sacrifício voltado para sua compra seja secundário em comparação a sua posse.

A publicidade é central para esse processo e deve buscar produzir dois efeitos. Em primeiro lugar, nossa própria compreensão de nossas necessidades e as habilidades para satisfazê-las devem se tornar pelo menos questionáveis e, no máximo, inadequadas. Portanto, temos a sensação de não ser bons julgado-

244 Viver nossas vidas: desafios, escolhas e coerções

res daquilo de que verdadeiramente precisamos e do que devemos fazer para abordar a questão. Em segundo lugar, a compreensão de que existem soluções na forma de métodos confiáveis para enfrentar nossa ignorância ou nossa reduzida capacidade de julgamento. Nos dois casos, vemos a linha tênue existente entre a disseminação da informação e as numerosas técnicas de persuasão empregadas para atingir grupos específicos de consumidores. Nos comerciais, por exemplo, aqueles que tentam realizar suas tarefas empregando métodos "antigos" podem ser objeto de ridículo; de forma alternativa, o produto anunciado pode ser vendido como um meio para realizar sonhos.

Essas formas de publicidade costumam envolver alguma autoridade confiável que ateste o produto anunciado e que pode ser personificada de inúmeras maneiras: o cientista desapaixonado, que faz um julgamento da qualidade de um produto de maneira aparentemente livre da influência de cachês pagos para tal finalidade, por exemplo, um confiável especialista em tecnologia automotiva que já foi piloto de corridas; um personagem familiar, bem-intencionado, falando sobre as maravilhas oferecidas por um pacote de operações bancárias ou uma apólice de seguros às "pessoas comuns nas ruas"; uma mãe experiente e carinhosa endossando algum produto; um perito experiente e reconhecido, no tipo de atividade para a qual o produto é designado; uma pessoa famosa que o público conheça e seja também reconhecida por milhões de outras pessoas; e, afinal, no esforço para produzir distinção e captar a atenção, a justaposição de pares improváveis, como um bispo ou uma freira dirigindo um automóvel em alta velocidade, a fim mostrar que o produto pode fazer desabrochar uma parcela da pessoa até então reprimida. Essas são apenas algumas das miríades de maneiras com que os publicitários, como técnicos da persuasão, procuram seduzir audiências para a necessidade de seus produtos à custa de enormes quantidades de tempo e dinheiro.

Os textos e os anúncios publicitários têm por objetivo nos incentivar e impelir a comprar produtos específicos. Intrinsecamente, entretanto, eles promovem nosso interesse nas mercadorias e nos mercados (lojas de departamentos, shopping centers) em que esses produtos podem ser encontrados, assim como o desejo de possuí-los. Uma única mensagem comercial dificilmente surtiria algum efeito em nossa conduta se o interesse geral já não estivesse bastante impregnado e a compra não se tivesse transformado em fato cotidiano. Ou seja, os "esforços de persuasão" das agências publicitárias apelam para uma supostamente já estabelecida atitude de consumidor, e, ao fazê-lo, reforçam-na.

Endossar tal atitude significa enxergar a vida diária como uma série de problemas passíveis de especificação prévia e definição clara, e, portanto, capazes de serem selecionados e se tornarem referência. Nada, em outras palavras, está além do controle, e mesmo que uma situação como tal possa se manifestar, há maneiras de melhorar ou mesmo de retificar seus efeitos. Isso induz um senso de responsabilidade segundo o qual lidar com problemas reais ou potenciais é dever nada negligenciável, sob pena de incorrer em culpa ou vergonha. Para cada problema, portanto, há uma solução dirigida às necessidades do consumidor individual, que só precisa ir às compras e trocar seu dinheiro por produtos e serviços. E, se ele não puder arcar com as despesas na hora, sempre poderá pagar mais tarde segundo vários esquemas adaptáveis a sua renda.

Com exceção de alcançar o poder para possuí-los uma vez que os tenha encontrado, o núcleo principal passa a ser traduzir a tarefa de aprender a arte da vida como esforço para adquirir a habilidade de encontrar tais objetos e fórmulas. Nessa atitude, estabelecem-se ligações entre identidade, habilidades para comprar e poder de compra. Por meio da publicidade, a identidade materna pode ser atrelada à competência de encontrar o melhor sabão em pó e a melhor máquina de lavar para satisfazer às necessidades de sua família, da qual deriva seu prazer, assim como a capacidade de dar conta dessas necessidades a fim de satisfazer as suas próprias. Outras necessidades e formas de reconhecimento são reunidas no processo de persuadir os consumidores das conexões entre identidade, necessidade, produto, realização e satisfação por meio da compra.

A atitude de consumidor diz respeito à relação aparentemente inextricável entre a vida e o mercado. Ela orienta cada desejo e cada esforço na busca de uma ferramenta ou uma expertise que alguém possa comprar. O problema do controle sobre o vasto cenário da vida – algo que a maioria de nós nunca conquistará – é diluído em uma multiplicidade de pequenos atos de compra, a princípio ao alcance da maioria dos consumidores. Dessa maneira, questões não consideradas *públicas* – no sentido de serem compartilhadas – e *sociais* são *privatizadas* e *individualizadas*.

Assim, torna-se dever de cada um aprimorar-se e melhorar sua vida, superando suas deficiências, *como se* todos tivessem acesso igual aos meios para isso e nossas relações com os outros e com os ambientes em que vivemos não fossem de fundamental importância nesse processo. Assim, o insuportável ruído do tráfego intenso é traduzido como impulso para instalar vidros duplos, e o poluído ar urbano é tratado com a compra de colírios e máscaras cirúrgicas. As condições opressivas de uma esposa e mãe assoberbada de trabalho são atenuadas por cartelas de analgésicos e/ou antidepressivos prescritos, enquanto a precarização do transporte público é respondida com a compra de um carro e, desse modo, com a ampliação do ruído, da poluição, do congestionamento e do estresse. Entretanto, essas situações podem sempre ser respondidas com referências à "liberdade de escolha", que dá sustentação à soberania do consumidor.

Estilos de vida, produtos e mercado

Dessa maneira, nossa vida é forjada em casos individualizados e acredita-se que chamar a atenção para fatores extraindividuais renegue a responsabilidade sobre as situações em que nos encontramos. As atividades da condição de consumidor nos tornam indivíduos, mas quase sempre o que criamos e produzimos tem lugar na companhia de outros.

Os negócios na vida cotidiana   247

A reprodução é o que de mais importante ocorre em uma sociedade, pois sem ela não haveria futura geração, e a economia iria perecer. Que reconhecimento, entretanto, é provido pela economia à maternidade e à paternidade em geral? Ele é traduzido em uma atitude de consumidor segundo a qual a paternidade e a maternidade responsáveis são a compra dos mais recentes produtos para bebês. A mensagem, afinal, parece: somos feitos daquilo que compramos e possuímos. Diga-me o que compras (e por que compras e em que lojas fazes tuas compras) e te direi quem és (ou desejas te tornar).

O tratamento de nossos problemas está cada vez mais privatizado, tal como a formação de nossas identidades individuais. Nossa autoafirmação, a autoestima e a tarefa de forjamento de nós mesmos em pessoas concretas são nossos e de mais ninguém. Nós nos posicionamos como testemunhas de nossas intenções, nossa diligência e nossa persistência, e somos responsáveis por qualquer produto de nossas ações.

Somos habilmente assistidos nessa tarefa, pois há uma abundância de modelos a nossa escolha e logo muitos mais surgirão. Eles vêm completos, com tudo aquilo exigido para montá-los: são genuínos *"identikits"* faça você mesmo. Quando os técnicos da persuasão, com seus anúncios cuidadosamente elaborados, nos oferecem produtos únicos, específicos, direcionados ostensivamente a uma necessidade particular, mesmo assim eles são exibidos contra um fundo que claramente retrata o estilo de vida a que "naturalmente" pertencem.

Compare a vestimenta, a linguagem, os passatempos e até a forma física das pessoas nos anúncios produzidos para nos incentivar a beber determinado tipo de cerveja com as características equivalentes dos comerciais de um perfume requintado, um carro luxuoso ou mesmo de alimento de cão ou de gato. O que está sendo vendido não é apenas o valor de um produto, mas sua importância simbólica, como um bloco da construção de um estilo específico de vida.

Os modelos flutuam de acordo com a *moda*. Todo senso de complacência é inimigo da produção e do consumo, e manter

248   Viver nossas vidas: desafios, escolhas e coerções

suas rodas movendo-se para a frente exige que a atitude de consumidor seja inflexível em seus desejos. Fosse responsabilidade nossa manter os produtos, contanto que eles servissem a seus usos ostensivamente determinados, e a atividade de mercado logo empacaria.

O fenômeno da moda previne essa possibilidade. As coisas são rejeitadas e substituídas não porque perderam sua utilidade, mas porque saíram de moda. Os produtos tornam-se então facilmente reconhecíveis, por seus visuais, como bens escolhidos e obtidos por consumidores cujos gostos são antiquados. Assim, sua presença lança dúvidas sobre o *status* de seus proprietários como consumidores respeitáveis e responsáveis. Para conservar adequadamente esse *status*, é preciso manter-se em dia com as cambiantes ofertas do mercado, e obtê-las significa reconfirmar uma capacidade social – só até que muitos outros consumidores façam o mesmo. Nesse ponto, os artigos da moda que em sua origem conferiam distinção tornam-se "comuns" ou "vulgares" e estão prontos para sair de moda a fim de ser avidamente substituídos.

Os modelos também variam de acordo com o grau de popularidade que desfrutam em círculos sociais particulares e com o grau de respeito concedido a seus proprietários. Eles apresentam, portanto, taxas diferenciais de atração, de acordo com a posição social dos consumidores. Selecionando um dado modelo, comprando todos os acessórios necessários e colocando-os em prática com diligência, retratamos a imagem de membro de um grupo que aprove tal modelo e o adote como sua marca registrada; isso se torna sinal visível de pertencimento.

Tornar-se visivelmente membro de um grupo é portar e possuir os sinais corretos: usar vestes apropriadas, ouvir os discos corretos e assistir aos programas de TV e aos filmes importantes a fim de discuti-los. As paredes do quarto são embelezadas com os adornos específicos do grupo, as noites são passadas em lugares singulares, onde se exibem padrões particulares de comportamento e conversação.

As "tribos" a que nos juntamos em busca de nossa identidade são diferentes daquelas que os exploradores disseram ter descoberto em "terras distantes". O que torna as tribos a que nos juntamos (ao comprar seus símbolos) superficialmente similares àquelas é que umas e outras se estabelecem à parte de outros grupos e buscam sublinhar suas identidades específicas e evitar a confusão; também cedem sua própria identidade a seus membros – nos definem por procuração.

Aí termina, porém, a similaridade, e uma diferença decisiva se inicia, porque essas *neotribos* orientadas pelo consumo não têm conselho de anciãos nem comitê de admissão para decidir quem tem direito a estar dentro e quem deve ser mantido fora. Não empregam porteiro ou guarda de fronteira. Não têm instituição de autoridade – suprema corte alguma capaz de se manifestar sobre a correção dos comportamentos de seus membros. Para resumir, a forma de controle é heterogênea, e elas não se dedicam a monitorar os graus de conformidade no plano coletivo. Assim, parece que alguém pode vaguear livremente de uma neotribo a outra, mudando de roupa, redecorando seu apartamento e frequentando outros lugares no tempo livre.

Essas diferenças aparecem como resultado do que é apenas um vislumbre ocasional. Afinal, se as neotribos não guardam formalmente a entrada, *o mercado* faz isso. Neotribos são, na essência, estilos de vida, e estes se relacionam a estilos de consumo. O acesso ao consumo orienta o comportamento no mercado e nos atos de compra de mercadorias. Há poucas coisas que alguém pode consumir sem antes comprar, e esses produtos costumam ser apresentados como os blocos de construção de estilos de vida reconhecíveis. Se alguns deles contribuem para um estilo de vida específico, podem ser desprezados, destituídos do encanto e do prestígio, desdenhados, considerados desinteressantes e mesmo degradantes.

O uso do tipo errado de tênis de ginástica tem sido ligado ao *bullying* nos pátios das escolas. O que será, então, daqueles a quem faltam meios de exercer as escolhas que estariam aparentemente abertas a todos? Eles não podem arcar com os custos de ser indecisos, e seus atos de consumo ficam, desse modo, limitados. O silêncio em torno dos que se encontram em condição de pobreza em uma sociedade orientada para o consumo torna-se ensurdecedor.

A aparente disponibilidade de ampla e crescente gama de neotribos, cada uma ostentando estilo de vida diferente, tem efeito poderoso, apesar de ambíguo, em nossa vida. De um lado, o experimentamos como o desmantelamento de todas as limitações a nossa liberdade. Somos em aparência livres para nos mover de uma qualidade pessoal a outra, escolher o que queremos ser e o que queremos fazer de nós. Nenhuma força parece nos deter e nenhum sonho parece ser impróprio quanto a estar em desacordo com nossa existência ou posição social em potencial.

Isso soa como uma libertação da coerção: uma experiência animadora em que tudo, a princípio, está a nosso alcance e em que nenhuma circunstância é final e irrevogável. Contudo, cada novo ponto de chegada, não importa quão durável ou provisório ele seja, surge em consequência da maneira como antes exercitamos nossa liberdade. Assim, nós e só nós podemos ser responsabilizados pela posição que ocupamos, ou elogiados, dependendo do grau de satisfação derivado do reconhecimento pelos outros, graças aos objetos que possuímos.

Somos todos "pessoas feitas por si mesmas",* e, se não somos, temos potencial para nos tornar quem devemos aspirar a ser. Repetidas vezes nos deparamos com a lembrança de que não há justificativa alguma para podar nossas ambições e que as únicas coerções que enfrentamos são aquelas que estão dentro de nós como indivíduos – no *isolamento* uns dos outros. Assim, enfrentamos desafios cujo único impedimento à realização é uma questão de atitude individual. Pois cada estilo de vida é justamente um desafio. Se o achamos atrativo, mais valorizado do que os nossos, proclamado mais agradável ou respeitável que os nossos, podemos nos sentir *privados* de algo. Sentimo-nos seduzidos por ele,

---

*Os autores fazem um jogo de palavras com a expressão "*self-made man*" (homem feito por si mesmo), considerada um importante mito para o capitalismo liberal americano, a imagem do empreendedor que veio de baixo e construiu sua própria riqueza, pelo mérito de seus talentos e de seu esforço. (N.T.)

atraídos para ele, impelidos a fazer o melhor de nós a fim de nos tornar parte dele. Nosso estilo de vida atual começa a perder seu encanto e já não nos traz a satisfação de outrora. Enquanto as rodas da produção e do consumo são lubrificadas pela atividade frenética de proteção contra os perigos da acomodação, não há qualquer pausa aparente nos esforços dirigidos para encontrar estilos de vida apropriados. Em que ponto podemos dizer "Chegamos; conquistamos tudo que queríamos e assim podemos agora relaxar e pegar leve"? No exato momento em que isso for possível, uma nova atração surgirá no horizonte, e a celebração parecerá indulgência, derivada de injustificada satisfação.

O resultado dessa liberdade de escolher a perseguição do inatingível parece ser condenar-se a permanecer para sempre em estado de privação. A disponibilidade absoluta de tentações sempre novas e sua aparente acessibilidade depreciam qualquer realização. Quando o céu é o limite, nenhum destino terreno parece suficientemente agradável para nos satisfazer. Os estilos de vida publicamente ostentados são não apenas numerosos e variados, mas também representados como diferentes no valor e, assim, nas distinções que conferem a seus praticantes. Quando nos acomodamos com menos do que o melhor na busca de cultivar nosso self, podemos então acreditar que nossa posição social não muito prestigiosa é o efeito natural de uma diligência indecisa e autocultivadora.

A história não termina na acessibilidade potencial, mas nas tentações derivadas da visibilidade. O que faz outros estilos de vida tão tentadoramente próximos e conquistáveis é o fato de não serem praticados em segredo. Pelo contrário, eles parecem tão sedutoramente abertos e convidativos porque as neotribos não vivem em fortalezas guardadas por muros inexpugnáveis, de modo que podem ser alcançados e penetrados. Dito isso, apesar das aparências em contrário, a entrada não é franca porque os porteiros são invisíveis. Aquilo que na linguagem cotidiana é chamado de "forças do mercado" não veste uniforme e nega toda a responsabilidade pelo resultado final, sucesso ou falha, da aventura.

Os efeitos das forças do mercado global, por exemplo, além de configurar descrição de um estado de coisas, também podem ser acusados de trazer consequências pelas quais ninguém tem responsabilidade, ou para as quais é exigida resposta que demanda transformações na atitude e na organização. Em contraste, a regulação pelo Estado das necessidades e de sua satisfação, que não pode senão permanecer visível, é mais vulnerável ao protesto público e alvo mais fácil para esforços coletivos visando a reformas.

Obviamente há exceções, como se evidencia nos protestos em vários países contra os efeitos da globalização. Na falta de efetiva resistência coletiva, entretanto, o andarilho desafortunado deve acreditar que foi sua própria culpa, pura e simples, sua inabilidade em concretizar seus desejos. As estacas são altas tanto para o indivíduo quanto para a sociedade de que ele faz parte, pois correm o risco de perder a fé em si próprio, na força de seu caráter, inteligência, talento, motivação e perseverança. A internalização da culpa é manifestada no autoquestionamento, e, caso se possa arcar com o custo e/ou ter acesso a tal serviço, é possível procurar um especialista para reparar sua personalidade cheia de defeitos. O que pode resultar desse processo?

É provável que as suspeitas sejam confirmadas ao longo das consultas. Afinal, a identificação de qualquer causa além daquela sobre a qual um indivíduo é capaz de atuar pode ser considerada indulgência, pois não está incluída no poder de alteração do indivíduo. Será revelada uma falha interna, algo escondido no self defeituoso do frustrado que o impediu de aproveitar as oportunidades presentes o tempo todo. Não é provável que a raiva decorrente da frustração seja dirigida ao mundo exterior e sobre ele se extravase. Com os porteiros invisíveis fechando a passagem visada, ela permanecerá invisível e mais segura que nunca.

Por definição, os estados de sonho que pintam tão sedutoramente não serão desacreditados. Aos malsucedidos é negada também a tentadora consolação de depreciar retrospectivamente o valor dos estilos de vida que em vão procuram adotar. Percebeu-se que a falha em concretizar os objetivos vendidos

Os negócios na vida cotidiana 253

como superiores e ricamente satisfatórios resulta em sensações de ressentimento direcionadas não apenas contra os próprios objetivos, mas que se espalham sobre aquelas pessoas que se jactam de tê-los alcançado ou permanecem como símbolos de sua realização. Entretanto, isso também pode ser construído como a resposta de um indivíduo que, quando abstraído das condições sociais a que pertence, é considerado inteiramente responsável por suas ações. Qualquer esforço de entendimento nesses termos é tomado então como uma desculpa para seu comportamento, em oposição a uma tentativa construtiva de encontrar soluções de longo prazo para tais problemas.

Mesmo os estilos de vida mais elaborados devem ser representados como universalmente disponíveis se querem ser introduzidos com sucesso no mercado. Sua suposta acessibilidade é a condição necessária para sua capacidade de seduzir. Eles inspiram as motivações de compra e o interesse dos consumidores porque compradores potenciais acreditam que os modelos que procuram são atingíveis. Além disso, eles devem ser admirados a fim de que sejam objetos legítimos da ação prática e não apenas de respeitosa contemplação. Essas formas da apresentação, que o mercado mal pode se dar ao luxo de abandonar em suas reivindicações, implicam a *igualdade* dos consumidores nos termos de sua capacidade de determinar livremente sua posição social. À luz dessa suposta igualdade, a falha em obter os bens que os outros apreciam é compelida a criar sentimentos de frustração e de ressentimento.

Essa falha parece inevitável. A acessibilidade genuína aos estilos de vida alternativos é determinada pela capacidade de pagamento dos potenciais praticantes. Muito simplesmente, algumas pessoas têm mais dinheiro que outras e, com ele, liberdade de escolha mais prática. Em particular, quem tem mais dinheiro, verdadeiro passaporte para as maravilhas do mercado, pode bancar os estilos mais louvados, cobiçados e por isso mais prestigiosos e admirados.

Essa declaração, porém, é uma tautologia: define as coisas de que fala à medida que finge explicá-las. Isso ocorre porque os estilos que podem ser adquiridos por poucas pessoas, dotadas de reservas muito grandes de riqueza, são por isso considerados os mais distintos e dignos de admiração. É sua raridade o que se admira, e a inacessibilidade prática o que os faz maravilhosos. Uma vez adquiridos, são envergados com orgulho, como marcas distintivas da posição social exclusiva, excepcional. São distintivos das "melhores pessoas", integrantes do "melhor estilo de vida". Tanto as mercadorias quanto as pessoas que as usam – considerando-se a exposição uma das principais utilizações – derivam da elevada estima que desfrutam precisamente por seu "casamento".

Todas as mercadorias têm um preço de etiqueta, um preço nominal. Essas etiquetas selecionam o *pool* de clientes potenciais. Elas traçam fronteiras entre o realista, o fantasioso e o praticável que um dado consumidor não pode ultrapassar. Por trás da ostensiva igualdade de oportunidades promovida e anunciada pelo mercado, repousa a desigualdade prática dos consumidores, na forma de graus agudamente diferenciados de real liberdade de escolha. Essa desigualdade é percebida ao mesmo tempo como opressão e estímulo. Ela produz uma experiência dolorosa de privação, com todas aquelas mórbidas consequências para a autoestima que já analisamos. E provoca também esforços zelosos, para realçar a capacidade de consumo de alguém – esforços que garantem incessante demanda para o que o mercado oferece.

A despeito de seu campeonato de igualdade, o mercado assim produz e restabelece a desigualdade em uma sociedade feita de consumidores. O tipo de desigualdade induzido ou servido pelo mercado é mantido vivo e em perpétua reprodução por meio do mecanismo do preço. Os estilos de vida comercializados conferem a distinção buscada porque suas etiquetas de preço os colocam fora do alcance dos consumidores menos ricos.

Por sua vez, essa função outorgadora de distinção soma-se a sua atração e dá suporte aos preços elevados que lhes correspondem. No final do dia, sucede, como toda a alegada liberdade de escolha do consumidor, de os estilos de vida comercializados

Os negócios na vida cotidiana   255

não serem distribuídos de maneira uniforme ou aleatória: eles tendem a se concentrar em determinada área da sociedade e a assumir o papel de indicador de posição social. Os estilos de vida tendem a se transformar em traços específicos de classe. O fato de serem integrados por artigos totalmente disponíveis nas lojas não os torna veículos da igualdade. Isso, entretanto, os faz menos suportáveis, mais difíceis de resistir por parte daqueles relativamente pobres e necessitados do que quando as posses eram abertamente atribuídas às posições sociais já ocupadas, em geral herdadas e imutáveis. Por trás da reivindicação que sugere estar a realização ao alcance de todos repousa a realidade da imputação que é estabelecida de acordo com a desigual distribuição da capacidade de pagamento. A luta por reconhecimento, nesse sentido, só pode ocorrer com redistribuição.

O mercado prospera na desigualdade da renda e da riqueza, mas não parece reconhecer posições sociais. Todos os veículos da desigualdade são negados, menos a etiqueta de preço. Os bens devem ser acessíveis a todos que têm recursos para pagar o que se pede por eles. A capacidade de compra é o único direito que o mercado pode reconhecer. É por esse motivo que, em uma sociedade de consumo dominada pelo mercado, a resistência a qualquer outra desigualdade atribuída cresce em proporções nunca vistas.

Clubes exclusivos que não aceitam membros de determinados grupos étnicos e/ou mulheres, restaurantes ou hotéis que barram o acesso a clientes porque têm a "cor errada de pele", promotores imobiliários que não vendem propriedades por alguma razão similar, todos se veem sob ataque. O poder esmagador dos critérios suportados pelo mercado para a diferenciação social em aparência invalida todos os seus concorrentes. Muito simplesmente, não deve haver nenhum bem que o dinheiro não possa comprar, e o mercado não é visto como a corporificação de valores e preconceitos particulares, mas como força universal e livre de valores que todas as pessoas razoáveis devem aceitar.

Apesar das reivindicações em contrário, as privações orientadas pelo mercado e aquelas etnicamente embasadas acabam por se sobrepor. Os grupos mantidos em posição inferior por restrições "atributivas" em geral são também empregados em trabalhos mal remunerados, de modo que não conseguem arcar com os estilos de vida destinados àqueles que tiram proveito de seu trabalho. Nesse caso, o caráter atributivo da privação permanece oculto. As desigualdades visíveis são explicadas como resultados de menos talento, diligência ou perspicácia dos membros do grupo despossuído; não fosse por seus defeitos inatos, eles poderiam ser bem-sucedidos como qualquer um. Tornar-se como aqueles que eles devem invejar e desejam imitar estaria dentro de seu alcance se atuassem sobre seus desejos.

A desigualdade com que o mercado conta é permitida desse modo pelas barreiras à entrada rotineiramente encontradas por tais grupos, dando assim origem a novas explicações, destinadas não às condições em que eles se encontram e aos preconceitos que enfrentam, mas às características supostamente peculiares ao grupo "deles".

Mesmo aqueles membros da categoria que em diferentes circunstâncias seria rebaixada mas que obtêm sucesso no plano do mercado ainda encontram os portões de certos estilos de vida firmemente fechados. Eles têm poder financeiro para bancar os preços elevados do clube ou do hotel, mas sua entrada é barrada. O caráter atributivo de sua privação é desse modo exposto, e eles aprendem que, ao contrário da promessa, o dinheiro não pode comprar tudo, e que há mais exigências para o posicionamento humano na sociedade, para seu bem-estar e dignidade, do que ganhar dinheiro e gastá-lo. Tanto quanto sabemos, as pessoas podem diferir em suas capacidades de comprar bilhetes, mas deve-se recusar um bilhete a alguém que pode pagar por ele?

Dada a reivindicação, em uma sociedade de mercado, de que os produtos e serviços sejam abertos àqueles que podem arcar com seus custos, a diferenciação atributiva das oportunidades é injustificável. Eis por que uma rebelião contra a dis-

Os negócios na vida cotidiana 257

criminação em qualquer campo que não seja o da "capacidade de compra" tende a ser conduzida pelos membros em melhores condições, mais bem-sucedidos, dos grupos discriminados. A era das "pessoas feitas por si mesmas", da proliferação das "tribos" de estilo de vida e da diferenciação por estilos de consumo é também uma era de resistência à discriminação racial, étnica, religiosa e de gênero. Encontramos lutas pelos *direitos humanos* expressadas nos termos da suspensão de todas as limitações, exceto daquelas que possam ser superadas pelo esforço de qualquer ser humano como indivíduo.

Síntese

Nossas identidades se transformam de várias maneiras: não só por meio da introdução de novas tecnologias, mas também pelo papel crescente que os mercados desempenham em nosso cotidiano. Para quem pode arcar com os custos e ter o acesso a elas, as novas tecnologias exigem constante atualização de habilidades. Não obstante, uma questão se coloca: usamos tais meios para nossos fins, ou esses meios tornaram-se fins em si mesmos?

À medida que nos orientamos na direção do futuro, alguns textos de ficção científica parecem se tornar mais pertinentes, posto que as delimitações estritas entre seres humanos e máquinas estão cada vez mais nebulosas. A implantação de válvulas mecânicas e a colocação de membros artificiais no corpo humano podem representar mais que a mera recuperação da funcionalidade "natural". Elas têm o potencial de servir como realce às capacidades biomecânicas humanas. As inovações tecnológicas podem permitir maior controle, mas com que consequências e para quem? Esses temas exigem compreensão externamente derivada de um processo que nada reconhece a não ser suas próprias racionalizações.

Importantes questões éticas são levantadas por essas perguntas. Em sociedades orientadas pela lógica do consumismo, entretanto, onde se encontram os recursos a serem usados com essa finalidade? Aparentemente, a única coisa reconhecida nessas sociedades é a capacidade de pagamento, mas vimos que essa é uma igualdade suposta, que se choca com preconceitos existentes na sociedade. As igualdades de oportunidades e de resultados são distribuídas de forma diferenciada, e desse modo não só as pessoas apresentam diferentes capacidades de fazer escolhas no mercado, mas o mercado também as recompensa de acordo com sua aceitabilidade na ordem das coisas.

Assim, mesmo a posse de dinheiro pode não ser suficiente para tirar proveito de tais arranjos, e os protestos contra tal iniquidade dificilmente podem ser chamados de universais, embora também estejam longe de ser incomuns. Nesse meio--tempo, somos continuamente encorajados a consumir em nossa busca do inatingível – o estilo de vida perfeito em que a satisfação reine, suprema.

Questões para refletir

1. De que maneiras as novas tecnologias estão direcionando e formatando nossa vida?

2. A publicidade é apenas um meio de transmitir informação ou é capaz de determinar o que compramos?

3. Estarão os problemas públicos se tornando males privados?

4. Há algo na vida além das compras?

Sugestões de leitura

FEATHERSTONE, Mike. *Cultura do consumo e pós-modernismo*. São Paulo, Studio Nobel, 1995. [*Consumer Culture and Postmodernism*. Londres, Sage, 1991.]
Revisão da ideia de que podemos descrever as sociedades modernas pelo consumo, além de avaliação do autor sobre a ordem global e suas implicações nas práticas culturais.

Os negócios na vida cotidiana   259

KLEIN, Naomi. *Sem logo.* Rio de Janeiro, Record, 2002. [*No Logo.* Londres, Flamingo, 2000.]
Um conjunto revelador de vislumbres do poder que as grandes corporações têm sobre nossa vida cotidiana.

MACKENZIE, Donald e Judy Wajcman (orgs.). *The Social Shaping of Technology,* 2ª ed. Buckingham, Open University Press, 1999. Coleção selecionada de artigos originais de pensadores refletindo sobre as interações entre a tecnologia e as relações humanas.

SLEVIN, James. *The Internet and Society.* Cambridge, Polity, 2000. [Edição portuguesa: *Internet e sociedade.* Lisboa: Temas e Debates, 2002.]
Detalhado estudo da ascensão da internet e de suas implicações para a identidade e a organização das relações sociais.

. Parte III .

Olhar para o passado, ansiar pelo futuro

. 10 .

Aprendendo a pensar
com a sociologia

Capítulo a capítulo, viajamos juntos por um mundo de experiências cotidianas em termos de questões cambiantes que cercam e conformam nossas vidas. A sociologia, como guia nessa viagem, orientou a tarefa de comentar o que vemos e fazemos. A exemplo de qualquer excursão guiada, esperamos que nosso guia nada tenha deixado passar de importante e nos tenha de fato apontado o que – se deixado por nossa conta – poderia passar despercebido. Podemos também esperar de nosso guia a explicação de detalhes só superficialmente conhecidos e até a sugestão de uma perspectiva que até então não havíamos considerado. Ao final de nossa viagem, podemos esperar, realisticamente, saber mais e, portanto, ter melhorado nossa compreensão.

O olhar sociológico

O entendimento está no núcleo da vida social. Segundo o filósofo Charles Taylor, podemos utilizar esse conceito em dois sentidos. Em primeiro lugar, há o entendimento das coisas no que diz respeito a seu lugar em uma ordem dotada de significados. O que pode no início parecer enigmático e mesmo ameaçador passa então a ser compreendido em termos de suas relações com aqueles aspectos que nos são mais familiares ao longo de nossa vida. Vimos em nossa viagem que há ocorrências e práticas muitas vezes tomadas como alheias e ameaçadoras. Por esse motivo, procurar explicá-las pode se provar algo desafiador às formas existentes de ver – posto que essas formas de ver se relacionam a um segundo sentido de entendimento, que dá forma a nosso conhecimento de um ambiente que nos capacita a nele agir e ter bom desempenho. Trata-se do conhecimento tácito que extraímos rotineiramente de nossas ações e sem o qual não poderíamos concretizar e orientar nossa vida.

Entre esses dois sentidos de entendimento há uma tensão. Ambos exibem complexidade indicativa da riqueza da condição humana. O primeiro, entretanto, pode aparecer como crítica do outro, pelo seu potencial para questionar o que em nosso cotidiano é tomado como indiscutível. Trata-se de uma forma de entendimento via um *relacionismo* que situa as pessoas pela maneira como suas vidas estão ligadas às de outras. Nesse processo, evidencia-se que a vida não só é feita de realizações, mas também se refere a ocorrências e processos que em geral não são parte de nossos entendimentos corriqueiros.

Nossa atenção neste livro foi moldada pelas duas dimensões do entendimento. Afinal, o fato de sermos bem-sucedidos com os outros e de eles se relacionarem conosco como pessoas, assim como o papel desempenhado em nossa vida pelas condições e relações sociais em geral, nos capacitam a lidar melhor com as questões que enfrentamos no dia a dia. Não estamos sugerindo que nossas tentativas de resolvê-las sejam automaticamente mais bem-sucedidas em consequência disso – que, entretanto, pode nos mostrar como enquadrar os problemas de maneira a obter soluções mais duradouras.

Pensar sociologicamente é central para essa tarefa, mas seu sucesso depende dos fatores externos à influência de toda a disciplina. Problemas de enquadramento que exigem agir e encontrar soluções apropriadas constituem tarefa contínua e exigem disposição para ouvir e agir, assim como a capacidade de promover mudanças. O papel da sociologia como modo disciplinado de pensar é dar forma a esse processo. Nessa medida, ela

Aprendendo a pensar com a sociologia 265

oferece algo fundamental à vida social em geral: uma interpretação das experiências por meio dos processos de entendimento e de explicação. Nessa tarefa, ela tem se comportado muito bem. Caracterizemos a sociologia como um comentário da vida social. Ao fornecer uma série de notas explicativas às nossas experiências, ela também mostra implicações para a maneira como conduzimos nossa vida. Atua, assim, como meio para refinar o conhecimento que temos e empregamos em nosso dia a dia, trazendo à luz, além de nossas realizações, as coerções e possibilidades enfrentadas, relacionando nossas ações às posições e condições em que nos encontramos. A sociologia é um olhar disciplinado que analisa "como" procedemos em nossa vida cotidiana e aloca os detalhes oriundos dessa análise em um "mapa" que se estende para além de nossas experiências imediatas. Podemos então ver como os territórios que habitamos se encaixam e se relacionam com um mundo que não temos a oportunidade de explorar sozinhos, mas que, não obstante, pode conformar e estruturar nossa vida.

As diferenças que podemos experimentar entre o antes e o depois da leitura de estudos sociológicos não são apenas aquelas que existem entre o erro e a verdade. Enquanto a sociologia pode corrigir nossas impressões e desafiar nossas opiniões, nossas ações podem ser descritas e explicadas em diferentes planos da experiência. Isso, afinal, é exatamente o que acontece na vida social quando nos encontramos em contextos diferentes, por exemplo, ao trabalhar, ficar em casa, fazer compras ou encontrar amigos em uma festa. Dizer, consequentemente, que há uma explicação satisfatória para todos os tempos e lugares não só é impreciso como exclui diferenças no contexto presente e nas possibilidades para o futuro.

As pessoas agem ao contrário das expectativas, e isso é parte do exercício da liberdade. A sociologia pode explicar as razões desse comportamento, mas, graças a seus modos de estudo, ela induzirá à pesquisa tendo em vista o entendimento. Não há fim nesse processo nem lugar de descanso final em que resida a verdade *absoluta*. Em vez disso, nosso conhecimento, como em todas as esferas do empreendimento científico, melhora no que diz respeito à sua adequação para explicar o recém-descoberto ou pouco compreendido.

De volta aos dois sentidos de entendimento, a sociologia ilumina os meios pelos quais conduzimos nossa vida e também questiona tal adequação com a produção de estudos e pesquisas que incitam e desafiam a imaginação. Esse pode ser um processo exigente, que aborda as coisas com as quais as pessoas estão familiarizadas por ângulos inesperados e inexplorados, despertando um eventual sentimento de confusão, por conta de nossas crenças a respeito de formas de conhecimento e do que delas podemos esperar. Em geral supomos que esses estudos e pesquisas justifiquem nossas ideias ou ofereçam novos conhecimentos que não perturbem nossa compreensão, mas antes a elas se somem de maneira significativa.

O conhecimento sociológico pode suprir ambas as expectativas, embora possa também (como dissemos) questioná-las, por sua recusa em encerrar o que há de aberto ou ambivalente em nossa vida. Por isso, levanta-se a possibilidade de se pensar de modo diferente, incluindo aqueles aspectos da vida por rotina colocados entre parênteses. Para nós, isso faz da sociologia uma disciplina muito prática, mas talvez não como essa palavra costuma ser invocada por quem procura transformar sua visão da sociedade em confortáveis realidades que, como vimos, incluem por exclusão.

Expectativas e pensamento sociológicos

As tensões entre as formas de entendimento apresentadas e as expectativas muitas vezes constituídas pelo conhecimento científico são manifestadas no que se espera do pensamento sociológico. Em primeiro lugar, no fato de que se trata de uma "ciência". Embora se tenha demonstrado que a prática real científica não se mantém fiel a esses critérios, ela assume em geral a seguinte forma: a ciência é uma coleção de práticas que reivindica ou deve reivindicar clara – e, como tal, tácita – su-

Aprendendo a pensar com a sociologia   267

perioridade sobre outras formas de conhecimento e pode produzir informação confiável e válida em nome da *verdade*. Ao usar essa fórmula como base para o julgamento, os sociólogos podem ser alinhados a outros especialistas capacitados a nos dizer quais são nossos problemas e o que devemos fazer com relação a eles.

Essa expectativa nasce de uma crença no "cientificismo", que, como observou Jürgen Habermas, é "a convicção de que já não podemos compreender a ciência como uma forma possível do conhecimento, mas que antes devemos identificar conhecimento e ciência". A sociologia é vista então como uma forma "faça você mesmo" de dar instruções, com seus livros cheios de informações irrefutáveis sobre como proceder bem na vida, na qual o sucesso é medido em termos de como conseguir o que queremos e superar ou contornar o que possa estar em nosso caminho. Isso ganha forma com a crença de que a liberdade é derivada da habilidade de controlar uma situação e, com isso, subordiná-la a nossos propósitos.

A promessa do conhecimento é considerada a suposta capacidade de predizer, sem sombra de dúvida, o que acontecerá, e que isso capacita alguém a agir livre e racionalmente na busca de fins particulares. Munido desse conhecimento, os únicos movimentos que um indivíduo pode fazer serão aqueles dotados da garantia de produzir os resultados desejados.

Estar no controle deve significar, de um jeito ou de outro, seduzir, compelir ou de alguma maneira forçar alguém, sempre considerado parte das condições sociais, a se comportar de maneira a ajudar a obter o que se quer. Em regra, o controle sobre uma situação significa exclusivamente o controle sobre outras pessoas. Tais expectativas se traduzem na crença de que a arte da vida implica ao mesmo tempo fazer amigos e controlar pessoas. Apesar de esses objetivos estarem nitidamente em tensão, a sociologia pode então ver seus serviços reunidos aos esforços para criar ordem e expulsar o caos das situações sociais.

Como assinalamos nos capítulos anteriores, essa é a marca distintiva dos tempos modernos. Porque exploram as esperanças, os anseios, os desejos e as motivações que dão forma às ações humanas, pode-se esperar que os sociólogos forneçam informações sobre a maneira como as coisas precisam ser arrumadas a fim de provocar nas pessoas o tipo adequado de comportamento. Isso implica a eliminação de qualquer conduta que o modelo designado para estabelecer a ordem consideraria impróprio.

Por exemplo, os administradores de *call centers* e fábricas podem contratar sociólogos a fim de obter maior produtividade de seus empregados; os líderes militares, solicitar-lhes a aplicação de pesquisas de coletas de dados* e estudos de observação que potencializem maior disciplina nas fileiras ou revelem informações relativas a alvos inimigos; as forças policiais, encomendar propostas de como dispersar multidões de modo eficaz e implantar métodos de fiscalização; supermercados, encaminhar seus agentes de segurança a cursos projetados para detectar e reduzir o roubo em lojas; as empresas, buscar expertise na sedução de clientes para a compra de seus produtos; e os profissionais de relações públicas, os melhores métodos para tornar os políticos mais populares e elegíveis, fazendo-os parecer estar "em contato" com o povo.

Todas essas demandas significam: os sociólogos devem oferecer consultoria sobre a maneira de combater aquelas situações já definidas como problemas por grupos particulares, que ignorem ou considerem "irrelevantes" as explicações e soluções alternativas. Um resultado possível é a redução da liberdade de algumas pessoas, de tal modo que suas escolhas sejam restringidas e suas condutas controladas de acordo com os desejos daqueles que encomendam os estudos. Exige-se o conhecimento de como transformar as pessoas em questão, de *sujeitos* de suas próprias ações em *objetos* de intervenção ou manipulação.

---

*O termo original, *survey*, serve, em inglês, para designar genericamente pesquisas com esse tipo de abordagem e o próprio processo de coleta. Em português, convencionou-se falar em "pesquisa *survey*", como expressão geral para investigações baseadas em representatividade estatística (pesquisas de opinião em geral, como as eleitorais, são *surveys*). Preferimos traduzir o termo a fim de reter o sentido genérico da língua original. (N.T.)

O entendimento, no que diz respeito às relações existentes entre uma pessoa e seu ambiente, é subordinado então aos desejos e às visões daqueles que, antes de mais nada, buscam o controle. Quaisquer desvios subsequentes dessas expectativas provavelmente exigem formas ainda mais profundas de controle – muito mais que o questionamento da própria empreitada. De fato, esta pode ser considerada uma atitude indulgente, julgada um luxo em face de "necessidades" localizadas.

Essas expectativas equivalem à exigência de que o pensamento sociológico produza receitas para o controle da interação humana. Trata-se do desejo de ter controle sobre os objetos de estudo. Isso, como vimos em relação às interações entre cultura e natureza, tem uma longa história, em que a natureza se transformava em objeto de intervenção, de modo que pudesse ser subordinada à vontade e aos propósitos daqueles que procuravam utilizar seus recursos para satisfação de suas próprias necessidades.

Surge então uma língua, isenta de intenções e enredada nos tecnicismos em aparência afastados da emoção, na qual os objetos de intervenção sofrem ações, mas não as produzem nem questionam. Até então inclassificáveis num esquema global, foram sendo compartimentados e se demonstraram dóceis à manipulação a fim de concretizar determinados fins. Descrito dessa maneira, o mundo natural foi concebido como "liberado", um território virgem, esperando para ser cultivado e transformado em terreno propositalmente projetado e mais adequado à habitação humana. Questões de equilíbrio não haviam sido levantadas até que foram reconhecidas como próximas ao limite, e os resultados de tal intervenção conduziram à extinção de espécies inteiras e de hábitats vitais. Enquanto isso, aguardava sua emergência toda uma história sobre fontes alternativas de energia e práticas que, apesar de disponíveis, permaneceram subordinadas à busca de objetivos particulares.

O mundo social pode ser explorado com essa finalidade em mente. E estudado de modo que *alguns* seres humanos lhe possam atribuir a forma que desejam, assim surgindo conhecimento que não apenas explique, mas também justifique esse processo, no qual é possível ver a realidade como algo resistente à atividade propositada. Mais conhecimentos serão então mobilizados e nutridos a fim de se descobrir como a resistência pode ser quebrada.

Nesse meio-tempo, levantar qualquer dúvida sobre tal processo pode ser transformado no questionamento de uma conquista que signifique a emancipação da humanidade das coerções e a aparente ampliação, por assim dizer, da liberdade coletiva. Claro, esse resultado é viável talvez em algumas áreas de atividade, mas a suposta neutralidade desse modelo de produção de conhecimento é desprovida das próprias questões que conferem propósito e significado à vida humana – as dimensões éticas e morais de nossa existência.

Sociologia: três estratégias emergem das sombras

Toda disciplina que busca a legitimidade em tal contexto deve procurar antecipar esse modelo de produção do conhecimento. Qualquer tipo de conhecimento que aspire a obter o reconhecimento público por meio de um espaço no mundo acadêmico e de uma parcela dos recursos públicos precisa demonstrar-se capaz de apresentar um modelo útil.

Assim, acreditamos que, embora o papel dos arquitetos ou construtores da ordem social não tenha passado pela cabeça dos antigos sociólogos (embora tenha passado pela de alguns), e que mesmo que a única coisa que eles quisessem fosse compreender de forma mais completa a condição humana, enquanto procuravam construir a disciplina da sociologia mal podiam evitar as concepções dominantes do que é considerado o "bom conhecimento". Por conseguinte, em algum momento tornaram-se necessárias a construção e a demonstração de que a vida e a atividade humanas poderiam ser estudadas sob as mesmas condições. Não é de surpreender que eles se sentissem pressionados por elas a mostrar a possibilidade de a sociologia ser elevada a

Aprendendo a pensar com a sociologia

um status que lhe permitisse ser reconhecida como atividade legítima nos termos antes expressados.

No interior das instituições em que ocorreu a luta por reconhecimento como disciplina, encontramos o discurso sociológico tomando determinada forma, e os esforços para harmonizar a sociologia com o discurso do cientificismo tornando-se a tarefa de maior destaque entre as preocupações dos participantes. Em meio a esses esforços, distinguem-se as estratégias que foram interpretação e subsequente resposta a essas novas demandas. Não estamos sugerindo que elas esgotassem a diversidade das perspectivas sociológicas atualmente disponíveis, mas afirmando que os elementos dos três convergiram para construir e dar forma à dinâmica da sociologia tal como ela é hoje constituída e às expectativas das pessoas sobre seu conteúdo.

Nossa primeira estratégia se preocupa com uma *replicação* da empresa científica tal como colocada por essas expectativas dominantes. Nosso pensador principal aqui é alguém cujo legado intelectual ainda está sendo avaliado, dadas a amplitude e a profundidade de seus interesses, mas também a relação entre seus escritos e o contexto social em que se encontrava.

Émile Durkheim procurou nada menos que uma base para a sociologia no interior de um conjunto coeso de disciplinas sociais visando a fornecer base racional, sistemática e empírica para a religião da sociedade civil. Nesse processo, ele perseguiu um modelo de ciência caracterizado sobretudo por sua capacidade de tratar o objeto de estudo como algo estritamente destacado do sujeito que estuda. O sujeito, dessa maneira, focaliza um objeto "lá fora", que pode ser observado e descrito em linguagem neutra e distinta. Desse ponto de vista, as disciplinas científicas não diferem no método, mas em sua ênfase sobre diferentes áreas da realidade. O mundo, assim, é dividido em lotes, cada um a ser pesquisado por uma disciplina científica que trace fronteiras em torno de seu objeto de curiosidade.

Os pesquisadores empregam os mesmos tipos de ferramentas e operam habilidades técnicas equivalentes quando engajados em atividade sujeita às mesmas regras metodológicas e aos mesmos códigos de comportamento. Um olhar científico é então lançado sobre o que será distinguido de suas atividades para simplesmente aguardar a observação, a descrição e a explicação. O que delimita as disciplinas científicas é apenas a divisão do território de investigação, cada um cuidando de sua própria "coleção de coisas".

A sociologia, de acordo com esse modelo, é como um explorador das grandes navegações, em busca de terras sobre as quais ninguém tenha reivindicado soberania. Durkheim as encontrou nos *fatos sociais*. Trata-se dos fenômenos coletivos, irredutíveis a um indivíduo em particular. Como crenças compartilhadas e padrões de comportamento, eles podem ser tratados como coisas a serem estudadas de forma objetiva e separada. Os fatos sociais parecem, aos indivíduos, uma realidade inelutável, inflexível, independente de sua vontade, não necessariamente reconhecível nem rejeitável. Nessa medida, eles replicam as características do mundo físico, assim como uma mesa ou uma cadeira pode ocupar um cômodo. Ignorá-los é como imaginar que se pode deixar de lado a gravidade. Nesse sentido, desobedecer a uma norma social pode levar a sanções punitivas como advertência: que não seja transgredido o que ninguém pode mudar.

É possível portanto afirmar que os fenômenos sociais, embora obviamente inexistentes sem os seres humanos, não residem *nos* seres humanos como indivíduos, mas *fora* deles. Com a natureza e suas leis invioláveis, eles constituem parte vital do ambiente objetivo de cada ser humano. Não haveria sentido algum em aprender algo sobre esses fenômenos sociais apenas interrogando as pessoas sujeitadas à sua força. A informação seria nebulosa, parcial e enganosa. Poder-se-ia, em vez disso, interrogar-lhes sobre suas reações ao ambiente, a fim de avaliar como as mudanças naquelas situações puderam melhorar o comportamento ou indicar que aquelas forças residem no próprio ambiente.

Em um importante aspecto, como Durkheim mesmo admitiu, os fatos sociais diferem daqueles da natureza. A relação entre a violação de uma lei de natureza e o dano que se segue é automática: não foi introduzida por desígnio humano (ou, mais que isso, não foi introduzida por desígnio de alguém). A relação entre a violação da norma da sociedade e os sofrimentos dos violadores, ao contrário, é "estabelecida pelo homem". Algumas condutas são punidas porque a sociedade as condena, e não porque a própria conduta cause dano a seu autor (assim, roubar não causa dano algum ao ladrão e pode até lhe ser benéfico; se o ladrão sofre em consequência de suas ações é porque os sentimentos sociais militam contra o roubo). Essa diferença, entretanto, não se desvia do caráter "*coisificado*" das normas sociais ou da viabilidade de seu estudo objetivo. Tais fatos sociais *coisificados*, e não os estados mentais ou emoções dos indivíduos (como são avidamente estudados pelos psicólogos), oferecem uma genuína explicação da conduta humana.

Desejando descrever corretamente e explicar o comportamento humano, o sociólogo é levado (e exortado) a superar a psique individual, as intenções e os significados privados, de que apenas os próprios indivíduos podem falar, e se concentrar, em vez disso, em estudar fenômenos passíveis de ser observados externamente e que, com toda probabilidade, pareceriam iguais a qualquer observador que os focalizasse.

Estratégia muito diferente é buscar um status científico, mas sem replicar práticas existentes. Podemos denominar esse segundo modelo *reflexão* e *modificação*. Associado sobretudo ao trabalho de Max Weber, rejeita a ideia de que a sociologia deva desinteressadamente imitar as práticas das ciências físicas. Em vez disso, propõe que a prática sociológica, sem perder a precisão desejada do conhecimento científico, seja tão diferente daquela das ciências naturais quanto a realidade humana investigada pela sociologia o é do mundo estudado pelas ciências da natureza. É essa realidade que deve conduzir a sociologia – que, como disciplina, precisa ser sensível às mudanças ocorridas no interior das sociedades como um todo.

A realidade humana é diferente do mundo natural porque as ações dos homens são dotadas de *sentido*. As pessoas têm motivos e agem a fim de alcançar os fins que estabeleceram para si, e esses fins explicam suas ações. Por esse motivo, as ações humanas, ao contrário dos movimentos espaciais de corpos físicos, precisam ser compreendidas mais que explicadas. Explicar ações humanas significa compreendê-las no sentido de alcançar os sentidos nelas investidos pelos atores. O fato de as ações humanas serem dotadas de sentido é a pedra fundamental da *hermenêutica*. Isso se refere à teoria e à prática de uma "reconstituição do sentido" embutido em textos literários, pinturas ou qualquer outro produto do espírito criativo humano. A fim de compreender seu significado, os intérpretes do texto devem colocar-se no "lugar" do autor, isto é, ler o texto com os olhos desse autor e pensar seus pensamentos, e então vincular as ações do autor à situação histórica em que eles próprios se encontram.

O círculo hermenêutico – da particularidade das experiências do autor e seus escritos ao contexto histórico geral em que foram escritos – não depende de método uniforme que qualquer um possa aplicar com igual sucesso, mas dos talentos de um intérprete único. Se há interpretações muito diferentes, pode-se escolher uma das propostas concorrentes por ser mais rica, mais perspicaz, aprofundada, esteticamente prazerosa ou, de alguma maneira, mais satisfatória que as demais. Claro que esse conhecimento não permite uma noção de certeza que surja com o desejo de moldar a ordem em nome de um poder exigente de prescrições inequívocas. Apesar dessas diferenças, entretanto, Weber ainda afirmou que a sociologia podia alcançar base "científica".

Nem todas as ações humanas podem ser assim interpretadas. Como vimos, grande parte de nossa atividade é tradicional ou afetiva, no sentido de ser guiada por hábitos ou emoções. Em ambos os casos a ação é *não reflexiva*. Quando, por exemplo, agimos por raiva ou seguimos uma rotina, não calculamos nossas ações nem perseguimos fins particulares. As ações tradicionais e afetivas são determinadas por fatores externos a nosso controle direto e podem ser mais bem-entendidas quando sua causa é apontada. O que exige compreensão do sentido, mais do que explicação causal, são as ações *racionais*, porque são calculadas, controladas e orientadas segundo fins conscientemente considerados (ações "orientadas segundo fins" ou "com o fim de").

Assim, enquanto as tradições são múltiplas e as emoções completamente particulares e idiossincráticas, as razões que apresentamos para comparar nossos fins aos meios que selecionamos para os conquistar são comuns a todos os seres humanos. Podemos então extrair o sentido da ação observada não por supor o que esteja passando pelas cabeças, mas fazendo corresponder à ação um motivo que faça sentido e, assim, a torne inteligível. Desse modo, Weber argumentou que uma mente racional pode reconhecer-se em outra mente racional. E mais: sendo as ações estudadas racionais, no sentido do cálculo e da orientação para uma finalidade, elas podem ser racionalmente entendidas, pelo postulado de um sentido e não de uma causa. Por isso, o conhecimento sociológico tem uma clara vantagem sobre a ciência tradicional no fato de que pode não só descrever, mas também compreender seus objetos. Por mais completamente explorado que seja o mundo descrito pela ciência, ele permanece sem sentido, mas a sociologia, no processo de suas descobertas, recupera o sentido da realidade.

Há ainda uma terceira estratégia que não é replicação, reflexão nem modificação, mas pode ser caracterizada como *demonstração pelo efeito*. O objetivo nesse caso é mostrar que a sociologia tem aplicações práticas diretas e efetivas. A tendência a perseguir esse fim coube aos pioneiros da sociologia nos Estados Unidos. Por quê? Porque os Estados Unidos se destacam por sua mentalidade pragmática e por ver o sucesso prático como critério supremo de valor e de verdade. Segundo o filósofo pragmatista William James, "é bastante evidente que nossa obrigação de reconhecer a verdade, bem longe de ser incondicional, é extremamente condicionada". Com esses argumentos, a pesquisa sociológica é capaz de fornecer um conhecimento cujos resultados poderão ser julgados por aqueles que buscam fins particulares. Dessa maneira, ela pode ser empregada para "manipular" a realidade e mudá-la, de maneira que concorde com as necessidades e as intenções, sejam elas quais forem e independentemente de seu processo de definição e seleção.

Desde o começo, vemos essa estratégia dar à sociologia uma distinção prática em sua missão de produzir um diagnóstico social. Suas intuições foram aprimoradas no estudo do reconhecimento de problemas sociais como aumento da criminalidade, delinquência juvenil, ações de gangues, alcoolismo, prostituição, enfraquecimento dos laços de família e assim por diante. Desse modo, a sociologia fundamentou sua aposta na busca de reconhecimento social em uma promessa de colaborar na administração de processos sociais. Colocou-se assim a serviço da construção e manutenção da ordem social e passou a ser vista compartilhando os interesses dos administradores sociais cuja tarefa era controlar a conduta humana.

O serviço dos sociólogos pode, portanto, ser implantado para neutralizar o antagonismo e prevenir conflitos em fábricas e minas; facilitar a adaptação de jovens soldados em unidades há muito tempo em guerra; promover novos produtos comerciais; reabilitar antigos criminosos e aumentar a eficácia do provimento de assistência social.

Essa estratégia aproxima-se da fórmula do filósofo Francis Bacon: "dominar a natureza por submissão". Nela vemos uma mistura de verdade, utilidade, informação, controle, conhecimento e poder. Também testemunhamos o exame do conhecimento sociológico de acordo com os benefícios práticos que podem trazer ao gerenciamento da ordem social. Assim, mais uma vez confrontamos a ideia de que a sociologia oferece soluções para os problemas que devem ser considerados e articulados pelos técnicos da ordem. A sociedade pode ser vista do alto, como um objeto de manipulação erguendo material resistente, cujas qualidades internas devem ser mais bem-conhecidas a fim de se tornar mais maleáveis e receptivas à forma final desejada.

As tensões internas a essas expectativas do conhecimento sociológico sempre retornam numa forma que procura questionar seu status, o que não é surpreendente, pois a fusão de interesses sociológicos e administrativos permanece o núcleo dos interesses daqueles que concebem as relações humanas de modo instrumental. Considera-se, então, que a justificação do conhe-

Aprendendo a pensar com a sociologia 277

cimento repousa nos termos de sua aplicação de acordo com interesses rigorosamente definidos. Tal como com as críticas feitas aos pioneiros da sociologia nos Estados Unidos, entretanto, o fato de uma disciplina definir seu sucesso em termos da prestação de serviços de manutenção promovidos por exigência dos poderosos equivale a ignorar valores alternativos, assim como reduzir consideravelmente os limites de suas investigações. A compreensão de potenciais leituras alternativas das relações sociais torna-se assunto encerrado, assim como as possibilidades para a mudança, de que está prenhe qualquer arranjo contemporâneo.

Os críticos dessa terceira estratégia ressaltaram que sua busca corresponde à tomada de posição e a um apoio ativo às assimetrias estabelecidas de poder social. Afinal, nem todos podem usar o conhecimento interpretado segundo a perspectiva administrativa, pois sua aplicação exige recursos que só os administradores dominam e detêm. A sociologia realça dessa maneira o controle daqueles que já estão no controle e promove deslocamentos adicionais em favor daqueles que já desfrutam de melhores condições. Desse modo, ficam servidas as causas da desigualdade, do desentendimento e da injustiça social.

Por essas razões, a sociologia é controversa. Torna-se alvo para a ambivalência na sociedade, e seu trabalho fica sujeito às pressões que não pode reconciliar. O que um lado pode pedir à sociologia o outro pode considerar abominável, e assim se mostrar determinado a resistir. Portanto, as expectativas conflituosas são levadas a conformar sua prática, sejam quais forem os rigores evidentes de sua metodologia, de seus métodos e do aprimoramento de suas intuições teóricas. Ela pode cair vítima dos conflitos sociais reais que são parte das tensões, da ambivalência e das contradições da sociedade em geral. A sociologia, em seu levantamento das questões sociais por meio da pesquisa sistemática, pode ver-se usada como alvo conveniente para deslocar a necessidade de debate sério e de ação. Mas voltemos agora nosso olhar para fora, na direção da própria sociedade, em busca do entendimento dessa situação.

Tensões sociais,
formas de viver e objetivos sociológicos

Podemos ver isso tudo como resultado do projeto da *racionalização* inerente à sociedade moderna, racionalidade que é uma faca de dois gumes: de um lado, ela contribui para o maior controle sobre as ações. O cálculo racional (como vimos) dá forma a ações mais adequadas aos fins selecionados e aumenta sua efetividade de acordo com os critérios selecionados. Como um todo, parece ser mais provável aos indivíduos racionais concretizar seus fins em comparação com aqueles que não planejam, não calculam e não monitoram suas ações. Colocada a serviço do indivíduo, a racionalidade pode aumentar o espaço da liberdade individual.

Há também o outro lado da racionalidade. Uma vez aplicada ao ambiente da ação individual – à organização da sociedade em geral –, a análise racional pode servir para limitar as escolhas ou diminuir a gama de meios de que os indivíduos podem se servir a fim de perseguir seus objetivos; logo, pode confinar a liberdade individual. A sociologia também reflete essa tensão ao fornecer os meios para compreender melhor seus efeitos e para atacar de modo mais eficaz as questões e os problemas candentes da sociedade moderna. Como escreveu Marshall McLuhan com relação às novas tecnologias, se compreendemos as maneiras pelas quais elas transformam nossas vidas, "podemos nos antecipar a elas e controlá-las; porém, se continuamos em nosso transe subliminar autoinduzido, seremos seus escravos".

Dadas essas pressões, e apesar dos evidentes rigores metodológicos de Weber e de Durkheim, ambos demonstraram preocupação com a liberdade. Durkheim era crítico do utilitarismo conformado pelo cálculo, visando a maximizar os objetivos de atores individuais. Como, questionou ele, isso pôde fornecer base social para a felicidade e a satisfação interior do indivíduo? Weber também se interessou por aqueles valores centrais da condição humana, mas que se encontram sujeitados cada vez mais ao cálculo de racionalidade instrumental. De modo similar, Robert E. Park, um dos pioneiros da sociologia americana, escreveu sobre como as novas formas de comunicação criaram associações que não só intensificaram a competição entre as pessoas como também trouxeram um potencial aumento da compreensão entre elas.

Hoje essas preocupações mais uma vez ganham voz. Assim, ouvimos falar a respeito do caráter fundamental da confiança para as relações humanas, embora com frequência ela seja minada pelos cálculos dos negócios globais que comandam poderes e riquezas equivalentes aos de algumas nações, ainda que permaneçam inexplicáveis em termos de democracia. De acordo com essas preocupações, toda resistência às invasões de formas de vida não pode passar de manifestações de impedimentos locais à realização de seus objetivos globais.

Também ouvimos falar sobre valores da comunidade e sua importância para a solidariedade social. Como vimos em nossa jornada, porém, isso costuma traduzir-se em atitude defensiva em relação ao "outro". Como observou Richard Sennett, os aspectos mais importantes da arquitetura comunal tornam-se então "as muralhas contra uma ordem econômica hostil". Portanto, parafraseando Paul Virilio, a política foi associada a uma liberdade baseada no medo, e a segurança social, ao direito de consumir.

O que vemos aqui é a disponibilização dos recursos de acordo com a realização de objetivos particulares, e atividades de construção de fronteiras como resposta às condições sociais, por sua vez conformadas pelos conhecimentos ou pontos de vista que expressam interpretações do mundo. O conhecimento, nesse sentido, não apenas reflete as coisas em si, como se costuma crer, mas filtra-as, ordena-as e as compartimenta sob a forma de categorias, classes e tipos. Quanto mais conhecimento temos, mais enxergamos e maior é o número de aspectos diferentes que discernimos no mundo. Estudar a arte da pintura, por exemplo, leva-nos a não ver "vermelho" em uma imagem, mas em diferentes formas do vermelho: turco, fogo, de heléboro, indiano, japonês, carmim, carmesim, rubi, escarlate, cardinal, sangue, vermelhão, damasco, de Nápoles, de Pompeia, persa e assim por diante. A diferença entre o olho treinado e o inexperiente é manifestada no poder de discernir e pesquisar metodicamente. Em todas as áreas, a aquisição de conhecimento consiste em aprender como promover novas discriminações. Nesse processo, o uniforme é tornado discreto, as distinções, mais específicas, e as grandes classes são separadas em menores, de modo que a interpretação da experiência se faz mais rica e detalhada. Costumamos ouvir falar sobre como as pessoas polidas podem ser avaliadas pela riqueza do vocabulário a que recorrem em suas opiniões e descrições. Algo pode ser descrito como "bom", mas também, mais elaboradamente, como agradável, saboroso, amável, apropriado, de bom gosto ou "correto". A linguagem, entretanto, não ganha vida a partir do "lado de fora", para relatar experiências e eventos já ocorridos. A língua é algo interno e reflexo da vida, desde o começo. De acordo com Pierre Bourdieu, "os usos sociais da língua devem seu valor especificamente social ao fato de que tendem a ser organizados em sistemas de diferenças", e estes, por sua vez, reproduzem "o sistema de diferenças sociais".

A partir disso, podemos dizer que a língua é uma *forma de vida*, e que cada língua – inglês, chinês, português, a língua da classe trabalhadora, a da classe média, a linguagem "classuda", as gírias do submundo e as dos grupos adolescentes, o jargão de críticos da arte, de marinheiros, físicos nucleares, cirurgiões ou mineiros – é uma forma de vida. Cada qual contém seu mapa do mundo e um código de comportamento, que se entrelaçam em seu interior. Podemos pensar neles de modo separado, mas na prática não há como os separar.

As distinções feitas entre os nomes das coisas refletem nossa percepção da diferença de suas qualidades. Ao mesmo tempo, nosso reconhecimento da diferença das qualidades reflete a discriminação em nossas ações com referência a elas e as expectativas de que nossas ações são tributárias. Recordemos uma observação anterior: entender é saber como seguir em frente, e, se sabemos como fazer isso, entendemos. É precisamente essa

Aprendendo a pensar com a sociologia

sobreposição, essa harmonia entre a maneira como agimos e a maneira como vemos o mundo que nos faz supor que as diferenças estão nas próprias coisas. Uma facilidade e uma certeza acompanham as discriminações empregadas de hábito na tarefa cotidiana de entendimento. Como indicamos, há uma riqueza nessa forma de entendimento, e os sociólogos a exploraram com perspicácia extraordinária, tornando manifesto, nesse processo, o que era latente. A própria prática em algum grau deve ser indiferente a suas possibilidades no curso normal dos eventos. Sem isso em mente, como poderíamos agir, se passamos todo tempo pensando sobre nossas ações e sua relação com as circunstâncias de que somos parte? Fazer isso seria uma receita para a inércia e a incerteza.

As formas de vida que permitem isso, contudo, não são simplesmente retiradas uma da outra. O entendimento sociológico não diz respeito apenas a nosso modo de ter sucesso, mas ao fato de nossa vida ser ligada à de outros, ainda que, no curso normal dos eventos, isso não apareça. As ações podem se basear em informação local, mas têm potencial para ser transportadas e representadas de maneiras que ultrapassam fronteiras.

Isso é exatamente o que o exército daqueles que introduzem no mercado produtos e serviços faz em nome do consumo. Os limites entre formas de vida veem-se então sujeitos às imagens e possibilidades vindas de diferentes meios e, como vimos durante nossa excursão guiada, produzem efeitos diversos. A forma de entendimento resultante não pode ser interpretada apenas como algo vindo "de dentro", a fim de se somar ao reservatório local de conhecimento, no sentido de se saber como ter desenvoltura em uma forma de vida.

Não se trata de simples instâncias confirmadoras de novos conhecimentos que podem ser incorporadas a nossa vida sem problemas. Elas representam, antes, as interpretações que podem nos impor exigências para lhes conferir reconhecimento que, por padrão, admitamos como nosso. Entendimento, dessa maneira, é saber que nossas distinções não são as *únicas* existentes. Assim, não estamos separados uns dos outros por muralhas impermeáveis de cujos conteúdos e proprietários podemos sem problemas fazer inventários.

Uma reação a esse estado de coisas (como vimos) é lançar mão de reforços nas fronteiras, empregando meios cada vez mais amplos para assegurar que as muralhas fiquem impermeáveis às influências externas. Não obstante, enquanto as formas de vida podem ser ordenadas e compartilhar padrões de ação, elas continuam se sobrepondo, superpondo e competindo por áreas selecionadas da experiência total de vida. São, por assim dizer, seleções diferentes e arranjos alternativos das mesmas parcelas do mundo total e dos mesmos itens selecionados do *pool* compartilhado. No curso de um dia, nos movemos por muitas formas de vida, mas carregando conosco, ao longo de cada uma, parte das demais. Em cada situação por que passamos durante nossa vida partilhamos conhecimento e códigos comportamentais com um diferente conjunto de pessoas, que, por sua vez, possui uma combinação de formas que partilha.

Por essas razões, nenhuma forma de vida é "pura", e, como a história demonstrou em muitíssimas ocasiões, as tentativas de purificação levam a resultados catastróficos. Nosso ingresso em formas da vida, entretanto, não é um processo passivo, que impõe torcer e moldar nossas identidades e habilidades para que elas se conformem aos conjuntos rígidos de regras. Somos coautores e atores da vida social; assim, ao ingressarmos em formas de vida, ao mesmo tempo as utilizamos e modificamos, por trazer conosco outras formas. Estas, por sua vez, orientam nossas ações e conformam nossos julgamentos e decisões, mas não podem ser ajustadas a esses novos parâmetros. Cada ato da entrada é criativo *e* transformacional. O olhar sociológico se volta então para perguntas como: em que níveis e extensão, por que razões e utilizando que recursos e com que consequências?

Eis por que as questões de entendimento são constantemente levantadas, com sensações de confusão, ameaças e possíveis colapsos na comunicação, porque elas são parte da condição humana. Ignorar isso em nome de encerrar atividades de ordens sociais é ignorar um aspecto central do processo de entendi-

Aprendendo a pensar com a sociologia 283

mento no qual os sentidos se submetem a uma transformação sutil, ainda que firme e inevitável. Podemos dizer que o processo de comunicação – essa ação que visa a obter compreensão mútua – impede que toda forma de vida seja estática. Pense nos turbilhões da água em um córrego. É como se cada um tivesse forma constante, de modo que permanece igual durante um longo período de tempo. Contudo (como sabemos), um turbilhão não pode reter uma única molécula de água que seja por mais que alguns segundos, e assim sua substância permanece em constante estado de fluxo. Para quem ficar tentado a pensar que essa é uma fraqueza do turbilhão e que seria melhor para sua "sobrevivência" se o fluxo de água no rio fosse paralisado, lembre-se de que isso significaria justamente a "morte" do turbilhão. Ele não pode manter sua formação e sua forma como identidade isolada e persistente sem o constante influxo e escoamento de quantidades sempre renovadas de água. Lembre-se também de que a própria água comporta diferentes ingredientes!

As formas de vida, como os turbilhões, permanecem vivas precisamente porque são flexíveis, estão em fluxo permanente e são capazes de absorver material novo e rejeitar o que já não é mais considerado útil. Isso significa, entretanto, que elas morreriam caso algum dia se fechassem, se tornariam estáticas e resistentes a mudanças. Não sobreviveriam à codificação final e à precisão que prepara as tentativas de codificação.

Em outras palavras, as línguas e o conhecimento em geral precisam da ambivalência para permanecer vivos, manter sua coesão e ser utilizáveis. Apesar disso, entretanto, os poderes preocupados com a ordenação da realidade só podem enxergar essa ambivalência como obstáculo para seus objetivos. Eles tendem a procurar congelar o turbilhão a fim de barrar a entrada de tudo que não seja bem-vindo ao conhecimento que controlam, e tentam selar a "forma de vida" sobre a qual desejam estabelecer um monopólio.

A preocupação com a ordem sustentada por ideias limitadas da vida social leva a buscas de conhecimento não ambíguo.

A expectativa é de que esse conhecimento seja definitivo e também sirva como justificação para ações subsequentes. Alusões a sua neutralidade podem então aliviar aqueles que o aplicam à carga do julgamento, mas não podem se alinhar com esses ideais, pois os efeitos estarão lá para quem quiser ver. Almejar o controle total sobre uma situação é empenhar-se por um mapa de contornos claramente definidos, em que os sentidos sejam filtrados pela purificação da ambiguidade e todos os elos se reúnam a todos aqueles que constituem a forma de vida. Sobre um dado terreno, as diferentes estratégias emergirão de acordo com o investimento feito pelas pessoas na ordem das coisas.

De um lado, podemos encontrar aceitação em virtude de as práticas permanecerem sem questionamento. Isso habilita (como sugerimos) uma disposição que conforma as ações na vida cotidiana. De outro lado, os desacostumados com os modos de pensar aceitos, que então penetram essas relações, trazendo outras formas de vida, podem acreditar que questionam e despedaçam aquelas maneiras aceitas. E podem questionar a si mesmos no processo, mas suas ações talvez também tenham efeito transformador na própria forma de vida.

Os esforços para preservar a ortodoxia e para impedir ou eliminar a heresia têm como objetivo o controle sobre a interpretação. O poder em questão visa a ganhar o direito exclusivo para decidir qual das interpretações possíveis deve ser escolhida e tornada obrigatória como *a* verdadeira. A busca de um monopólio do poder expressa-se escolhendo os proponentes das alternativas para o papel de dissidentes e é acompanhada por uma intolerância que pode ser corporificada em perseguição. Desse ponto de vista, toda disciplina que procura algo além da produção de conhecimento com a finalidade de controle se tornará alvo do ataque daqueles que investiram na ordem estabelecida.

Sociologia e liberdade

A sociologia produz um sentido de entendimento que podemos chamar de relacional-interpretativo. Ela não se satisfaz em ver

Aprendendo a pensar com a sociologia 285

as coisas de modo isolado, porque a vida social não é assim. Por isso, ela não se encaixa bem nas reivindicações de "encerramento das atividades" daquilo que não é nem poderia ser hermeticamente selado como proteção contra influências externas. A sociologia é um comentário permanente das experiências surgidas em relações sociais e uma interpretação dessas experiências com referência aos outros e às circunstâncias sociais em que as pessoas se encontram.

Isso não significa sugerir que ela detenha o monopólio da sabedoria no que diz respeito àquelas experiências – muito embora sem dúvida as enriqueça nos ajudando a compreender melhor com os outros e por meio dos outros. Na verdade, aprender a pensar sociologicamente amplia nossos horizontes de compreensão porque essa ação não se contenta com a exclusividade e a necessidade de ser definitiva – qualidades exigidas de qualquer interpretação. Ela também enfatiza, antes de mais nada, o custo das tentativas de acarretar essa situação.

Isso está longe de sugerir que a sociologia não seja "prática". Ao ampliar o horizonte de nosso entendimento, ela é capaz de lançar luz sobre o que de outra maneira poderia passar despercebido no curso normal dos eventos. Isso inclui uma pluralidade de experiências e formas de vida, além do modo como cada uma exibe e disponibiliza suas formas de entendimento, ao demonstrar também como é impossível cada qual ser uma unidade independente e autossuficiente. Muito simplesmente, todos somos vinculados uns aos outros, embora de maneiras diferentes. Esse é o desafio de se pensar sociologicamente, porque esse pensamento não refreia, mas facilita o fluxo e a troca de experiências.

Para alguns, isso significa que a sociologia se pode somar à ambivalência porque não se juntará àqueles que procuram "congelar o fluxo" na busca de objetivos delimitados. Abordada dessa maneira, ela pode ser considerada parte do problema, e não a solução. Entretanto, se uma sociedade é séria em seu desejo de aprender, autorizará a forma de entendimento que melhor nos equipa para enfrentar o futuro.

Olhar para o passado, ansiar pelo futuro

O grande serviço que a sociologia está preparada para oferecer à vida humana e à coabitação dos homens é a promoção do entendimento mútuo e da tolerância como condição suprema da liberdade compartilhada. Graças à forma de entendimento que disponibiliza, o pensamento sociológico promove necessariamente o entendimento produtor de tolerância e a tolerância que viabiliza o entendimento.

Como sugerimos ao longo deste livro, a maneira como enxergamos os problemas influenciará o que é considerado a solução apropriada. Entre nossas expectativas para o futuro e as experiências obtidas do passado e do presente jaz um espaço que o pensar sociologicamente ilumina e a partir do qual podemos aprender mais sobre nós mesmos, os outros e as relações entre nossas aspirações, ações e as condições sociais que criamos e nas quais vivemos. A sociologia é, assim, central para qualquer tentativa de nos compreender melhor.

Questões para refletir

1. O que você espera estudando sociologia?

2. Quais foram as questões que direcionaram o desenvolvimento e a prática da sociologia como disciplina?

3. De que maneira pensar sociologicamente pode nos ajudar a melhorar nossa compreensão a respeito de nós, dos outros e das condições sociais em que vivemos?

4. Pode-se afirmar que nenhuma "forma de vida" é pura?

Sugestões de leitura

FRASER, Nancy. *Justice Interruptus: Critical Reflections on the "Postsocialist" Condition.* Londres, Routledge, 1997.
Nancy Fraser tem a capacidade de chegar ao âmago dos argumentos e de expor as maneiras pelas quais podemos construtivamente encontrar soluções para os problemas que se apresentam. Esse conjunto de ensaios não é exceção a essa regra, e nele ela chama a atenção para o argumento, com enorme frequência aparentemente esquecido, de que o reconhecimento anda de mãos dadas com a redistribuição.

MAY, Tim e Jason L. Powell. *Situating Social Theory.* 2ª ed. Buckingham, Open University Press, 2007.
Utilizando como base a história da teoria social e tradições do pensamento social, o livro situa escolas de pensamento contemporâneas e discute seus pontos fortes e fracos.

WILLIAMS, Malcolm. *Science and Social Science: An Introduction.* Londres/Nova York, Routledge, 2000.
Um guia para os debates sobre a ciência e como eles se relacionam à prática das ciências sociais. O autor também analisa a importante questão dos valores e das práticas científicas.

YOUNG, Jock. *A sociedade excludente: exclusão social, criminalidade e diferença na modernidade recente.* Rio de Janeiro, Revan, 2003. [*The Exclusive Society: Social Exclusion, Crime and Difference in Late Modernity.* Thousand Oaks, Sage, 1999.]
Analisa a transição da estabilidade à mudança e à divisão. Assinalando que "não há volta", o autor pensa sobre as possibilidades para o futuro e, ao fazê-lo, utiliza o olhar sociológico de maneira não diferente da que sugerimos em nosso capítulo final.

. **Agradecimentos** .

Em primeiro lugar agradeço a Zygmunt Bauman o convite para ser coautor deste livro. E, pelo apoio e encorajamento, agradeço também a Richard Brown, Lyn Bryant, Alan Bryman, Graeme Gilloch, Alan Harding, Frank Lee, Linda McKie, Simon Marvin, Ken Parsons, Bev Skeggs, Paula Surridge, Carole Sutton, Paul Sweetman, Paul Taylor e Malcom Williams. Todo meu amor e toda minha gratidão a Dee, que suportou mudar-se de Plymouth para Durham e depois para Manchester, no intervalo de cinco anos. As razões para tantas mudanças resultaram de circunstâncias sobre as quais pouco controle tivemos, e agradecemos àqueles que nos propiciaram as condições para que nos sentíssemos "em casa" no nosso novo espaço. Todo o meu amor também a nossos filhos, Calum e Cian, por me colocarem em xeque, exercitando um saudável desdém por minhas atividades editoriais!

Zygmunt e eu adoramos a produção deste livro e esperamos que ele leve o leitor a admirar a sociologia como instigante e inspiradora. Enfim, nós dois agradecemos às equipes editoriais da Blackwell nos Estados Unidos e no Reino Unido, incluindo Valery Rose, Christine Firth, Susan Rabinowitz e Ken Provencher.

. Índice remissivo .

A

ações:
afetivas, 99-100
altruístas, 130-1
competitivas, 113-5
habituais (de hábito ou tradicionais), 99-100, 104-5
motivadas por necessidades, 109-10
racionais, 100
reflexivas, 273-4
Ver também liberdade de ação
Adam, Barbara:
transformação do tempo em mercadoria, 182
Adorno, Theodor W:
personalidades autoritárias, 58
agressão:
o self *versus* os outros, 42-4
agricultura:
safras geneticamente modificadas, 182-4
consequências tecnológicas, 195
alimentos:
conduta à mesa, 207-8
modificados geneticamente, 181-4
prazer de comer *versus* imagem do corpo, 159-62
signos culturais, 211-2

alimentos geneticamente modificados, 182-3
altruísmo:
dádivas, 130
ambiente social:
interação com, 235-6
amor:
busca por autoidentidade no, 137-9
confluente, 154-6
produto introduzido no mercado, 144-6
reciprocidade, 139-41
sexualidade e erotismo, 144
anonimato:
ação coletiva, 120-1
vida urbana, 69-72
antropologia, 13-4, 16-7
aparência pessoal:
códigos culturais e signos, 206-7, 208-9, 211-2
grupos segregados, 67-8
moda e identidade, 246-9
Ver também corpo
Apel, Karl-Otto:
implementação social da moralidade, 185, 186
Astell, Mary:
A Serious Proposal to the Ladies (for the Advancement of their True and Greatest Interest), 171

292 Aprendendo a pensar com a sociologia

autonomia:
  e caos social, 189-97
autoridade :
  autoritarismo, 58
  legitimação, 106-9
  publicidade, 244

B

Bacon, Francis, 276
Bateson, Gregory:
  cismogênese, 59-60
Baudrillard, Jean:
  self autêntico no mercado, 142-3
Bauman, Zygmunt, 237
Beauvoir, Simone de:
  coletividades, 121
Beck, Ulrich:
  confiança e risco, 134-5
  sociedade de risco, 107, 181, 184, 185
Bentham, Jeremy:
  panóptico, 178, 180
Berlim, Isaiah:
  liberdade positiva e liberdade negativa, 216-7
Beveridge, William, 194
Bourdieu, Pierre:
  adesão dóxica, 113
  campos de relações sociais, 58-9
  capital simbólico, cultural e econômico, 101
  conduta à mesa, 206-7
  efeito "Dom Quixote", 38
  linguagem e poder, 211-2
  usos sociais da linguagem, 280
burocracia:
  moralidade, 115-6, 122-3
  Weber sobre, 82-6

C

Calhoun, Craig:
  sobre nações, 226-7
caos *ver* ordem social
capital:
  simbólico, cultural e econômico, 101
carisma:
  legitimação da autoridade, 106-9

casa:
  como um local de trabalho, 156
  como um lugar seguro, 154-5
casamento:
  mulheres e direitos a propriedade, 111-2
Castells, Manuel:
  A era da informação, 93
Chodorow, Nancy:
  diferenças de gênero nas emoções, 43-4
cidadania:
  asilo político, 214-5
  direitos e deveres, 215-20
  formas, 214-5
  e regulação pelos Estados, 218-22
ciência e tecnologia:
  alimentos geneticamente modificados, 181-2
  ampliando a esfera de ação cultural, 202-4
  consequências globais, 184-5
  consumo e expertise, 240-3
  dependência de tecnologias atualizadas, 236-40
  pesquisa como atividade social, 209-10
  questões ambientais, 194-7
  transformações no tempo e no espaço, 175-82
  seres humanos e máquinas, 256-8
ciência política, 13-4, 15, 16-7
ciências sociais:
  "cientificismo", 267-8
  diferenças entre os vários campos, 13-7
cismogênese:
  simétrica e complementar, 59
classe:
  desigualdade dos consumidores, 254-5
códigos:
  ordem social, 207-10
Cohen, Anthony:
  fronteiras de grupo, 62-3
comportamento de multidão:
  moralidade, 120-1
  trocas impessoais, 137

Índice remissivo

comunicação:
efeitos dos telefones móveis, 204
e comunidades não locais, 179
instalação e desinstalação, 180
mudanças provocadas pelas novas
tecnologias, 175-81
processo de, 282
simbólica, 41
comunidade:
busca por segurança, 152-4
deslocamentos tecnológicos na
percepção, 179-80
imaginária, 154, 224
laços comuns, 75-9
neotribos e grupos de estilo de
vida, 246-57
pertencimento *versus*
individualidade, 148
segregada do "mundo exterior",
79
confiança:
trocas pessoais e impessoais, 134-6
conhecimento:
riqueza de discriminação, 280-1
consumo:
atuando sobre necessidades e
soluções, 242-6
de expertise, 240-3
e desapontamento, 242-3
suposta igualdade dos
consumidores, 254
contratos sociais:
proposta de Locke, 111-2
controle social, 267-70
corpo:
busca por saúde e boa forma,
162-6
defesa do, 159-60
expressão de emoções, 164-5
mensagens sociais do, 166-9
objetos de condicionamento social,
157-62
crianças:
estágios de desenvolvimento de
Mead, 41-3
criminologia, 14

critério de relevância:
definido, 39-40
cultura:
como força ordenadora, 203-7
distinção em relação à natureza,
201-4
estrutura, signos e códigos, 205-12
língua, 211-2
tolerância, 213-5
Ver também tradição
Cultura do contentamento, A
(Galbraith), 114

D

dádiva e troca:
altruísmo e o autossacrifício, 130-2
amor como, 140-1
débitos e empréstimos, 127-9
emoção e empatia, 132-4
moralidade, 130-1
pessoal e impessoal, 131, 133-6
pureza, 129-30
relacionamentos induzidos pelo
mercado, 144-5
valor simbólico, 129-30
variáveis de parâmetro de Parsons,
132-3
Darwin, Charles, 43
dedurar/dedo-duro, 189-91
Deleuze, Gilles:
sentir que há uma "falta", 110
Delphy, Christine, 156
Derrida, Jacques:
autoidentificação, 55
"*différance*" entre signos, 208-9,
210
desfamiliarização, 25
desobediência civil, 222
dinheiro:
débitos e empréstimos, 127-9
direito, 111
direitos humanos:
capacidade de compra, 256-7
Douglas, Mary:
Pureza e perigo, 63

294 Aprendendo a pensar com a sociologia

Durkheim, Émile:
busca científica para fatos sociais, 271-3
crítica ao utilitarismo, 278-9
laços comuns, 55-6
moralidade social e Estados, 221-2

E

economia:
afetando a liberdade de ação, 13-4, 15-7
consumo, 240-3
desigualdade dos consumidores, 253-7
identidades promovidas pelo mercado, 142-7
o Estado e os impostos, 215-6
o mercado e as neotribos, 248-57
sistema capitalista de fabricação, 34-7
valor de troca e valor do uso, 243-4
velocidade moderna da, 182-4
educação:
nacionalismo, 226-7
Elias, Norbert:
posição ambígua, 44
estabelecidos *versus* outsiders, 58-9
Elizabeth (filme):
mensagens da aparência, 167-8
emoções:
ações afetivas, 99-100
expressão física, 164-5
situações de dádiva, 132-3
entendimento:
dois sentidos de, 263-5, 266-7
relacional-interpretativo, 284-5
saber como proceder, 280-1
Era da informação, A (Castells), 93
escolha:
responsabilidade para decisões, 34-5
espaço:
desvalorização, 178-9
experiências em mudança, 175-82
esportes e aptidão, 164-5

Estados:
apoio dos indivíduos à guerra, 217
autoridade dos, 214-6
desobediência civil, 221-2
direitos e deveres, 215-20
e nações, 215-6, 223-4, 230-2
legalidade, 221-2
pagamento de impostos aos, 216
patriotismo, 221-2
provisão de serviços, 217-20
regionalismo e o desterritorialização, 221-2
regulação dos indivíduos, 219-22
uso do nacionalismo, 226-32
Ver também cidadania;
nacionalismo; nações
estilos de vida:
desigualdade dos consumidores, 252-7
neotribos e consumo, 246-52
Estranho no ninho, Um (Kesey), 189
estrutura da ordem social, 205-7
etnia:
autoridade estatal, 220-2
desigualdade dos consumidores, 254-7
genocídio, 66
identidade de grupo, 56-8
etnocentrismo:
das nações, 227-8
exclusão social:
relações de poder, 101-2
expectativas:
liberdade de ação, 36-40
experiência:
divisões das ciências sociais, 14-6
inacessibilidade dos outros, 165

F

família:
fonte de segurança, 155-6
publicidade e paternidade, 247-8
fatores materiais:
afetando a liberdade de ação, 35-7
feminismo:
liberdade de ação, 37-8
mulheres gerentes, 86-7
relações de poder, 171-3
sexualidade plástica, 169-71

Índice remissivo

fenômeno social:
  reside fora dos indivíduos, 272-3
Foucault, Michel:
  autoidentificação, 55
  controle das populações, 119-20
  internalização do olhar, 178-9
  linguagem e poder, 211-2
  relações de poder, 86
  tecnologias do self, 157-9
Freud, Sigmund:
  domesticação de instintos
    antissociais, 43-4
Fukuyama, Francis:
  confiança, 135

G

Galbraith, John Kenneth:
  A cultura do contentamento, 114
Garfinkel, Harold:
  etnometodologia, 40
Gates, Bill:
  Sennett sobre, 183
gênero:
  identidades plásticas, 169-71
  liberdades de ação, 37-8
  ligações emocionais, 44
  mulheres gerentes, 86-7
  relações de poder, 171-2
genética:
  e comportamento social, 42-3
  e os estados naturais, 77-8
  natureza *versus* cultura, 203-4
  patentes de genes humanos, 195-6
genocídio, 66-7
Gherardi, Silvia:
  relações de poder e gênero, 172
Giddens, Anthony
  amor confluente, 154-5
  confiança e risco, 134-5
  impotência, 107
  segurança ontológica, 47
  sexualidade plástica, 169-71
Gillett, Grant:
  *A mente discursiva: os avanços na
    ciência cognitiva* (com Harré), 165

Gilligan, Carole:
  as mulheres e a ética do cuidar,
    133-4
globalização:
  ausência de resistência coletiva,
    251-2
  forças do mercado, 251-2
  poder e controle dos negócios,
    279-80
  sociedade de risco, 183-6
Goffman, Erving:
  conduta à mesa, 206-7
  copresença, 180
  desatenção civil, 69-72
  desempenhar papéis, 80-1
  instituições totais, 92-3
  Manicômios, prisões e conventos,
    189
  ordens da interação, 52
  trabalho da face/figuração, 46
Grã-Bretanha:
  Estado de bem-estar, 194
  Lei do Sigilo Oficial, 189
  Serviço Nacional de Saúde da,
    189-91, 218-9
grupos:
  critérios da relevância, 39
  diversidade de, 93-4
  expectativas, 36-8
  formas de segregação, 67-70
  fronteiras e estrangeiros, 62-7
  intra ou extra, 54-62
  o "Eu" e o "Mim" de Mead, 41-3
  pertencimento por nascença, 38-9
  recém-chegados, 64-5
  Ver também grupos de referência;
    interação social
grupos de referência:
  comparativos, 46-7
  socialização, 45-7
Guattari, Félix:
  sentir que há uma "falta", 110-1
guerra:
  apoio dos cidadãos à ação do
    Estado, 217-8

H

Habermas, Jürgen:
"cientificismo", 266-8
confiança, 134-5
hábitos, 98-101
Harré, Rom:
A mente discursiva: os avanços na ciência cognitiva (com Gillett), 164
hermenêutica, 274
história, 13-4, 16-7

I

identidade:
a insegurança do anonimato, 46-9
cidadania e Estado, 214-22
como produto introduzido no mercado, 142-7
contradições, 53-4
encontrar o self nas relações pessoais, 136-8
e publicidade, 245, 246-51
intragrupos e extragrupos, 54-6
neotribos de grupos do estilo de vida, 248-57
pertencimento *versus* individualidade, 146-8
igualdade:
dos consumidores, 253-7
impessoalidade, 134-6
busca da autoidentidade, 136-8
indivíduos:
como sujeitos *versus* como objetos, 268-9
conflito com expectativas de grupo42-4,
fenômenos sociais residem fora dos, 272-3
individualidade *versus* pertencimento, 146-8
racionais, 278-9
relações com amplos processos sociais, 21-3
instituições:
interação *ver* interação social
medo do caos, 188-97

interação social:
etnometodologia, de Garfinkel, 40-2
evitando confusão e ansiedade, 151-8
reciprocidade das dádivas, 129-31
várias distâncias, 51-4
Ver também grupos
intimidade:
relacionamentos amorosos, 139-43
reveladora, 155-6

J

James, William, 275
Jamieson, Lynn:
intimidade, 141-2, 155-6
Jonas, Hans:
desenvolvimento tecnológico, 184-5
Jones, Steve, 43
judeus:
antissemitismo, 59
paralelos com o experimento do choque de Milgram, 116-8

K

Kesey, Ken:
Um estranho no ninho, 189
Klein, Naomi, 259

L

lealdade e comunidade, 79-80
legitimação:
carismática, 106-7
Estados, 22-3
racional-legal, 108-9
tradicionais, 106
legitimação racional-legal, 108-9
dever moral dos indivíduos, 116-20
leis, 14
da natureza, 201-3, 272-3
desobediência civil, 222
necessidade, 97-9
regras organizacionais, 80-1
Leonard, Diana, 156
liberdade de ação:
compartilhada, 284-6
consumo e estilo de vida, 249-51
e controle social, 267-70

Índice remissivo

escolhas socializadas, 48-9
expectativas dos outros, 36-40
fatores materiais, 35-7
liberdade positiva e liberdade
negativa, 216-8
limites estabelecidos pelos outros,
34-5
poder, 101-3
responsabilidade para escolher,
34-5
"limpeza étnica", 119-20
Ver também genocídio
língua:
autoridade estatal, 220-2
identificação das nações, 224-5
signos culturais e poder, 211-2
linguagem:
discurso responsável, 21
divisões das ciências sociais, 14-6
riqueza e formas, 280-1
Locke, John:
contrato social de, 111-2
Luhmann, Niklas:
confiança e risco, 134-5
necessidade de amor, 138
Lyon, David:
Surveillance Society, 90

M

Manicômios, prisões e conventos
(Goffman), 189
mapas cognitivos:
círculos de familiaridade, 152-3
Marshall, T.H.:
direitos sociais promovidos pelo
Estado, 216
Marx, Karl:
operários, 192-4
Matza, David, 117
Mauss, Marcel:
valor simbólico das dádivas, 129-30
May, Tim, 237
McLuhan, Marshall:
novas tecnologias, 243, 278-9
Mead, George Herbert:
"Eu" e "Mim", 41
estágios de desenvolvimento, 41-3

*Mente discursiva: os avanços na
ciência cognitiva, A* (Harré e
Gillett), 165
mercadorias *ver* consumo
Merleau-Ponty, Maurice:
o corpo fala, 166-7
metodologia:
aspectos de senso comum, 17-28
demonstração pelo efeito, 275-8
desfamiliarização, 25
estratégia de replicação, 270-4
hermenêutica, 273-4
reflexão e modificação, 274-5
sociologia como ciência, 266-8
Ver também prática científica
Milgram, Stanley:
experiência de choque de, 116-8
moda, 247-8
Ver também aparência pessoal
moralidade:
ação burocrática, 116-8, 122-3
autonomia e responsabilidade,
189-97
comportamento na multidão, 120-1
dever, 115-7
genocídio, 117-20
implementação social, 185-6
pressão social sobre os Estados,
221-2
reconhecimento das necessidades
dos outros, 123-4
responsabilidade dos
empregadores, 192-4
status de humanidade limitada,
122-3
tensão com a autopreservação,
123-4
valor das dádivas, 129-31
valores e ações, 104-6
motivações:
e conhecimento de senso comum,
22-3
tomada de decisão, 99
mudança:
insegurança da, 47-9
tempo e espaço, 175-81

298   Aprendendo a pensar com a sociologia

mulheres:
  como gerentes nos negócios, 87-8
  éticas do cuidado, 133-4
  "leis naturais", 202-3
  Locke sobre, 111-2
  Multidão solitária, A (Riesman), 137
  mundos da vida, 21-2, 22-3

N

nacionalismo:
  assimilação, 228-30
  identidade de grupo, 55-6
  qualidades do, 223-4
  racismo, 230-1
  uso pelo Estado, 226-32
nações:
  definidas, 223-7
  Estados, 214-6, 223-4, 231-2
  etnocentrismo, 227-9
  língua, 224-5
  mito de origem, 226-7
  território, 224-5
  Ver também nacionalismo; Estados
Napoleão Bonaparte, 177
natureza:
  diferenças masculino-feminino,
    211-3
  distinção da cultura, 201-4
  "leis da", 201-3, 272-3
  tolerância cultural, 213-4
necessidade, 97-9
negócios:
  autonomia e caos social, 190-1,
    192-4
  poder global, 279-80
  separação em relação à moralidade
    familiar, 115-7
  Ver também organizações
Nippert-Eng, Christena:
  casa e trabalho, 156
normas:
  busca da saúde e da boa forma,
    162-3
  necessidade, 97-9

O

objetivos, deslocamento de, 89

ordem social:
  ações únicas de resolução de
    problemas, 196-8
  autonomia e caos, 188-97
  códigos e signos, 207-12
  cultura como uma força de
    ordenação, 202-7
  Estado e nação, 230-2
  estratégia de resolução de
    problemas, 275-7
  estrutura, 205-7
  fronteiras, 231-2, 281-2
  perspectiva histórica, 187-8
  provisão pelo Estado, 218-9
  tendências modernas para a
    divisão, 186-8
organizações:
  busca da perfeita racionalidade,
    87-9, 90-1
  competição de negócios, 113-5
  comprometimento dos
    empregados, 89-92
  definida, 80-3
  desempenhar papéis nas, 80-3
  deslocamento de objetivos, 89
  hierarquia nas, 84
  "instituições totais", 92-3
  moralidade e segredos, 85-6
  papéis, 80-1
  Weber, sobre a burocracia, 82-6
  Ver também negócios

P

panóptico, 178, 179-80
papéis:
  na atividade organizacional, 80-5
  Ver também identidade
Park, Robert E.:
  comunicação, 278-9
Parsons, Talcott:
  variáveis de parâmetro e dádivas,
    132-3
pensamento sociológico:
  base de entendimento, 26-8, 263-4,
    265-7
  como comentário da vida social,
    264-6

Índice remissivo

conhecimento e o discriminação, 279-82
controle social e liberdade de ação, 267-70, 276-9
diversidade de perspectivas, 270-1
entendimento relacional-interpretativo, 284-5
formas de vida, 281-4
prática científica, 266-8, 270-9
problemas de enquadramento, 264-5
relacionismo, 264-5
Ver também metodologia
pobreza:
descrição do pobre, 115
dever moral, 122-4
posição social:
mudanças no interior de grupos, 64
pragmatismo, 275
prática científica:
cientificismo, 266-8, 271
demonstração pelo efeito, 275-9
e senso comum e mundo físico, 17-9
reflexão e modificação, 273-5
preconceito:
barreiras à troca social, 66-7
identidade de grupo, 57-61
status da humanidade limitada, 121-3
Ver também raça e racismo; xenofobia
problemas sociais:
abordagem pragmática, 274-7
propriedade:
e direito, 110-2
direitos da mulher, 111-2
poder da posse,112-4
publicidade:
figuras de autoridade, 244
identidade de compra, 245-6, 247-50
valor de troca e valor de uso, 243-4
Pureza e perigo (Douglas), 63

Q

questões ambientais:
autonomia e responsabilidade, 191, 193-7
sociedade de risco, 184-5

R

raça e racismo:
e nacionalismo, 230-2
identidade de grupo, 57-8
uso social de, 170-1
raciocínio:
ações racionais, 100-1
racionalizações, 278-9
reciprocidade:
e cismogênese, 60-1
relacionamentos amorosos, 140-1
regras:
e escolha, 34-5
relacionismo, 264
relações de poder:
coerção e cooptação, 102-3
de segregação, 67-9
liberdade de ação, 101-3
papéis de gênero, 170-1
posse da propriedade, 112-3
sensação de impotência, 107-8
tipos de legitimação, 106-9
relações pessoais:
ambivalência e tensões, 147-8
amor, 138-43
amor confluente, 153-4
busca de autoidentidade, 136-8
dádiva e situações de troca, 132-6
intimidade, 139-41
validação, 138
religiões:
autoridade carismática, 106-8
autoridade estatal, 220-2
comunidades, 78-9
resolução de problemas:
caos em ações únicas, 196-8
Ricœur, Paul:
individualidade, 42-3
Riesman, David:
A multidão solitária, 137
riscos:
alimentos geneticamente modificados, 182-3
atividades humanas modernas, 181-6
econômicos e emprego, 183-4
globalização, 183-6

300 Aprendendo a pensar com a sociologia

Ritzer, George:
"mcdonaldização", 84-5
Rothschild, Meyer, 177
roupas ver aparência pessoal

S
saúde:
alimentos geneticamente
modificados, 181-4
busca da boa forma, 162-7
imagens do corpo, 160-2
provisão do Estado, 217-20
Schutz, Alfred, 53
fronteiras de grupos, 61-4
Segal, Lynne:
herança genética, 77-8
segredos, 85-6
de Estados, 220-1
segregação:
contexto urbano, 67-70
segurança:
abrigo da ansiedade e da
confusão, 151-8
do lugar, 151-5
no trabalho, 153-5
papéis sexuais, 169-73
relacionamentos e família, 154-8
sociedade de risco, 181-6
self:
imagem do corpo, 157-62, 166-70
autopreservação, 113-5, 123-4
Ver também indivíduos
semiótica, 211-2
Ver também signos
Sennett, Richard:
arquitetura das comunidades, 279
desvalorização do amor, 143-4
intimidade, 140-1
sobre Bill Gates, 183
senso comum:
caráter de autoevidência, 24
diferenças em relação aos métodos
sociológicos, 21-4
discurso responsável, 21
indivíduos e amplos processos
sociais, 21-3
intenções das ações, 23-5
relação com a sociologia, 17-22

Serious Proposal to the Ladies, A (for
the Advancement of their True
and Greatest Interest) (Astell),
171
sexualidade:
e erotismo, 144
signos:
arbitrariedade, 209-12
ordem social, 206-10
redundância, 209-10
Sigusch, Volkmar:
insegurança dos papéis sexuais,
172-3
Simmel, Georg:
busca por unidade, 136-8
vida urbana e pensamento
abstrato, 70-1
socialização:
e situações incertas, 46-9
estágios da, 47-8
processo de, 44-8
sociologia:
diferenças em relação ao senso
comum, 21-8
entendimento mútuo e liberdade
compartilhada, 284-6
e outras ciências sociais, 11-7
uso do senso comum, 17-22
Ver também metodologia;
pensamento sociológico
Soros, George:
confiança, 135
Surveillance Society (Lyon), 90

T
Taylor, Charles:
tipos de entendimento, 263-4
tecnologia da informação:
crescimento da dependência da,
236
transformando a experiência de
tempo e espaço, 175-81
tempo:
como mercadoria, 183-4
transformações na experiência de,
175-82

Índice remissivo

Titmuss, Richard:
motivação altruística, 130-1
tomada de decisão, 85-99
motivações para ações, 98-101
valores, 104-6
trabalho da face, 45-6
trabalho, 109-10
integração e segmentação, 155-6
monitoração dos empregados, 88-92
posse do trabalho, 111-2
poder dos empregadores, 183-4
quebra de segurança, 154-5
responsabilidade dos empregadores, 191-4
Ver também emprego
tradição:
colapso e insegurança, 152-5
futuro imaginário, 53-5
transporte:
mudanças tecnológicas, 176

U

universalismo e particularismo,132-3
utilitarismo, 278-9

V

validação do amor, 137-8
valores *ver* moralidade
variáveis de parâmetro:
situações de dádiva, 132
vida urbana:

desatenção civil do e anonimato, 69-72
segregação, 67-9
vigilância:
consumo de expertise, 241-2
o panóptico de Bentham, 178, 180
violência:
autoridade do Estado, 215-6
Virilio, Paul:
espaço-tempo, 175
política de segurança social, 279

W

Weber, Max:
atenção à racionalidade, 278
desencantamento, 85-6
reflexão e modificação, 274-5
separação entre negócios e dever moral, 115-7
sobre a burocracia, 83-6, 87-8
violência do Estado, 216
Weeks, Jeffrey:
sexualidade cultural, 170-1
Williams, Raymond:
comunidade, 76-7
Wittgenstein, Ludwig:
experiência interior inacessível, 165

X

xenofobia:
e heterofobia, 213-4, 230-1
fronteiras dos grupos, 61-7
genocídio, 65-7

ESTA OBRA FOI COMPOSTA POR FUTURA EDITORAÇÃO EM AVENIR E MINION PRO
E IMPRESSA EM OFSETE PELA GRÁFICA PAYM SOBRE PAPEL PÓLEN SOFT
DA SUZANO S.A. PARA A EDITORA SCHWARCZ EM JUNHO DE 2022

A marca FSC® é a garantia de que a madeira utilizada na fabricação do papel deste livro provém de florestas que foram gerenciadas de maneira ambientalmente correta, socialmente justa e economicamente viável, além de outras fontes de origem controlada.